TRIMESTRIEL

Politique africaine

Mobiliser Fanon

Éditions KARTHALA
22-24, boulevard Arago
75013 Paris

SciencesPo CENTRE DE RECHERCHES INTERNATIONALES
cnrs
LAM Les Afriques dans le monde
IMAF Institut des mondes africains UMR 8171 (CNRS) - UMR 243 (IRD)
FASOPO FONDS D'ANALYSE DES SOCIÉTÉS POLITIQUES

Politique africaine

Rédaction
Les Afriques dans le monde – Sciences Po Bordeaux
Domaine universitaire
11, allée Ausone - 33607 Pessac cedex
Tél. : 05 56 84 42 70 Fax : 05 56 84 43 24
e-mail : politique-africaine@sciencespobordeaux.fr
site Internet : http://polaf.hypotheses.org/

La Revue des livres continue d'être éditée au secrétariat parisien de la revue. Les livres pour compte rendu doivent être envoyés à l'adresse suivante : *Politique africaine*, CERI, 56 rue Jacob, 75006 Paris (à l'attention de Sylvie Haas).

La revue **Politique africaine** est publiée par l'Association des chercheurs de *Politique africaine* (président Laurent Fourchard, trésorier Alexis Roy, secrétaire générale Séverine Awenengo-Dalberto). Avec le soutien du Fonds d'analyse des sociétés politiques (Fasopo), du Centre de recherches internationales (CERI, Fondation nationale des sciences politiques), de l'UMR Les Afriques dans le monde (LAM, Sciences Po Bordeaux), de l'Institut des mondes africains (Imaf) et de l'Institut de recherche pour le développement (IRD).

Avec le concours du Centre national de la recherche scientifique et du Centre national du livre.

Édition, ventes et abonnements
Karthala, 22-24, boulevard Arago, 75013 Paris
Tél. : 01 43 31 15 59 Fax : 01 45 35 27 05
e-mail : karthala@orange.fr • site Internet : www.karthala.com
Bulletin d'abonnement et bon de commande en fin d'ouvrage
Prix au numéro : 19 €

Conception graphique : Bärbel Müllbacher

Photo de couverture : © Thomas Fouquet. Photo de Fadel Barro, porte-parole du mouvement Y-en-a-marre (Dakar, février 2012), en période d'intenses contestations populaires face à la candidature d'Abdoulaye Wade pour l'élection présidentielle sénégalaise

Disparition d'Alain Ricard

Alain Ricard est décédé d'une leucémie le 27 août 2016 à Bordeaux. Son état s'était soudainement aggravé au début de l'été, l'obligeant à renoncer à participer aux quatrièmes Rencontres des études africaines en France (REAF) où sa conférence inaugurale sur « Les vertus de l'indiscipline : langues, textes et traductions[1] », avait été lue.

Directeur de recherche émérite au CNRS, spécialiste mondial de langues et littératures africaines, Alain fut cofondateur de la revue *Politique africaine* et de l'Association des chercheurs de *Politique africaine* (ACPA) avec Jean-François Bayart, Christian Coulon, Comi Toulabor et bien d'autres. Il a publié abondamment dans les colonnes de la revue mais il a également activement œuvré, au sein de l'ACPA et tout au long de sa carrière, au décloisonnement disciplinaire, jetant sans cesse des ponts entre sciences humaines et sciences sociales, notamment lorsqu'il fut rédacteur en chef de la revue entre 1987 et 1989, puis directeur de publication de 1992 à 1995. Les rubriques « magazine » et « informations scientifiques », qui donnaient place à des billets courts en prise directe avec le terrain ou avec l'actualité de la recherche, se sont significativement développées sous ses mandats.

Lecteur insatiable et d'une grande curiosité intellectuelle, ouvert aux objets de recherche les plus divers, cinéaste, grand collectionneur de livres, « chiffonnier », « linguiste de terrain » comme il aimait à se décrire, Alain Ricard était aussi un enseignant sémillant et enthousiaste. Par son sourire, sa diction, son humour et sa bienveillance, Alain faisait preuve d'une grande érudition qu'il voulait accessible et aimait à partager. Il a inspiré, encouragé et soutenu de nombreux jeunes chercheurs qui, aujourd'hui, témoignent par leurs écrits de leur dette intellectuelle. Pilier de la revue et membre actif de l'ACPA en dépit de ses multiples engagements dans d'autres associations, il n'a cessé de batailler au sein de l'association contre les dérives bureaucratiques et pour la promotion de la spontanéité et de la liberté académiques. C'est

1. A. Ricard, « Vertus de l'in-discipline : langues, textes, traductions », ouverture des 4e REAF, *LAM*, 5 juillet 2016, <www.lam.sciencespobordeaux.fr/sites/lam/files/ricard_vertus_reaf_juillet_2016_0.pdf>. Voir également le portrait qui lui a été consacré sur le blog de son laboratoire (Les Afriques dans le monde, LAM) : « Alain Ricard (1945-2016) » [en ligne], *LAMenparle*, 26 septembre 2016, <lamenparle.hypotheses.org/540>.

d'ailleurs sous le signe de l'in-discipline scientifique qui lui était si chère que Maëline Le Lay et Sophie Moulard lui rendent également hommage dans ce numéro.

L'ACPA, la revue et le monde de la recherche perdent un de ses membres éminents, un ami et un humaniste généreux qui avait toujours table ouverte chez lui à Bordeaux.

La rédaction

Le Dossier

Mobiliser Fanon

Le Dossier

Mobiliser Fanon

Coordonné par Roberto Beneduce

Introduction au thème

L'archive Fanon. Clés de lecture pour le présent

Dresser un inventaire du réel, en pénétrer les moindres replis, mettre en évidence ses contradictions, tout en sachant pertinemment qu'il s'agit d'un travail douloureux et sans fin. C'est en ces termes qu'on pourrait définir le projet et les contenus de ce que j'appelle « l'archive Fanon », archive différente de toutes les autres : excédentaire et insoumise.

Explorer cette archive exige qu'on se libère des schémas préconstitués qui ont tenté d'établir une distinction entre le Fanon psychiatre et le Fanon militant, le Fanon psychanalyste et postcolonial, le Fanon auteur de textes littéraires et le Fanon lecteur de Georg Hegel, Henri Bergson, Maurice Merleau-Ponty et Jean-Paul Sartre, qui l'ont qualifié tour à tour de « psychanalyste de la culture » ou de nationaliste…

On peut penser ici à la formule utilisée par Ernesto de Martino pour demander que sa vie et sa pensée, celles d'un « homme atypique », comme il aimait à se définir, ne soient pas cataloguées en vertu de classements hégémoniques, mais qu'on les considère plutôt comme les différents profils entrelacés d'une même existence[1].

Revenir à Frantz Fanon, autre homme atypique, et questionner avec lui notre présent veut donc dire en premier lieu penser sa vie et son œuvre dans leur ensemble, en faisant voler en éclats les séparations qui leur ont été

1. G. Charuty, *Ernesto de Martino. Les vies antérieures d'un anthropologue*, Marseille, MMSH/Parenthèses, 2009, p. 13. C'est, du reste, à cet ordre taxinomique des savoirs dominants que s'opposaient les paysans du Sud de l'Italie, « personnes à part entière », dont il voulait raconter la vie d'opprimés et l'« histoire culturelle ». Voir E. de Martino, *L'Opera a cui lavoro. Apparato critico e documentario alla « Spedizione etnologica » in Lucania*, Lecce, Argo, 1996, p. 39.

imposées et en soustrayant aux archontes[2], gardiens et interprètes jaloux de sa pensée et de son héritage, la force des intuitions qu'il nous a léguées. Ma propre lecture de Fanon, entreprise il y a déjà longtemps, est née, du reste, de ce besoin de briser les cloisonnements disciplinaires pour mieux questionner le racisme institutionnel, l'aliénation postcoloniale et la violence épistémologique.

La déconstruction des catégories psychiatriques mise en œuvre par Fanon, la sémiotique politique du sujet racialisé, le rôle de la sexualité et de l'intimité dans la production de l'aliénation coloniale[3], m'ont apporté les clés pour interpréter bien des ressentiments, des symptômes et des conflits du temps présent. Et aussi pour interroger, dans une optique différente, l'expérience de ceux qui se voyaient habituellement attribuer la position d'« objet » dans les savoirs que je pratiquais : l'anthropologie de la violence, la clinique de la migration. Sur la façon dont les subalternes, les damnés, réagissent à un monde d'arbitraire et d'asservissement, Fanon nous a livré des représentations fulgurantes.

Même lorsque ses analyses se révèlent inachevées ou impropres à interpréter les problèmes de notre temps, elles ouvrent de précieuses pistes de réflexion pour qui sait y reconnaître les clés d'une épistémologie subversive et d'une critique implacable des stéréotypes. Depuis sa mort, les idées de Frantz Fanon ne cessent d'être interpellées devant l'histoire (les luttes contre la ségrégation raciale aux États-Unis, les guerres du Congo, l'apartheid en Afrique du Sud[4], la colonie et les attentats suicides en Palestine[5], les contradictions de l'Algérie postcoloniale, ou, plus récemment, Boko Haram[6]), même lorsqu'on avait l'impression qu'elles étaient oubliées[7].

2. J. Derrida, *Mal d'archive*, Paris, Galilée, 1995.

3. Les écrits de Frantz Fanon sur l'aliénation raciale et coloniale entremêlent différentes prises de conscience qui caractérisèrent une époque, dominée par la volonté d'interpréter la souffrance psychique à partir de la condition sociale, des contraintes institutionnelles et des rapports de pouvoir : 1961, l'année où est publié *Les damnés de la terre*, marque une ligne de partage. C'est en effet en cette même année que sont publiés *L'histoire de la folie* de Michel Foucault et *Asylums. Essays on the Social Situation of Mental Patients and Other Inmates* d'Erving Goffman. C'est aussi l'année où Franco Basaglia arrive à Gorizia, et où une autre révolution est amorcée dans la psychiatrie italienne.

4. Pour le contexte sud-africain, voir, dans ce numéro, la contribution de Nigel Gibson et l'entretien d'Achille Mbembe avec Claire Bénit-Gbaffou.

5. M. Abraham, « The Fanonian Specter in Palestine : Suicide Bombing and the Final Colonial War », *South Atlantic Quarterly*, vol. 112, n° 1, 2013, p. 99-114.

6. W. W. Hansen et U. Aliyu, « Fanon, the Wretched and Boko Haram », *Journal of Asian and African Studies*, 2013, vol. 48, n° 3, p. 281-296.

7. Sur cet aspect de la question, voir M. Giraud, « À quoi ça sert, l'oubli ? Le cas Fanon » [en ligne], *La vie des idées*, 15 juin 2012, <www.laviedesidees.fr/A-quoi-ca-sert-l-oubli.html#nb8>, consulté le 30 avril 2016. On peut d'ailleurs interpréter le silence autour de sa pensée ainsi que le risque

Ce n'est pas un hasard si Fanon continue d'occuper une place de choix dans les débats internationaux, bien au-delà du cadre des études postcoloniales ; si en Amérique latine on l'appelle à dialoguer avec Paulo Freire pour élaborer des formes de connaissance libérées des modèles académiques « du Nord[8] » ; si Michael Hardt et Antonio Negri s'appuient sur lui dans leur tentative de construire un nouveau modèle de politique en mesure de nous faire passer « de la modernité et l'antimodernité à l'altermodernité[9] », et si, rien qu'en 2015, quatre nouveaux volumes sur son œuvre et son héritage ont été publiés en anglais[10].

Est-ce encore pure coïncidence si ses écrits psychiatriques – longtemps considérés comme mineurs, parfois jamais publiés – ont fait l'objet de traductions ou de recueils en Italie[11], ou – plus récemment – en France[12] ? Par ailleurs, Fanon est un merveilleux compagnon de voyage lorsqu'il s'agit de questionner les ombres de notre temps et la condition des « humiliés de tous les pays du monde[13] », lorsqu'on s'oblige à penser la décolonisation de nos savoirs et de nos pratiques. Comme le fait remarquer Peter Hudis, peu importe si Fanon a été parfois cité hors de propos ou de façon inappropriée. Ce qui

de manipulation de ses écrits comme un reflet du cycle pathologique amorcé par la violence coloniale et par les blessures profondes que celle-ci a laissées dans la conscience historique et la mémoire collective.

8. Voir, à ce sujet, les travaux de S. R. Cusicanqui, *Ch'ixinakax utxiwa. Una reflexión sobre prácticas y discursos descolonizadores*, Buenos Aires, Tinta Limón, 2010 ; J -P. Cedriani, « Fanon. El cuerpo, la clínica y la colonia », *El Laberinto de arena*, vol. 2, n° 3, 2014, p. 82-87 ; W. D. Mignolo, *Local Histories, Global Designs*, Princeton, Princeton University Press, 2000 ; W. D. Mignolo, « On Subalterns and Other Agencies », *Journal of Postcolonial Studies*, vol. 8, n° 4, 2005, p. 381-407 ; C. Walsh (dir.), *Pedagogías decoloniales. Practicas insurgentes de resisti, re(existir) y (re)vivir*, Quito, Abya Yala, 2013 ; C. Walsh, « "Other" Knowledges, "Other" Critiques : Reflections on the Politics and Practices of Philosophy and Decoloniality in the "Other" America », *Transmodernity : Journal of Peripheral Cultural Production of the Luso-Hispanic World*, vol. 1, n° 3, 2012, p. 11-26.

9. M. Hardt et A. Negri, *Commonwealth*, Cambridge, The Belknap Press of Harvard University Press, 2009, p. 37 et p. 103.

10. P. Hudis, *Frantz Fanon. Philosopher of the Barricades*, Londres, Pluto Press, 2015 ; L. Gordon, *What Fanon Said. A Philosophical Introduction to his Life and Thought*, Johannesburg, Wits University Press, 2015 ; C. J. Lee, *Frantz Fanon. Towards a Revolutionary Humanism*, Athens, Ohio University Press, coll. « Ohio Short Histories of Africa », 2015 ; L. Zeilig, *Voices of Liberation. Frantz Fanon*, Cape Town, HSRC Press, 2015.

11. C. Bernani a traduit pour la revue *Alfabeta* 2 (2011) l'article inédit daté de 1955 « Introduction aux troubles de la sexualité chez le Nord-Africain », signé par J. Azoulay, F. Sanchez et F. Fanon. Toujours en 2011, un recueil et la traduction de certains travaux psychiatriques rédigés par Fanon et par ses collaborateurs ont été publiés : R. Beneduce (dir.), *Frantz Fanon. Decolonizzare la follia. Scritti sulla psichiatria coloniale*, Vérone, Ombre Corte, 2011. Voir également N. Gibson et R. Beneduce, *Frantz Fanon. Psychiatry and Politics*, New York, Rowman & Littlefield, [sous presse].

12. F. Fanon (textes réunis, introduits et présentés par J. Khalfa et R. Young), *Écrits sur l'aliénation et la liberté*, Paris, La Découverte, 2015.

13. F. Fanon, *Œuvres*, Paris, La Découverte, coll. « Cahiers libres », 2011, p. 336.

compte, c'est que « nombreux sont ceux qui voient ses idées parler à l'urgence du moment[14] ».

Dans une époque de divisions déchirantes, d'inimitié diffuse, Fanon reste incontournable, en particulier lorsqu'il laisse son propre corps interpeller, mesurer et connaître[15]. C'est sans conteste dans cette fusion entre « l'analytique et l'affectif[16] » que se trouve la marque de son écriture unique. Il n'est pas surprenant que la diffusion de sa pensée au Maroc doive beaucoup à un groupe d'écrivains et d'artistes, comme l'indique Kenza Sefrioui dans ce numéro.

Si ce vaste projet politique et épistémologique connaît le succès, c'est aussi parce que, de bout en bout, que ce soit dans ses analyses politiques, son rapport avec la souffrance ou dans son interprétation de la situation coloniale, Frantz Fanon demeure un médecin et un psychiatre (rares sont ceux qui ont su ausculter le monde, les échos lugubres qui le traversent ou les murmures de la révolte aussi bien que lui). Il ne s'agit pas d'un paradoxe : c'est plutôt une perspective qui lui permet d'affiner ses outils et d'accroître la sensibilité de son regard. Et d'ailleurs, il connaît l'importance de la sémiotique, des détails, et il sait bien à quel point ceux-ci comptent, lorsque l'enjeu est le diagnostic du pouvoir, de l'aliénation, de l'avenir. Malgré les jugements régulièrement émis sur les limites de ses interprétations ou sur son prétendu anachronisme, Paul Gilroy a raison de soutenir que « l'histoire encore en marche de la décolonisation et la consolidation de relations néocoloniales peuvent être interprétées de différentes manières. Loin de tout jugement accablant ou simpliste [...], l'impact des écrits politiques et philosophiques [de Fanon] n'a à ce jour pas encore été apprécié dans toute son ampleur[17] ».

« L'archive a toujours été un gage, et comme tout gage, un gage d'avenir », écrit Jacques Derrida[18]. De quel gage et de quel avenir nous parle l'archive Fanon ?

14. P. Hudis, *Frantz Fanon. Philosopher…*, *op. cit.*, p. 1. Voir aussi J. Améry, « L'homme enfanté par l'esprit de la violence », *Les temps modernes*, vol. 635-636, n° 1, 2006 [1969], p. 175-189.

15. R. Beneduce, « Un savoir insoumis. Du labyrinthe de la colonie à la souffrance postcoloniale », *in* Cercle Fanon (dir.), *Frantz Fanon, un héritage à partager*, Paris, L'Harmattan, 2013, p. 137-165.

16. G. Hage, « The Affective Politics of Racial Mis-interpellation », *Theory, Culture & Society*, vol. 27, n° 7-8, 2010, p. 112.

17. P. Gilroy, « Fanon and Améry. Theory, Torture and the Prospect of Humanism », *Theory, Culture & Society*, vol. 27, n° 7-8, 2010, p. 16-32.

18. J. Derrida, *Mal d'archive*, *op. cit.*, p. 37.

PATHOLOGIES DE L'INTERPELLATION

Pour comprendre psychanalytiquement la « situation raciale », écrit Fanon, « il faut attacher une grande importance aux phénomènes sexuels[19] ». La sexualité est au cœur de la question raciale, de l'imaginaire qui la gouverne, des formes de subjectivation qui la distinguent. Dans son dernier livre, Frantz Fanon lance une autre observation, tout aussi péremptoire : « Une étude du monde colonial doit obligatoirement s'attacher à la compréhension du phénomène de la danse et de la possession[20] ». L'essentiel de la grammaire de l'aliénation s'exprime dans ces quelques phrases : sexualité et racisme, possession et colonialisme[21]. Entre ces pôles de l'expérience, entre ces « phénomènes », Fanon tisse la trame de sa phénoménologie politique : le regard, la voix, le corps. Ce sont là des thèmes qui parcourent tous ses écrits, mais en particulier *Peau noire, masques blancs*, et dont je voudrais rappeler ici deux exemples. Le premier concerne l'anecdote du jeune étudiant en médecine :

> « Il y a quelques années, nous avons connu un Noir, étudiant en médecine. Il avait l'impression *infernale* de n'être pas estimé selon sa valeur, non pas sur le plan universitaire mais, disait-il, humainement [...] Et puis, un jour, il s'engagea dans l'armée comme médecin auxiliaire [...]. Il voulait avoir sous ses ordres des Blancs. C'était un chef ; comme tel, il devait être craint ou respecté. [...] Ainsi se vengeait-il de l'*imago* qui l'avait de tout temps obsédé : le Nègre effrayé, tremblant, humilié devant le seigneur blanc[22] ».

L'image est puissante, ainsi que les mots, tous soigneusement choisis. La formule « impression infernale », en italique, apparaît deux fois en quelques lignes, comme pour marquer l'expérience d'une reconnaissance deux fois niée (en tant qu'homme et en tant que médecin). Le désir obsessionnel du jeune étudiant est d'avoir un jour sous ses ordres des Blancs et de les voir adopter à son égard « une attitude de Noirs », effaçant ainsi l'image qui le hante : celle du « Nègre tremblant, humilié devant le seigneur blanc ». Quelques phrases suffisent pour cristalliser en son entier l'expérience du sujet racial, son désir de vengeance (vengeance qui ne concerne pas seulement sa propre existence,

19. F. Fanon, *Œuvres*, *op. cit.*, p. 193. Le rôle qu'Antonio Gramsci attribuait à la « quistione sessuale » (question sexuelle) dans l'économie fordienne mérite notre attention (A. Gramsci, *Quaderni dal carcere*, vol. 3, Torino, Einaudi, p. 2149-2150), mais ce problème ne sera pas abordé ici pour des raisons de place.
20. F. Fanon, *Œuvres*, *op. cit.*, p. 467.
21. Sur le rapport entre sexualité, domination et possession, voir dans ce numéro la contribution de Joseph Tonda qui, en analysant le contexte gabonais, dessine les nouvelles géométries de la colonisation intérieure.
22. F. Fanon, *Œuvres*, *op. cit.*, p. 106.

mais la condition de tous les Noirs qui ont été humiliés et qui ont tremblé de peur, de toutes les générations de Noirs qui l'ont précédé) et la certitude d'un drame : qu'il est déterminé par sa seule apparence[23]. C'est le cycle tragique de peur, haine et peur étudié par Horace Cayton aux États Unis[24], et que Fanon analysera à son tour pour montrer comment la simple confrontation avec le regard du Blanc fait voler en éclats toute « résistance ontologique[25] ». C'est *L'expérience vécue du Noir*, reprise dans l'article d'Alice Cherki dans ce même numéro, où la scène de la rencontre avec l'enfant blanc introduit le thème de l'interpellation.

L'enfance occupe un rôle décisif dans l'œuvre de Frantz Fanon[26], surtout dans les pages qui explorent la construction psychique du sujet racial, et encore une fois, ce drame sera mis en scène indifféremment par une enfance blanche ou une enfance noire. Voilà l'autre passage que j'entends évoquer : ce n'est pas un hasard si c'est un enfant blanc, effrayé à la vue d'un Noir[27], qui prête sa voix au problème racial. Ni si une enfant blanche, traumatisée par les récits de son père, « ancien de la Coloniale », et par les tam-tams qui résonnaient chaque soir autour de sa maison, conçoit, à l'âge adulte, une terreur profonde des « nègres-sauvages-cannibales »...

Fanon élabore un dispositif dans lequel prend corps l'analyse du fantasme racial, avec pour toile de fond la critique inspirée par la leçon de Lacan au modèle de la « constitution » dans le développement de la névrose. Et le fait que la frayeur d'un enfant blanc déclenche la réflexion sur *L'expérience vécue du Noir*, ou que la « peur du Nègre » d'une enfant blanche clôture le chapitre sur *Le nègre et la psychopathologie* ne constitue pas seulement un autre de ces écarts imprévus qui ont rendu sa prose célèbre. Il s'agit de quelque chose de plus important : l'aliénation du Noir renvoie nécessairement à celle du Blanc, et celle-ci nourrit à son tour la constellation délirante du premier.

C'est une anatomie minutieuse de l'aliénation raciale, dont les bases lui sont suggérées par la théorie de son adversaire[28] : Octave Mannoni. N'importe

23. *Ibid.*, p. 158. Toutefois, ce sera justement contre ces déterminations (celle de l'apparaître et celle du passé) que Fanon écrit son projet dans la chair (*Ibid.*, p. 249-250).
24. H. R. Cayton, « A Psychological Approach to Race Relations », *Présence africaine*, vol. 2, n° 3, 1948, p. 418-431 et vol. 3, n° 4, 1948, p. 549-563.
25. F. Fanon, *Œuvres*, *op. cit.*, p. 153.
26. E. Burman, « Fanon's Lacan and the Traumatogenic Child : Psychoanalytic Reflections on the Dynamics of Colonialism and Racism », *Theory, Culture & Society*, vol. 33, n° 4, 2016, p. 77-101.
27. F. Fanon, *Œuvres*, *op. cit.*, p. 155. Bizarrement, dans son célèbre essai sur les stéréotypes, Homi Bhabha transforme « le beau petit garçon » de Fanon en une petite fille blanche (*a white girl*) : H. Bhabha, « The Other Question », *Screen*, vol. 24, n° 6, 1983, p. 18-36.
28. Même pour interpréter un rêve, contre Mannoni, Fanon affirme la nécessité toute bergsonienne de le « replacer [...] en son temps » (F. Fanon, *Œuvres*, *op. cit.*, p. 145). Ce bref renvoi entend remédier à l'ironie gratuite utilisée par Didier Fassin lorsqu'il qualifie Mannoni d'« ami » de Fanon, dans un article où l'idée même de culture chez Fanon fait l'objet d'une interprétation douteuse s'il en fût.

quelle analyse de la situation coloniale, avait soutenu Mannoni dans *Psychologie de la colonisation*, doit toujours et obligatoirement prendre en compte les deux pôles de la relation : les colons et les colonisés. Dans ce chiasme, même les symptômes semblent obéir à une symétrie spéculaire. Ce jeu de miroirs instaure cependant, selon Ghassan Hage, un « perspectivisme confus » (*muddled perspectivism*), où il devient difficile de dire si l'objet de l'analyse est la victime du racisme ou bien le raciste. Selon moi, il s'agit au contraire d'un perspectivisme éclairant, où racisme et névrose, peur et violence, mépris et ressentiment s'enchevêtrent, en détruisant toute illusion diagnostique qui voudrait ne tenir compte séparément que de l'un *ou* de l'autre des deux moments et déboucher sur un déterminisme banal en mesure d'expliquer mécaniquement l'apparition de l'aliénation ou du conflit racial[29].

Ghassan Hage rappelle qu'on peut faire l'expérience du racisme « aussi bien comme déni (*denial*) d'une spécificité que comme déni d'universalité, et l'émargination de l'autre peut se produire aussi bien en accentuant sa différence qu'en l'ignorant[30] ». Dans ce balancement infernal, Hage voit pourtant se dessiner un autre thème : l'oscillation entre aspiration à l'universel et besoin de spécificité (ou mieux, le besoin de voir reconnaître sa propre différence). En effet, le sujet racial ne craint pas tant – nous dit Hage – qu'on ne le considère pas comme un homme comme tous les autres, ni qu'on nie ses spécificités, mais plutôt qu'il soit obligé à un choix, une sorte d'ultimatum qui aurait pour effet de le figer définitivement dans l'une *ou* l'autre des positions. Ce « besoin de vacillement » fondamental n'aurait pas été pleinement reconnu par Fanon. Mais Hage semble oublier l'analyse de Fanon sur l'opposition entre « culture » et « coutume », sur les tourments de l'intellectuel colonisé et ses hésitations entre élan et repli[31].

Cette indécision, scrutée par Fanon à plusieurs reprises, doit être questionnée : elle naît dans le cadre d'une polarité qui, étant constitutive du monde colonial et de ses lois, se place déjà sous le signe d'un choix aliéné ou, pis encore, représente un symptôme de la domination coloniale elle-même.

Voir D. Fassin, « Les politiques de l'ethnopsychiatrie : la psyché africaine, des colonies africaines aux banlieues parisiennes », *L'Homme*, n° 153, 2000, p. 245. Voir aussi N. Gibson et R. Beneduce, *Frantz Fanon, Psychiatry…, op. cit.* ; S. Taliani, « Histoires comme ça », *Sociétés politiques comparées*, n° 37, 2015.

29. C'est dans ce labyrinthe que le sujet racialisé peut en arriver à trouver « exaspérante » même une question en apparence banale, comme « Depuis quand êtes-vous en France ? Vous parlez bien le français » (F. Fanon, *Œuvres, op. cit.*, p. 85).

30. G. Hage, « The Affective Politics… », art. cité, p. 117. Sur un ton différent, Mannoni avait soulevé le même problème : O. Mannoni, *Clefs pour l'imaginaire ou l'Autre scène*, Paris, Seuil, 1969, p. 297-299.

31. F. Fanon, *Œuvres, op. cit.*, p. 600.

Fanon refuse toute attitude (tout regard) qui fige et condamne l'Autre (le Noir, le Nord-Africain, l'immigré), à occuper la position que le stéréotype colonial lui assigne. Sa critique de la négritude consiste, tout compte fait, en ceci : le refus d'une philosophie n'admettant qu'une et une seule identification et aplatissant en une identité noire présumée une multiplicité de trajectoires, d'existences, d'historicités. Son affirmation – « C'est le blanc qui crée le Nègre. Mais c'est le Nègre qui crée la négritude. À l'offensive colonialiste autour du voile, le colonisé oppose le culte du voile[32] » –, révèle sa pleine conscience de ce que l'oscillation entre universel et particulier n'exprime pas tant un besoin ontologique du sujet racial ou colonial qu'un mouvement défini par des rapports de domination (politique, économique, symbolique) bien précis. Pour Fanon, être pris dans la malédiction d'un simple réagir est le symptôme d'une condition d'assujettissement. Sortir de l'aliénation coïncide avec la capacité du sujet d'« agir dans l'Histoire » (de Martino) et faire que l'autre soit à son tour contraint à réagir…

Mais il y a un thème décisif que l'analyse de Ghassan Hage met en évidence lorsqu'il distingue trois différentes pathologies de l'interpellation. La première est l'absence d'interpellation *(non-interpellation)*, caractéristique de la forme de racisme qui fait de l'Autre un sujet invisible, qui n'existe pas dans l'ordre symbolique mais uniquement dans le règne du réel. Du moment qu'il n'existe pas, on peut tout faire en sa présence : devant son esclave, le maître pouvait tranquillement épancher ses besoins sexuels.

La deuxième modalité consiste en une interpellation négative. L'admission dans l'espace social et symbolique a lieu, mais au prix d'une représentation radicalement négative (le Noir est infantile, paresseux, sale ; l'Arabe est criminel, impulsif, peu soucieux de l'avenir ou encore menteur ; l'Asiatique est indifférent…). Frantz Fanon déconstruira ces stéréotypes à l'œuvre dans la psychiatrie coloniale, en dévoilant le sens politique de la tension à peine retenue sous le pli d'un sourire (le *grin* du Noir)[33], le sabotage camouflé sous l'inertie, la résistance perceptible dans ce qui a l'air d'un simple mensonge[34].

C'est toutefois la troisième forme qui m'intéresse tout particulièrement ici : la mauvaise interpellation. Nous assistons dans ce cas à un véritable drame, en deux actes. Au cours du premier, le sujet racial est appelé à faire partie d'une collectivité (on lui donne l'illusion qu'il est « comme tous les autres »,

---

32. *Ibid.*, p. 286
33. Voir la longue note que Fanon consacre à la signification de ce sourire (*ibid.*, p. 97).
34. Sur le mensonge parmi les Nord-Africains, voir A. Porot (dir.), *Manuel alphabétique de psychiatrie clinique, thérapeutique et médico-légale*, Paris, Puf, 1952, p. 217. Sur la valeur politique du déni de sujets dominés, mais pas domestiqués, voir F. Fanon et R. Lacaton, « Conduites d'aveu en Afrique du Nord », *Comptes rendus des médecins et neurologues de France et des pays de langue française, Nice, 5-11 septembre 1955*, Paris, Masson, 1955.

selon l'adage de la modernité) pour, un instant plus tard, se voir révoquer cette concession et rappeler qu'il est différent, qu'il ne fait pas encore partie du groupe qui pourtant lui avait fait signe, qu'il est encore trop tôt pour l'intégrer entièrement ou pour lui accorder la nationalité[35]. C'est de cette dernière forme d'interpellation que naissent la souffrance, la rage, et surtout l'ambivalence à l'égard d'une modernité qui le fascine, en laquelle il voit une source de reconnaissance et de valorisation, mais envers laquelle il retourne sa rage destructrice lorsqu'il se sent repoussé loin d'elle. On aurait ici, suggère Hage, une clé pour interpréter un certain nombre de cas de terroristes, qui semblent partager l'expérience commune d'une interpellation frustrante tombée dans l'oubli par la suite[36]. Nés et élevés en Europe ou aux États-Unis, ils ont fini par couver une hargne sans fin envers cet Occident qui, après les avoir interpellés, n'a pas maintenu ses promesses. C'est avec des tonalités assez proches que Slavoj Žižek analyse l'explosion des banlieues en 2005, lorsqu'il souligne le trait marquant de ces protestations : l'absence – à la différence de mai 1968 – d'un quelconque moment visionnaire, d'un quelconque projet politique. C'est cette absence, affirme Žižek, qu'il nous faut questionner[37].

Les années de braise[38]

J'aimerais reprendre ici brièvement deux autres critiques parmi celles adressés à Fanon, et m'efforcer ensuite de les réfuter. La première soutient que si Fanon a su scruter dans ses moindres replis la violence de la colonie (« sa part maudite »), il n'a pas manifesté le même intérêt pour « la violence de l'ignorance » (d'après Fanon, la colonie est violence à l'état pur). Par ailleurs, il n'aurait pas suffisamment tenu compte de « son petit secret », à savoir « l'assujettissement du colonisé par son propre désir[39] ». Bien qu'il ait pu déjà disposer, à la fin des années 1950, de certaines traductions partielles des textes

35. *Ibid.*, p. 699.
36. G. Hage, « The Affective Politics… », art. cité, p. 128.
37. S. Žižek, *Violence. Six Sideways Reflections*, New York, Picador, 2008, p. 74-75.
38. *Chronique des années de braise* est le titre d'un film de 1975 réalisé par Mohammed Lakhdar Hamina (Algérie, 177 min.), sur les années précédant le déclenchement de la guerre d'indépendance de l'Algérie, en 1954.
39. A. Mbembe, « La colonie : son petit secret et sa part maudite », *Politique africaine*, 2006, n° 102, p. 114. En reprenant cette idée, Achille Mbembe indique une piste tout aussi décisive quand il écrit : « Le potentat fait miroiter au colonisé la possibilité d'une abondance sans limites d'objets et de biens […] Il n'est d'ailleurs pas exclu que le succès de cet "imaginaire sans symbolique" s'explique du fait que celui-ci trouve de profonds échos et des points d'ancrage dans l'histoire et les catégories symboliques autochtones ». A. Mbembe, « De la scène coloniale chez Frantz Fanon », *Rue Descartes*, vol. 4, n° 58, 2007, p. 51.

d'Antonio Gramsci[40], Fanon aurait fini par ignorer ce qui, pour Gramsci, constituait un moment fondamental dans l'exercice du pouvoir, à savoir l'hégémonie. C'est ainsi qu'Achille Mbembe peut émettre son verdict : « De ce "petit secret", Fanon fait peu de cas. C'est peut-être ce qui explique *son incapacité à anticiper la postcolonie*[41] ».

Évoquant les discours sur la double dette contractée par l'Occident à l'égard de la colonie, la « dette de procréation (développement) » et la « dette d'hospitalité (immigration) », Mbembe offre aussi des rapprochements féconds avec la réflexion d'Hage, notamment lorsque l'un et l'autre envisagent la question de la perte et de la dépossession[42].

La deuxième critique émane de Nancy Rose Hunt. Dans son dernier ouvrage sur le Congo colonial[43], Hunt reproche à Fanon d'avoir négligé les stratégies de mobilité qui, malgré l'oppression coloniale, auraient permis aux colonisés d'inventer des espaces de liberté, de résistance et d'invisibilité (par exemple, le cas des guérisseurs et des prophètes qui donnèrent naissance à d'authentiques formes d'« insurrection thérapeutique »). Les exemples fournis par l'historienne montrent de façon très efficace que la colonisation belge n'a pas été ponctuée uniquement par le sifflement sinistre de la chicotte ou par la terreur hébétée des fugitifs aux membres amputés, mais aussi par le son joyeux des fanfares, par des appropriations, des alliances et des transactions qui, bien qu'ayant pour effet de transformer le territoire psychique des colonisés[44], n'en épuisèrent jamais tout à fait les ressources et le dynamisme. Cependant, Fanon n'aurait pas été en mesure d'appréhender ces tiraillements, écrasé par une vision pathologique et apocalyptique, s'abandonnant parfois à des « raccourcis primitivistes » *(primitivist reductions)* et proposant un portrait quasi « caricatural » de la décolonisation lorsqu'il la décrit comme un basculement inattendu *(sudden reversal)*[45].

40. C'est ce que rappelle H. Bentouhami, « De Gramsci à Fanon, un marxisme décentré », *Actuel Marx*, n° 55, 2014, p. 99-118.

41. A. Mbembe, « De la scène coloniale… », art. cité, p. 54 (c'est moi qui souligne). Jean-François Bayart reprend lui aussi ce passage dans sa contribution à ce dossier.

42. Dans une publication récente, Hage interprète le thème de la dette dans l'imaginaire contemporain, en analysant notamment – si on considère le phénomène migratoire – les fantasmes de « colonisation inversée » et d'envahissement vécus en ce moment en Europe (*narratives of reverse colonization* est l'expression proposée par Arata et reprise par Hage). G. Hage, « État de siège. A Dying Domesticating Colonialism », *American Ethnologist*, vol. 43, n° 1, 2016, p. 38-49.

43. N. R. Hunt, *A Nervous State. Violence, Remedies, and Reverie in Colonial Congo*, Durham, Duke University Press, 2016.

44. N. R. Hunt, « Rewriting the Soul in the Flemish Congo », *Past and Present*, vol. 198, n° 1, 2008, p. 185-215.

45. Il ne m'est pas possible ici de reprendre ces réflexions avec toute l'attention qu'elles mériteraient. Je me bornerai à rappeler que certaines traductions conditionnent les interprétations (et le destin) de la pensée d'un auteur. Par exemple, ce qui chez Fanon est « l'affectivité du colonisé » (F. Fanon, *Œuvres*, *op. cit.*, p. 467), devient, dans la traduction anglaise des *Damnés de la terre* par Constance

Demandons-nous à présent: Fanon a-t-il vraiment ignoré les zones grises de la colonie et perdu de vue son «petit secret» (Mbembe)? A-t-il vraiment oublié l'irréductible besoin de vacillement du sujet racialisé (Hage) ou les tactiques de mobilité adoptées dans le contexte de la domination coloniale (Hunt)?

J'aimerais proposer ici une lecture un peu différente en commençant par un territoire particulier: celui de la maladie et du corps, du recours hésitant du colonisé à l'hôpital «des Blancs, ou des étrangers, du conquérant en tout cas», celui – enfin – de l'attitude du médecin colonisé, dans des pages où nous rencontrons de nouveau l'ethnographie minutieuse du rapport entre médecine occidentale et colonisés que nous avions déjà relevée dans *Le syndrome nord-africain*[46].

Devant son besoin de se soigner en ayant la possibilité de bénéficier d'une ressource dont il perçoit la supériorité technique, le colonisé – écrit Fanon – est indécis: cependant, il n'hésite pas entre, d'une part, une adhésion opiniâtre aux croyances locales ou une idée de guérison miraculeuse, comme se bornait à le répéter une certaine ethnologie, et, de l'autre, les valeurs d'une rationalité médicale, dont il admet d'ailleurs la supériorité technique, mais entre le besoin de sauver la vie d'un proche et le sentiment que dans cette même médecine, dans ces mêmes hôpitaux, couvent le mépris pour sa propre culture, la violence d'expérimentations menées sur des malades à leur insu[47], la volonté d'humilier. L'analyse de cette ambivalence, qui déchire les choix et la conscience des Algériens, est suivie chez Fanon de l'image d'une autre ambivalence, celle du médecin colonisé: «Le médecin algérien est intéressé, économiquement, au maintien de l'oppression coloniale. [...] C'est ce qui explique que très souvent il se transforme en chef de milices ou en organisateur de raids "contre-terroristes"».

L'intérêt matériel des médecins colonisés, de même que celui des élites, les poussera à des prises de position paradoxales, et les verra souvent s'identifier avec l'occupant, au point de trahir leurs frères. C'est un paradoxe douloureux. Toutefois, ces identifications contingentes et ces désirs sont eux-mêmes le résultat d'une situation bien précise, qui verra justement ces catégories de population, émergeant des décombres des alliances tribales, constituer en même temps le noyau central du mouvement nationaliste et anticolonial[48].

Farrington, «*the emotional sensitivity of natives*» [*sic !*] (la nouvelle traduction de Philcox évite cette erreur en restant fidèle à l'original: «*colonized affectivity*»). S'il y a donc des «raccourcis primitivistes», ils figurent dans la mauvaise traduction de Fanon, pas dans les intentions de ce dernier.

46. F. Fanon, *Œuvres*, *op. cit.*, p. 691-703.

47. *Ibid.*, p. 366.

48. Y. Ben Houet, «Gérer la tribu? Le traitement du fait tribal dans l'Algérie indépendante (1962-1989)», *Cahiers d'Études africaines*, vol. 191, n° 3, 2008, p. 487-512. Les travaux des années 1960 de

Étayés par la domination coloniale, les désirs, les ambivalences et les vacillements du colonisé, le fatalisme[49] commun aux « déshérités de toutes les régions du monde », naissent dans une société divisée, empoisonnée par le doute et par le sentiment d'infériorité, par une atmosphère de « mort à bout touchant ». Telle est la vie psychique du pouvoir (colonial).

Il existe une autre image, non moins efficace que celles qui nous sont offertes par les pages de *L'an V de la révolution algérienne*, c'est celle du retour à la « tradition » (autre exemple de « repli », autre genre de vacillement) dans le chapitre « Racisme et culture », lorsque – en pleine lutte anticoloniale – il décrit le médecin arabe dormant par terre, crachant de-ci de-là et l'intellectuel noir qui retourne consulter un sorcier avant de prendre une quelconque décision. Chaque ambivalence entre imaginaires et épistémologies, chaque hésitation entre des valeurs renvoie à des positions définies par un univers de conflit et de mensonge. Si l'on considère cet espace comme la matrice de significations et de comportements, même les stéréotypes servant à représenter les colonisés seront repris par Fanon pour être analysés dans le cadre des rapports de pouvoir de la scène coloniale et voir ainsi renversé leur signifié : le mensonge du Nord-Africain ? Une révolte contre une autorité non reconnue. Les orgies musculaires des transes ? Une violence accumulée et défoulée au cours des cérémonies mais, comme ceux qui, devant le juge, nient contre toute évidence les délits commis, il s'agit d'opprimés qui, bien qu'ils soient dominés, ne sont pas domestiqués.

L'ethnographie de Frantz Fanon est une représentation pénétrante de l'aliénation coloniale, et ses portraits sont comme des instantanés mettant

---

Jeanne Favret-Saada mettent d'ailleurs en évidence que les masses paysannes, même si elles n'ont pas pris part à « l'élaboration de l'idéologie nationaliste », étaient celles qui étaient le plus farouchement opposées au pouvoir colonial : « Les militants urbains qui, lassés des divisions et de l'impuissance des partis nationalistes, montèrent au maquis pour organiser la guerre de libération, furent très surpris de trouver ces paysans – présumés domestiqués par la culture traditionnelle, la misère et l'administration coloniale – beaucoup plus radicaux qu'eux-mêmes et prêts à l'insurrection immédiate » (J. Favret-Saada, « Le traditionalisme par excès de modernité », *Archives européennes de sociologie*, 1967, vol. 8, n° 1, p. 80-81 – texte repris *in* J. Favret-Saada, *Algérie 1962-1964. Essais d'anthropologie politique*, Paris, Bouchène, 2005). Favret-Saada suggérait déjà dans cet article des pistes fondamentales pour comprendre les raisons des « insurrections » paysannes contre l'État après l'indépendance et la nature des institutions traditionnelles, parmi lesquelles l'école coranique.

49. Il faut souligner la complexité de cette notion, qui aura aussi, dans les recherches d'Ernesto de Martino parmi les populations du Sud de l'Italie, une place centrale. Si, dans *Les damnés de la terre* (les pages sur les danses de possession), le fatalisme permet de faire prévaloir la toute-puissance de Dieu sur la toute-puissance du colon en privant ce dernier de son emprise totale et en rétablissant une souveraineté provisoire, dans *L'an V de la révolution algérienne* (le chapitre sur la médecine coloniale), Fanon écrit : « Les conduites de refus ou de rejet de l'intervention médicale ne sont pas refus de la vie, mais une passivité plus grande devant cette mort proche et contagieuse. Dans une autre perspective, cette absence de comportement éclairé souligne la méfiance du colonisé à l'égard du technicien colonisateur ».

toujours en évidence le même *punctum* (dans le sens que Roland Barthes attribue à ce terme)[50]: celui de la violence introduite « dans les maisons et dans le cerveau du colonisé[51] », celui d'une situation où la vie a désormais pris une « allure de mort incomplète[52] », celui d'un flottement structurel des signes et des désirs.

Fanon est donc conscient du besoin irréductible de vacillement, de même que des ambivalences des sujets colonisés, en premier lieu des intellectuels, sujets qui vivent désormais « en porte-à-faux[53] ». Sa phénoménologie est historique, politique et situationnelle ; elle questionne non pas le besoin ontologique de vacillement existant chez tout sujet racialisé, mais plutôt le besoin qui se fait jour parmi les colonisés : dans le cadre de liens sociaux désormais délités, hantés par le soupçon, où même le deuil ne peut plus être formulé à la manière habituelle, et où chaque décès est interprété comme la « conséquence directe ou indirecte de la répression colonialiste ». Son insistance sur l'exigence d'un diagnostic situationnel est le corollaire de cette attention à l'historicité de l'expérience, une historicité qui façonne les sentiments, les rêves, les comportements, les symptômes, les perceptions et qui, par exemple, avant 1939, fait que l'Antillais se sente Européen et perçoive l'Africain comme un Noir pour découvrir tout à coup par la suite, comme en un choc cognitif, que lui aussi *est* noir[54].

Dans le « labyrinthe infernal » qu'est la colonie, Fanon ne perd pas de vue les ambivalences ou les désirs des colonisés, loin de là, et pourtant – il faut l'admettre – ils sont parfois comme laissés à l'arrière-plan. Mais quand cela se produit, c'est pour une raison particulière.

Frantz Fanon arrive en Algérie en 1953, un an avant la « Toussaint rouge[55] », et il vivra une époque marquée par les atrocités et le désarroi, où le médecin colonial est aussi tortionnaire, où les luttes fratricides se font féroces et le meurtre pour un kilo de sucre est monnaie courante. Ce que Fanon a devant lui est un « point de non-retour[56] ». Ponctuées par les interrogatoires et les

---

50. R. Barthes, *La chambre claire. Note sur la photographie*, Paris, Gallimard, 1980, p. 148.
51. F. Fanon, *Œuvres*, *op. cit.*, p. 454.
52. *Ibid.*, p. 361.
53. *Ibid.*, p. 365.
54. *Ibid.*, p. 706 et suivantes.
55. C'est le 1er novembre 1954 : la journée sera marquée par plusieurs incendies de récoltes et de maisons, et l'assassinat d'une dizaine de musulmans francophiles, parmi lesquels le caïd Ben Hadj Sadok, ainsi que de l'instituteur français Guy Monnerot. On considère cette date comme le début de la guerre anticoloniale.
56. L'expression est de Fanon, dans *Les damnés de la terre*. Voir, pour des images de violence analogue, C. Elkins, *Imperial Reckoning. The Untold Story of Britain's Gulag in Kenya*, New York, Henry Holt & Co., 2005. Sur l'histoire de désintégration sociale et économique provoquée par la colonisation française, et de « destruction physique » de la société algérienne, voir A. Laroui, *L'histoire du Maghreb*,

« noyades », par les « regroupements », les exécutions sommaires et les viols commis dans l'impunité la plus complète, ce sont des années qui concèdent peu de temps pour analyser les transactions et les appropriations. Lorsque les électrodes sont appliquées aux oreilles ou aux testicules, que le gendarme ou le soldat conseille, « à coups de crosse ou de napalm, de ne pas bouger[57] », il est difficile de s'occuper de tactiques de mobilité et d'autres questionnements s'imposent à l'observateur.

L'extase des damnés

L'œuvre de Fanon s'élabore à l'intersection des deux lames d'un ciseau : épistémologie critique du savoir colonial, de ses dispositifs disciplinaires et moraux, de sa pénétration lente mais inexorable dans les consciences des colonisés, d'une part ; phénoménologie de la résistance, de ses manifestations (politiques, symboliques, religieuses, psychiques), de l'autre. Le long de cette entaille, il faut cerner deux questions : la place de la culture dans son rapport avec la maladie mentale et les soins qui lui sont apportés ; les effets de la violence. C'est dans cette fourchette théorique que naît le projet d'une ethnopsychiatrie dynamique et critique (dans le sens donné à ces formules par Georges Balandier) encore largement inexplorée. Tandis qu'elle attribue aux thérapies locales, aux rythmes quotidiens, aux « croyances » un rôle décisif dans la compréhension du monde culturel des dominés ou dans la mise en place de modèles d'intervention adaptés au contexte social, elle revient enquêter, comme auparavant dans *Peau noire, masques blancs*, sur les limites des catégories diagnostiques et interprétatives de la psychiatrie et des sciences sociales. Le rapport entre religieux et politique en Algérie et, plus largement, dans les sociétés musulmanes, est sans conteste un chapitre fondamental qui demande encore à être approfondi. Le dialogue entre Ali Shariati, représentant d'un islam politique moderne, et Fanon est, de ce point de vue, décisif, comme le montre Sara Shariati dans sa contribution à ce numéro.

---

tome 2, Paris, François Maspero, 1972, p. 78. De la guerre coloniale en Algérie, Pierre Bourdieu dira : « Telle une machine infernale, la guerre fait table rase des réalités sociales ; elle broie, éparpille les communautés traditionnelles, village, clan ou famille [...] Nombre de jeunes [...] se trouvent aujourd'hui dans la situation de celui que les Kabyles appellent "le fils de la veuve", c'est-à-dire de l'homme sans passé, sans tradition, sans idéal de soi ». P. Bourdieu, « Révolution dans la révolution », *Esprit*, 1961, vol. 1, p. 37-38. Je me limite à ajouter ici que la société colonisée avait été décrite par Balandier dans des termes semblables, comme vivant dans un « état de crise latent », et impliquant « dans une certaine mesure, une socio-pathologie » (G. Balandier, « La situation coloniale : approche théorique », *Cahiers internationaux de sociologie*, vol. 11, 1951, p. 10).

57. F. Fanon, *Œuvres*, *op. cit.*, p. 453-454. Voir aussi P. Vidal-Naquet, *Les crimes de l'armée française. Algérie 1954-1962*, Paris, La Découverte, 2001.

Mais ce qui rend cette perspective unique, ce n'est pas, comme on peut évidemment s'y attendre[58], le simple recours à la notion de culture pour comprendre les représentations de la folie ou l'efficacité des rites thérapeutiques. Frantz Fanon ne se contente pas d'isoler le dispositif symbolique de la subordination de genre ou de l'honneur pour en analyser ensuite la reproduction au sein de la famille ou de la société paysanne. Il questionne ces différents aspects dans le cadre d'une situation historique bien précise, où les acteurs, les intérêts et les langages sont multiples et s'affrontent depuis longtemps (campagnes et villes, Kabyles et Arabes, colons et colonisés), sans cesser d'interpeller, dans un même mouvement, le développement historique d'une science, l'ethnologie, qui a souvent fini par devenir complice d'une idée de culture dépourvue d'imbrications avec l'histoire et sa violence[59]. Il observe notamment les soubresauts et les paradoxes de la tradition ou de la culture dans les trajectoires suivies par les immigrés ou dans les frictions avec le pouvoir colonial[60], ou encore – et c'est ce qui mérite notre attention – à partir de l'échec des modèles de psychothérapie institutionnelle introduits à Blida.

La culture et la religiosité des patients ou du personnel soignant semblent, dans ce cas, s'opposer aux pratiques thérapeutiques plus modernes et éclairées parce qu'elles sont intrusives, proviennent d'un univers moral différent et sont associées à un dispositif politico-administratif despotique (celui de la colonie) qui d'un côté opprime, torture et aliène tandis que de l'autre, il prétend civiliser, rationaliser, guérir[61].

À une médecine complice qui ignore la violence perpétrée par le système colonial, Fanon oppose l'analyse d'autres univers sociaux, d'autres codes de la souffrance, pour conclure, quelques années plus tard, que soigner est littéralement impossible dans le contexte de la colonie.

Nous sommes confrontés à un double mouvement. Dans *Peau noire, masques blancs*, il avait démoli les limites d'une psychanalyse qui se révélait incapable de saisir la spécificité de la condition noire, les conséquences psychiques de la construction d'un sujet racialisé et aliéné par l'Autre/Blanc. En Algérie,

---

58. Voir l'essai d'Alice Cherki dans ce même numéro, ainsi que ses travaux : A. Cherki, *Frantz Fanon. Portrait*, Paris, Seuil, 2000 (Postface de 2011, Paris, Point, coll. « Documents », 2016) ; A. Cherki, *La frontière invisible. Violences de l'immigration*, Paris, Elema, 2006.

59. Lors de la conférence qu'il prononce à Rome en 1956, Fanon avance : « C'est précisément cette histoire morcelée et sanglante qu'il nous faut esquisser au niveau de l'anthropologie culturelle ». F. Fanon, *Œuvres, op. cit.*, p. 715.

60. *Ibid.*, p. 725.

61. Danielle Storper-Perez propose une réflexion analogue lorsqu'elle fait apparaître que le dispositif de l'ethnopsychiatrie de l'école de Fann-Dakar prétendait justement pouvoir guérir et pas seulement assister ou soigner les malades mentaux. Voir D. Storper-Perez, *La folie colonisée*, Paris, François Maspero, 1974.

il démontrera qu'on ne peut pas s'attendre à grand-chose de la forme d'intervention la plus avancée dans les institutions psychiatriques de l'époque, la psychothérapie institutionnelle pratiquée à Saint-Alban sous la direction de François Tosquelles. Dans la colonie, même lorsque la structure de l'hôpital semble rendre homogènes les symptômes, les rythmes quotidiens, l'évolution de la maladie, une différence obstinée demeure, et résiste. Le désintérêt des patients, l'absence d'impact des modèles de réhabilitation, l'inertie des infirmiers, révèlent l'*hybris* thérapeutique de la psychiatrie occidentale, qui pense pouvoir reproduire ses stratégies en négligeant les intérêts et les traditions des patients, les différents idiomes de la souffrance, les hiérarchies symboliques particulières au sein desquelles leur maladie s'est élaborée et, en premier lieu, les rapports de force qui en orientent le sens et la destinée.

Frantz Fanon et Jacques Azoulay ébauchent ainsi une ethnographie minutieuse et avant-gardiste de l'institution psychiatrique dans l'espace de la colonie. Mais en interprétant les raisons de l'échec des principes théoriques de Saint-Alban, les auteurs amorcent en parallèle une analyse des transformations qui ont affecté la société algérienne au cours de la colonisation : la crise de l'agriculture, les transformations du nomadisme provoquées par la présence française, la désintégration des hiérarchies traditionnelles. La sociologie de la misère paysanne et du désagrégement social dans la colonie s'accompagne ainsi d'une analyse des jalons méthodologiques incontournables (le « fait social nord-africain ») dans tout projet de soin :

> « À la faveur de quel trouble avions-nous cru possible une sociothérapie d'inspiration occidentale dans un service d'aliénés musulmans ? [...] Il fallait exiger cette "totalité" dans laquelle Marcel Mauss voit la garantie d'une étude sociologique authentique. Il y avait un saut à effectuer, une transmutation de valeurs à réaliser. Disons-le, il fallait passer du biologique à l'institutionnel, de l'existence naturelle à l'existence culturelle[62] ».

Il s'agit là d'une réflexion critique écrite un an à peine après son arrivée à Blida. On y décèle, parallèlement au projet d'assistance psychiatrique fondée sur le modèle de l'hôpital de jour, de façon à ne pas séparer le patient de son environnement familial et social[63], son intérêt pour une analyse du monde religieux et culturel des patients, mais aussi une prise de distance par rapport à d'autres regards ethnologiques ou sociologiques restés ancrés à la perspective

62. F. Fanon et J. Azoulay, « La Thérapie sociale dans un service d'hommes musulmans. Difficultés méthodologiques », *L'information psychiatrique*, vol. 30, n° 9, 1954, p. 349-361. Il faut insister sur l'originalité d'une analyse qui fusionne en un discours commun l'enquête socio-économique, la réflexion clinique et l'analyse de l'institution asilaire.
63. Ces thèmes seront repris dans la publication concernant son expérience tunisienne : F. Fanon et C. Géronimi, « L'hospitalisation de jour en psychiatrie. Valeur et limites », *Tunisie médicale*, vol. 37, n° 10, 1959, p. 689-732.

coloniale[64]. Le travail effectué avec Azoulay et Sanchez sur les *Troubles de la sexualité chez le Nord-Africain* reste à ce titre exemplaire. La lecture des textes classiques (d'El Soyouti, par exemple), ou des travaux de Suzanne Taïeb, la psychiatre algérienne élève d'Antoine Porot, qui avait préparé sa thèse sur le rapport entre croyances et thèmes délirants, indiquent sans équivoque l'importance accordée à la connaissance de ce matériel. Le rôle social des experts rituels dans le traitement de ces troubles (« Le médecin est ici en général le dernier consulté »), la valeur des idées religieuses, la symbolique à l'œuvre dans les rites (comme l'inscription de versets sur une lame qui, une fois chauffée à blanc, sera plongée dans l'eau placée sous le corps du malade atteint d'impuissance : la lame sera utilisée, commentent les auteurs, pour couper le sortilège qui le lie et le rend malade…). Mais, répétons-le, ce qui est décrit n'est jamais une « coutume » ou une « religiosité » figée, momifiée dans le calque d'une tradition qui se répète sans soubresauts[65].

Par exemple, le célèbre travail sur le Test de perception thématique (TAT, Thematic Apperception Test[66]) indique clairement que si le test de projection échoue dans ses prétentions diagnostiques, ce n'est pas à cause de motifs religieux qui prescriraient aux patientes de respecter la vérité, rendant de la sorte impossible toute libre association, ou d'un « monde culturel exigeant

64. On ne doit pas ignorer le rôle des ethnologues et des sociologues de l'époque aux côtés du gouvernement français : après la Toussaint rouge, le 25 janvier 1955, le président du Conseil Pierre Mendès France nomme au gouvernement général de l'Algérie l'ethnologue Jacques Soustelle. Il acceptera bientôt la thèse de l'intégration. Sa proposition pour résoudre le problème algérien sera de donner la nationalité française à tous les habitants des trois départements. Les remarques critiques adressées par Fanon aux ethnologues visent, très certainement justement, des personnages comme Soustelle ou Bourdieu. À son tour, Bourdieu n'épargnera pas Fanon (et Sartre) dans ses jugements : « Ce que dit Fanon ne correspond à rien. Il est même dangereux de faire croire aux Algériens ce qu'il dit. Cela les ferait verser dans l'utopie », P. Bourdieu, cité *in* M. Burawoy, « IV. Colonialism and Revolution : Fanon Meets Bourdieu » [en ligne], *Conversations with Pierre Bourdieu : The Johannesburg Moment, University of California*, <burawoy.berkeley.edu/Bourdieu/5. Fanon.pdf>, consulté le 2 février 2015. Voir aussi Simona Taliani dans ce numéro à propos du rapport entre Fanon et Bourdieu ; K. von Holdt, « The Violence of Order, Orders of Violence : Between Fanon and Bourdieu », *Current Sociology*, vol. 61, n° 2, 2013, p. 112-131 ; A. Haddour, « Torture Unveiled. Rereading Fanon and Bourdieu in the Context of May 1958 », *Theory, Culture & Society*, vol. 27, n° 7-8, 2010, p. 66-90 (ce dernier article montre des photos très éloquentes sur ce qu'a été l'action française contre le voile). Mais voir aussi P. Bourdieu, « Révolution dans la révolution », art. cité, où les thèses exprimées semblent reprendre beaucoup de passages de Fanon, notamment les considérations sur la nécessité de « nier la négation de soi, de défendre une personnalité assiégée ».

65. F. Fanon, *Œuvres*, *op. cit.*, p. 726. Ces pages contiennent, encore une fois, d'évidents parallèles avec les réflexions d'Ernesto de Martino sur le fatalisme, qu'il ne m'est pas possible de traiter ici pour des questions de place.

66. F. Fanon et C. Geronimi, « Le TAT chez les femmes musulmanes. Sociologie de la perception et de l'imagination », *IVème Congrès des médecins aliénistes et neurologistes de France et des pays de langue française*, LIV session, Bordeaux, 30 août-4 septembre 1956.

et, en un certain sens, spasmé », ou, encore moins – comme le prétendait l'École d'Alger – à cause de prétendues limites constitutionnelles de l'« intellect nord-africain ». Si cette méthode se révèle inadéquate ou mieux, « fausse », c'est parce qu'elle n'est pas en mesure de comprendre les contraintes que le réel (le réel de la colonie, le réel d'un monde aussi impénétrable qu'inaccessible) impose à l'imaginaire des patientes et à leurs productions psychiques. Les considérations sur l'échec du test se transforment ainsi en une sociologie politique de la perception et de l'imaginaire[67]. J'ai toujours trouvé dans ces réflexions le meilleur exemple de ce qu'Andràs Zempléni qualifie de projet le plus authentique de l'ethnopsychiatrie : une recherche et une pratique ayant pour objectif d'explorer et de modifier des « conjonctures de vie et de mort », en imbriquant trois procédures distinctes, toutes « pareillement intersubjectives : ethnographique, institutionnelle et clinique[68] ».

C'est dans cette fusion que se développe aussi l'analyse des cultes de possession, de l'extase des damnés, décisifs pour comprendre l'expérience psychique de la colonie. La dissociation psychique, les tremblements de la transe, l'*habitus* hystérique des possédés et des dépossédés, seront encore une fois analysés à partir d'une phénoménologie détaillée du quotidien (l'écriture de Fanon n'élabore jamais au hasard la séquence des thèmes évoqués, des images suggérées ou des citations)[69].

Dans le chapitre des *Damnés de la terre* sur la violence, voici surgir les corps des colonisés comme des corps animalisés, des corps-choses (« chose colonisée »), secoués de spasmes, gardiens d'une « agressivité sédimentée dans les muscles » (les rêves aussi sont « musculaires »). C'est une véritable liturgie de la tension musculaire, qui agit comme en contrepoint du flottement psychique que le colonisé expérimente chaque jour devant les signes indéchiffrables du monde colonial. Si l'agressivité envers ses frères lui permet de « défendre

67. *Ibid.*
68. A. Zempléni, « Introduction », *Psichiatria e Psicoterapia Analitica*, vol. 4, n° 2,1985, p. 13.
69. C'est une piste qui impose à présent une nouvelle réflexion, telle que la suggère Joseph Tonda dans ce numéro : compte tenu que la possession des corps-sexes et de la terre n'est pas seulement une expérience coloniale, et qu'elle se révèle aujourd'hui sous d'autres masques (la possession par les « maris de nuits », opérant dans le registre d'une famille ébranlée, que la grammaire pentecôtiste s'approprie en devenant complice de ce que l'auteur définit comme « impérialisme postcolonial »). On pourrait ajouter encore que le « mari de nuit », en tant que corps étranger habitant les lits et les nuits postcoloniales, occupant le corps et les cauchemars des femmes comme auparavant il occupait les rêves des colonisés (Fanon), constitue un véritable avatar de la figure du mari blanc. Qu'il s'agisse des femmes prostituées provenant du Nigéria et rencontrées à Turin (R. Beneduce, « Traumatic Pasts and the Historical Imagination : Symptoms of Loss, Postcolonial Suffering, and Counter-Memories among African Migrants », *Transcultural Psychiatry*, vol. 53, n° 2, 2016, p. 267), ou des femmes dont nous parle Tonda, la même expérience est là pour nous rappeler les formes contemporaines de la colonie intérieure et sa répétition.

sa personnalité face à son congénère», le convainquant que «le colonialisme n'existe pas», sur un autre plan (celui des danses de possession), le recours à la dimension religieuse (les esprits, les ancêtres, les zombies) lui «permet de ne pas tenir compte du colon»: dans ce cas aussi, le fatalisme, lieu commun de toutes les sociologies négatives des opprimés, devient une stratégie paradoxale par le biais de laquelle «toute initiative est enlevée à l'oppresseur, la cause des maux, de la misère, du destin revenant à Dieu. L'individu accepte ainsi la dissolution décidée par Dieu [...] Les forces du colon sont infiniment rapetissées, frappées d'extranéité. On n'a plus vraiment à lutter contre elles [...] Tout se résout, on le voit, en affrontement permanent sur le plan phantasmatique[70]». La croyance est conçue comme un acte, et la possession, de même que le religieux en général[71], est un champ où agir devient possible.

De la violence et de la «répétition sans histoire»

> «Ici, plus de dix millions d'hommes à soigner.
> Toute la psychiatrie colonialiste à désaliéner[72]»

Voilà comment j'interprète personnellement l'ethnopsychiatrie postcoloniale de Fanon, mais cette analyse sommaire serait incomplète si n'était pas au moins évoquée sa réflexion sur les conséquences psychiques et sociales de la violence et de la torture, réflexion qui distingue la «pathologie mentale produite directement par l'oppression» pendant le temps de la «colonisation non contestée» de celle qui dérive de l'abomination de la torture. Dans ce cas aussi, Frantz Fanon échappe à tous les pièges du manichéisme, en adoptant une approche clinique et politique on ne peut plus moderne de la souffrance, aussi bien des victimes que des tortionnaires, autant des symptômes de ceux qui ont agi pour une juste cause (la guerre pour l'obtention de l'indépendance) que de ceux des bourreaux. C'est un thème qui parcourt presque tous ses écrits, depuis *Peau noire, masques blancs*, où il ne manque pas de

70. F. Fanon, *Œuvres, op. cit.*, p. 466-467. Les pages d'Althabe sur la possession à Madagascar et la «libération dans l'imaginaire» font écho à cette perspective.
71. S. Ellis et G. ter Haar, *Worlds of Power: Religious Thought and Political Practice in Africa*, Londres, Hurst and Company, 2003.
72. F. Fanon, «Lettre à Maurice Despinoy» (1956?), reproduite comme manuscrit dans *Sud/Nord*, 2007, vol. 22, p. 115. Dans les dernières lignes de la lettre, Fanon ne manque pas d'ajouter un mot de tendresse: «Je ne vous parle pas de moi. Ça va. Josie en effet est toute à son fils et épisodiquement se trompe et m'appelle Olivier».

rappeler dans une note les tortures infligées à Madagascar en recourant souvent, pour le sale travail, aux tirailleurs sénégalais. La question de la violence (et de la contre-violence) s'est par ailleurs imposée à Fanon comme une dimension fondamentale de l'expérience, une dimension dont il faut questionner les tenants et les aboutissants[73].

À la fin de la première Guerre mondiale, Sándor Ferenczi avait mentionné, au cours d'une conférence tenue à l'hôpital militaire Maria Valéria, les troubles des soldats exposés à des traumatismes : le trait saillant de cette « étrange symptomatologie » (c'est ainsi qu'il l'avait définie) consistait en contractures musculaires et en tremblements. Le psychanalyste hongrois mettait en évidence à plusieurs reprises l'« impression d'étrangeté et d'inconnu » chez des soldats qui, bien que n'ayant pas subi de lésions organiques, étaient devenus incapables de marcher et étaient atteints de violentes secousses, de branlements de la tête, de raideur des bras (« les différentes combinaisons de tremblement, de raideur et de faiblesse produisent des types de démarche tout à fait particuliers que *seul, le cinématographe* pourrait éventuellement reproduire[74] »).

Plus de trente ans après, Fanon reprendra en quelques lignes les éléments essentiels d'un débat d'envergure (sur les névroses traumatiques liées à la guerre), en prenant cependant ses distances dans trois passages décisifs : d'abord, la formule habituellement utilisée, « psychose réactionnelle », privilégie « l'événement qui a déclenché la maladie [...]. Il nous semble que, dans les cas présentés ici, l'événement déclenchant est principalement l'*atmosphère* sanglante, impitoyable, la généralisation de pratiques inhumaines, l'impression qu'ont les gens d'assister à une véritable apocalypse » (c'est moi qui souligne). Dans ce contexte, l'événement traumatique consiste en une guerre « qui très souvent prend l'allure d'un véritable génocide ». Ensuite, quand bien même on voudrait se résigner à utiliser la formule déjà employée dans la littérature psychiatrique (« psychose réactionnelle »), il faut admettre cependant qu'on est confronté à une « physionomie inédite de certains tableaux psychiatriques » qui « confirme, s'il en est encore besoin, que cette guerre

73. M. Haddab, « La violence et l'histoire dans la pensée de Frantz Fanon », *Insaniyat* 2004, vol. 63, n° 25/26, p. 27-35. Pour comprendre comment les écrits de Fanon ont été interprétés au cœur des luttes anticoloniales, il est intéressant de rappeler ici l'article écrit par Yoweri Museveni, à l'époque étudiant de sciences politiques à Dar el Salaam, sur Fanon et le Mozambique : Y. Museveni, « Fanon's Theory on Violence : Its Verification in Liberated Mozambique », in N. M. Shamuyarira (dir.), *Essays on the Liberation of Southern Africa*, Dar es Salaam, Tanzania Publishing House, 1971, p. 1-24.
74. Voir S. Ferenczi « Deux types de névrose de guerre (hystérie) » [en ligne], 1916, disponible sur *Psycha.ru*, <psycha.ru/fr/ferenczi/1916/typesnevroseguerre.html#ftn1>, consulté le 20 mars 2015. C'est moi qui souligne.

coloniale est originale même dans la pathologie qu'elle sécrète» (nous ne sommes pas loin ici de l'«impression d'étrangeté et d'inconnu» dont parle Ferenczi). Et le caractère inédit réside en ceci que, contrairement à ce qu'on a généralement soutenu sur la bénignité des symptômes, dans le cas de la guerre coloniale, la règle est la malignité des troubles, une fragilité psychopathologique facilement reconnaissable, qui l'amènent à conclure: «l'avenir de ces malades est hypothéqué». Enfin, la troisième réflexion concerne au contraire le rôle de la «responsabilité» individuelle dans le développement de ces troubles, notamment chez les Algériens, c'est-à-dire même quand les actes de violence avaient été commis dans le cadre d'un projet politique légitime («nos actes ne cessent jamais de nous poursuivre[75]»).

En trois brefs passages, Fanon liquide toutes, ou presque toutes, les prétentions de ce qui fera dans les années 1980 les choux gras du savoir psychiatrique: le trouble post-traumatique lié au stress *(Post Traumatic Stress Disorder*[76]*)*, en soulignant la spécificité psychopathogène de la guerre coloniale, les caractéristiques traumatogènes d'un climat de violence quotidienne, les retombées du problème moral (ces aspects étant systématiquement ignorés par les gourous du trouble post-traumatique lié au stress et de son traitement). Mais Fanon ne manque pas de rappeler que le pronostic des conditions cliniques est souvent négatif et à quel point l'avenir de ces générations est hypothéqué (le legs tragique de la violence et de la colonie).

Nous avons là des intuitions d'une importance fondamentale pour interpréter non seulement la symptomatologie des militants algériens, des femmes victimes de viol ou des enfants témoins de violence mais aussi la souffrance sociale qui en découle (dont l'une des expressions est le silence et l'escamotage de ces événements dans la société algérienne elle-même après l'indépendance, à l'exception des occasions cérémonielles)[77].

Fanon nous livre là un texte magnifique où, en même temps qu'une phénoménologie minutieuse de l'expérience traumatique tracée en brèves esquisses cliniques et reprise dans le même «langage haché» que celui de ses patients, est indiquée la généalogie de cette violence qui se reproduit à travers

75. Toutes les citations dans ce paragraphe sont tirées du dernier chapitre des *Damnés de la terre*: F. Fanon, *Œuvres, op. cit.*, p. 625-672.
76. C'est le manuel diagnostic de la psychiatrie américaine (DSM) qui a introduit cette catégorie diagnostique en 1980.
77. Sur l'expérience des enfants algériens pendant la guerre, voir les témoignages recueillis par une équipe du ministère des Informations du Gouvernement provisoire de la République algérienne (traduction de G. Pirelli), *Racconti di bambini d'Algeria*, Einaudi, Torino, 1962. Sur le silence à proprement parler symptomatique des institutions algériennes, voir la contribution d'Idriss Terranti dans ce numéro.

les générations, une violence qui fut à l'origine d'une haine meurtrière[78], de «pulsions homicides indifférenciées», et qui semble pouvoir resurgir de façon inattendue des années plus tard, auprès de générations qui n'ont pas participé à ces horreurs et qui semblent pourtant les connaître.

Mais toujours, et quoi qu'il en soit, ce qui passe le fera sous le signe d'un amalgame indiscernable, un nœud inextricable où figurent désormais symptôme et Histoire, folie et politique. C'est pour cela que nous ne devons pas nous étonner si, dans les récents cas d'attentats suicides individuels (en Allemagne ou ailleurs), on a souvent évoqué l'équilibre psychique fragile de leurs auteurs, leurs rapports passés avec des services de psychiatrie, leur instabilité (ou simplement leur solitude, leur étrangeté incompréhensible même pour leurs proches). Et c'est ici, dans ces quelques lignes, que l'héritage de Fanon redevient incontournable pour lire la violence de notre présent (la violence des banlieues, par exemple, où il ne semble exister aucun projet politique, aucune utopie), de même que la violence des jeunes nés en Europe, apparemment «intégrés», comme aime à le répéter la rengaine de la République, et qui toutefois se dressent contre cette même Europe avec toute leur haine, leur attitude «hostile, hautaine, méprisante[79]». Certes, beaucoup d'entre eux révèlent, dans leur implacable folie, cette pathologie de l'interpellation diagnostiquée par Hage, mais aussi la douleur d'une blessure ancienne qui ne parvient pas à guérir[80].

Les apories de Fanon, le «nœud franco-algérien[81]» et l'Afrique à venir

> «Ce que je voudrais: de grandes lignes, de grands canaux de navigations à travers le désert. Abrutir le désert, le nier, rassembler l'Afrique, créer le continent. Que du Mali s'engouffrent sur notre territoire des Maliens, des Sénégalais, des Guinéens, des Ivoiriens, des Ghanéens. Et ceux du Nigeria, du Togo. Que tous grimpent les pentes du désert et

78. «Il faut tous les tuer [...]. Les petits, les grands, les femmes, les enfants, les chiens, les oiseaux, les ânes». F. Fanon, *Œuvres*, *op. cit.*, p. 634.
79. *Ibid.*, p. 634.
80. Je paraphrase ici le titre d'une publication récente de Vincent Crapanzano sur l'histoire des harkis: V. Crapanzano, *Harki. The Wound that Never Heals*, Chicago, Chicago University Press, 2011.
81. L'expression est de Jacques Rancière. Je trouve très pertinent, dans le cadre de ces considérations, ce que Rancière a écrit sur le massacre des manifestants algériens à Paris, le 17 octobre 1961: «La considération du nœud franco-algérien peut en effet nous aider à analyser la disposition actuelle des figures de l'altérité [...] qui définit notre champ ou notre absence de champ politique. [...] Du point de vue de l'État français, cette manifestation, c'était l'apparition des Algériens dans l'espace public français. Cet intolérable a eu le résultat que l'on sait. [...] Nous ne pouvions nous identifier à ces Algériens brutalement apparus et disparus comme manifestants dans l'espace public français.

déferlent sur le bastion colonialiste. Prendre l'absurde et l'impossible à rebrousse-poil et lancer un continent à l'assaut des derniers remparts de la puissance coloniale[82] ».

L'horizon de violence auquel le discours politique est aujourd'hui obligé de se mesurer semble faire écho aux réflexions de Frantz Fanon, en faisant apparaître la valeur et les limites de ses prophéties, de son discours visionnaire, mais dans le même temps en démontrant son indiscutable actualité. Il suffirait d'évoquer le débat grotesque sur le « burkini » pour constater à quel point la question du *hijab*, au cœur de l'action psychologique dans l'Algérie coloniale, semble revenir périodiquement comme un spectre : obsession républicaine et humanitaire, imprégnée de peur et de fascination, magnifiquement analysée par Fanon dans *L'an V de la révolution algérienne*. La présence obstinée de ce fantasme, les prises de position et les articles balbutiants qui ont cherché à en parler, dénotent l'urgence d'analyses sociologiques et politiques en mesure d'entrelacer d'une manière nouvelle des univers théoriques, des imaginaires et des langages hétérogènes[83].

Sans avoir la prétention d'approfondir l'analyse de ce qui figure chez Fanon comme de véritables apories[84], je me bornerai ici à en évoquer la plus intéressante pour mes considérations, celle qui révèle sans doute davantage la fécondité intarissable de sa pensée, bien que dans un contexte historique et politique radicalement transformé.

La tension qui m'intéresse ici est celle qui se crée lorsque, d'une part, on rapporte le caractère d'une société, la façon d'être de ses membres, leurs modes et leurs désirs aux événements historiques qui ont accompagné ses transformations (la vie psychique de l'Histoire), et que de l'autre, on se rebelle contre le déterminisme du passé, un déterminisme qui asservit et qui engendre la forme d'aliénation la plus atroce. Ou celle qui affirme l'urgence thérapeutique de se soustraire au cycle de violence et contre-violence juste après en avoir dit la nécessité dans le moment de la lutte anticoloniale[85].

Nous pouvions en revanche nous désidentifier par rapport à cet État qui les avait tués et soustraits à tout compte ». J. Rancière, *Aux bords du politique*, Paris, Gallimard, 2004, p. 203-212 (c'est moi qui souligne).

82. F. Fanon, *Œuvres*, *op. cit.*, p. 862.

83. Je pense au travail d'Avery F. Gordon (*Ghostly Matters. Haunting and the Sociological Imagination*, Minneapolis, University of Minnesota Press, 2008), comme à un exemple particulièrement efficace de l'approche que j'adopte.

84. Des exemples de ces contradictions figurent déjà dans *Peau noire, masques blancs*. Par exemple, quand Fanon affirme qu'à la Martinique, la famille est pratiquement incapable de « donner naissance à une névrose œdipienne » (F. Fanon, *Œuvres*, *op. cit.*, p. 187), il risque de tomber dans une représentation fréquente dans la littérature de l'époque, selon laquelle les Noirs seraient dépourvus des complexes propres à l'homme civilisé ou, tout court, à l'homme blanc.

85. Sur ce thème, voir en particulier l'article de Nigel Gibson ainsi que les propos éclairants d'Achille Mbembe dans ce numéro.

Nous avons, dans cette antinomie, un parcours inestimable pour mesurer avec quelle lucidité Fanon considère le poids inexorable de l'Histoire, les conséquences du passé (l'esclavage, l'expérience coloniale) et la façon dont la violence et l'humiliation (au même plan que l'intimité des rapports de domination) se sédimentent en *habitus*, en désirs et en tactiques quotidiennes (les subalternes le savent bien, eux).

Dans le même temps, dans chacun de ses écrits, il ne cesse de lutter contre le caractère inéluctable de cette loi (et de nouveau l'aporie se fait spasme, symptôme : c'est là la condition post-coloniale). Son geste s'apparente alors à celui d'un héros qui chercherait à rompre un sortilège (la sorcellerie de l'Histoire) en luttant contre sa reproduction implacable sous les formes du symptôme, ou du mimétisme inconscient de l'ennemi. Ses critiques adressées aux élites nationalistes et son enthousiasme pour les masses paysannes de l'Algérie peuvent nous apparaître comme des analyses empreintes de naïveté et dépourvues de profondeur politique, toutefois les revers subis par tant de projets théoriques et révolutionnaires sont là pour mettre en évidence cette structure contradictoire du réel, devant laquelle Fanon n'a jamais reculé. Les limites de la négritude et de ses représentants les plus qualifiés, d'Aimé Césaire à Léopold Sédar Senghor, les incohérences des partis communistes de l'époque, qui s'inclinaient lorsque la puissance coloniale se faisait entendre, avec ses exigences, ses projets, tout cela a certainement été pour Fanon une expérience douloureuse[86]. C'est une évidence, et pourtant il a réagi en haussant encore davantage le ton de son acte d'accusation, l'ironie cinglante de son écriture (« décolonisons, décolonisons. On décolonise à une telle allure qu'on impose l'indépendance à Félix Houphouët-Boigny »), la force de sa poésie.

Les damnés, les « derniers[87] », les « masses » si éloignées des cadres du Parti, les « humiliés de tous les pays du monde » auxquels il ne cesse jamais de penser (« Nous Africains disons que depuis plus de 100 ans, la vie de 200 000 000 d'Africains est une vie au rabais, contestée, une vie hantée perpétuellement par la mort[88] »), de même que la métaphore d'une nuit dont

86. M. Harbi, « Postface », *in* F. Fanon, *Œuvres*, *op. cit.*, 2002, p. 677-683 ; P. Worsley, « Frantz Fanon and the "Lumpenproletariat" », *Socialist Register*, vol. 9, 1972, p. 193-230. Worsley suggère également qu'un des mots-clés du vocabulaire fanonien (« damnés ») a été inspiré par la lecture du poème de Jacques Roumain, *Bois d'ébène* (p. 76).

87. Ernesto de Martino insiste à plusieurs reprises sur la nécessité de se retrouver à côté des derniers et des opprimés dans la « même histoire », notamment dans *L'opera a cui lavoro…*, *op cit.*, p. 116. Sur ce sujet, voir aussi G. Satta, « "Fra una raffica e l'altra". Il regno della miseria e la vita culturale degli oppressi », *aut aut*, vol. 366, 2015, p. 185-196.

88. F. Fanon, *Œuvres*, *op. cit.*, 2011, p. 855.

il faut se dégager et sortir enfin, semblent tout droit sortis indifféremment de Marx, de l'Évangile ou des vers de Jacques Roumain. Le lecteur qui voudrait définir une fois pour toutes ce qui fait la spécificité du discours de Fanon resterait déçu devant ce « perspectivisme confus » qui constitue pourtant, répétons-le, sa plus grande richesse.

Fanon nous dit, simplement et brutalement, que l'horizon de la lutte contre la domination et l'aliénation, pour le droit à la terre et à ses ressources, tout comme l'horizon de la cure, connaît – entre alliés et adversaires dont les profils souvent se confondent – une seule certitude : celle de sa durée infinie. Conclusion décevante pour le politiste, peut-être, moins pour l'historien ou le psychanalyste.

Les catégories qu'il adopte, façonnées dans la chair à vif de contradictions et de conflits atroces, justement parce qu'elles ne prétendent pas être valables dans n'importe quel contexte, sont les plus indiquées pour penser aujourd'hui l'Afrique et ses institutions, le deuil de ses morts sans fin, mais aussi la créativité récalcitrante de ses intellectuels, de ses mouvements politiques : c'est « l'Afrique à venir », pas « celle des poètes », écrit Fanon, pas « celle qui endort, mais celle qui empêche de dormir ». Inévitablement son discours, réfractaire à toute dérive simpliste (qu'il s'agisse d'interprétations psychologiques, sociologiques ou politiques) révèle comme l'ombre d'une solitude obstinée et assumée, où beaucoup ont voulu voir comme un trait de caractère qui aurait fini par l'éloigner inexorablement même de cette Algérie à l'indépendance de laquelle il avait tout sacrifié.

La pensée de Fanon est une pensée qui bouscule, qui ne cesse de surprendre lorsque, quelques lignes avant de fournir sèchement des précisions techniques sur le positionnement de mitrailleuses, de lance-grenades et de commandos, il décrit les changements soudains de la couleur du ciel au-dessus du Sahara[89]. C'est ce Fanon inclassable et insoumis qui pour moi continue d'apporter ses suggestions infinies pour une pensée de la révolte, peu importe si elle prend corps dans les rues de Johannesburg, de Ferguson ou de Paris et pour une cure de l'aliénation : celle des si nombreux émigrés qui déambulent, hésitants, entre les cliniques de l'Europe et les guérisseurs de leurs pays d'origine, tout autant que celle qui couve dans le racisme des institutions occidentales[90]. Frantz Fanon nous aide à penser (et à soigner) la violence de notre temps.

89. *Ibid.*, p. 867.

90. Sur l'histoire postcoloniale de la psychiatrie coloniale, voir R. C. Keller, *Colonial Madness. Psychiatry in French North Africa*, Chicago, University of Chicago Press, 2007, p. 191-226. Sur les « désordres postcoloniaux », voir surtout S. Pandolfo, *Knot of the Soul Madness, Psychoanalysis, Islam*, Berkeley, California University Press (sous presse).

Et cela parce qu'il a su observer la violence comme peu d'autres l'ont fait, dans toutes ses manifestations, de la névrose mimétique de l'évolué au récit des tortionnaires de l'armée française, de la brutalité des troupes sénégalaises à l'arrogance de la psychiatrie coloniale, des cauchemars des jeunes militants du FLN ayant commis des attentats, à la douleur des survivants.

La présence de Frantz Fanon dans la pensée des intellectuels africains, tout comme son héritage en d'autres lieux du monde, incitent à l'interroger à nouveau, avec, pour toile de fond, les conflits contemporains et les contradictions de ce que nous appellerons, en hommage à Georges Balandier, la « situation postcoloniale ». Ses travaux ont tissé un parcours unique qui a convoqué la phénoménologie et l'existentialisme, la littérature, la clinique et la sociologie pour mieux arriver au cœur du problème qui le faisait se mouvoir : la question de l'assujettissement, la nécessité d'imaginer une société (une humanité) nouvelle. En psychiatre, il n'a pas manqué de déconstruire les catégories d'un savoir dont il a révélé la complicité avec l'ordre colonial, en niant la possibilité de soigner la folie dans un contexte figé par la peur et ravagé par l'oppression. De ses rencontres avec la violence, le racisme et la mort est né ce qu'Achille Mbembe a appelé une clinique du réel[91], en mesure d'analyser toutes les facettes de l'aliénation dans le monde noir ainsi que les conflits et les ombres de notre temps. Les intuitions qu'il nous a laissées sur l'enchaînement du psychique et de l'histoire gardent aujourd'hui toute leur valeur, en constituant à elles seules un héritage incontournable, mille fois repris dans les études contemporaines. Les mots qu'il a lancés et le style unique d'une écriture où la poésie du paysage et les préoccupations tactiques se mêlent dans un amalgame indiscernable continuent à nourrir un débat virulent dans lequel il a été présenté comme tout et son contraire : machiste, incapable de régler ses comptes avec son île natale et les fantasmes œdipiens, visionnaire, prophète de la violence. Célébré en Amérique latine et dans les milieux de la contestation sud-africaine, objet de mésusages, le plus souvent oublié, on doit admettre que son nom gêne toujours, un demi-siècle après sa disparition. Même les études postcoloniales et les *subaltern studies*, qui lui ont pourtant accordé une place d'honneur, ont du mal à classer sa pensée indocile. « Fanon dérange », nous dit Alice Cherki dans ce numéro.

91. A. Mbembe, « Préface », *in* F. Fanon, *Œuvres*, *op. cit.*, p. 9. Mbembe parle des « trois cliniques du réel » nées de la rencontre entre Fanon et le nazisme, le colonialisme, et les illusions de la France métropolitaine.

Cependant, si l'on ne cesse de convoquer ce spectre, si l'on persiste à lui consacrer des dizaines de livres, n'est-ce pas que quelque chose de son temps – de sa violence, comme il l'avait lui-même prévu – hante encore notre présent ? N'est-ce pas là le nœud qu'il a su discerner peut-être plus que n'importe qui d'autre, l'imbrication du politique et de l'aliénation, la même que nous sommes aujourd'hui appelés à reconnaître et à démêler ? Désaliéner, pour Fanon, ne consiste au fond que dans l'acte de désarçonner la loi symptomatique de la répétition (la « répétition sans histoire[92] »), peu importe où et comment elle se reproduit. La décolonisation est une rupture radicale. Son projet : « changer l'ordre du monde » (« remplacement d'une « espèce » d'hommes par une autre « espèce » d'hommes », écrit-il dans les premières lignes des *Damnés de la terre*). La décolonisation à laquelle il ne cesse de penser est incompatible avec tout repli sur un passé enkysté par la rancune, avec toute « imitation caricaturale et dans l'ensemble obscène[93] » de l'Occident. Incompatible aussi avec tout projet de simple « africanisation » ou de retour sur son propre « savoir », comme le rappelle Achille Mbembe[94].

Les contributions présentées ici veulent être l'occasion de relire Fanon à partir de nos propres questionnements et de notre propre horizon, qu'il s'agisse du débat sur son héritage ou les visages possibles d'un islam libéré par les stéréotypes, sur les ombres d'une violence identitaire aveugle ou d'une cure de l'aliénation à la hauteur des contradictions du présent, en n'occultant pas les limites d'une pensée qui, de toute évidence, reflétait un moment particulier de l'histoire, et notamment la spécificité des rapports politiques et culturels entre l'Europe et l'Afrique dans les années 1950. Son œuvre recèle néanmoins un antidote contre le vieillissement de ses idées. Frantz Fanon ne disait-il pas lui-même, au début de *Peau noire, masques blancs*, que « l'explosion n'aura pas lieu aujourd'hui. Il est trop tôt… ou trop tard » ? Ne répète-il à la fin de son dernier livre, que ses notes sur les conséquences psychiques

92. Dans un passage fort intéressant sur le rôle du *lumpenproletriat*, qui devient allié du colon, Fanon écrit : « Les masses paysannes plongées, nous l'avons vu, dans la répétition sans histoire d'une existence immobile continuent à vénérer les chefs religieux, les descendants des vieilles familles » (F. Fanon, *Œuvres*, *op. cit.*, p. 530).

93. *Ibid.*, p. 676.

94. Je me réfère à l'entretien publié dans ce numéro, mais aussi au discours qu'il a prononcé à l'université de Witwatersrand : A. Mbembe, « Decolonizing Knowledge and the Question of the Archive » [en ligne], *Africa is a Country*, 2015, <africaisacountry.atavist.com/decolonizing-knowledge-and-the-question-of-the-archive>, consulté le 12 octobre 2016. Qu'on se souvienne entre autres des pages de Fanon sur la nécessité d'aller au-delà du « racisme antiraciste » (F. Fanon, *Œuvres*, *op. cit.*, p. 532).

de la violence étaient « inopportunes et singulièrement déplacées[95] » ? C'est bel et bien Fanon l'Intempestif que nous souhaitons relire et confronter aux temps présents[96] ■

Roberto Beneduce
Université de Turin,
Département de cultures, politique et société

Université Mohammed VI,
Centre de recherche économie, société, culture (CRESC), Rabat

95. *Ibid.*, p. 625. Sur la signification de ces « excuses », voir aussi G. Aching, « No Need for an Apology : Fanon's Untimely Critique of Political Consciousness », *The South Atlantic Quarterly*, 2013, vol. 112, n° 1, p. 23-38.

96. Je tiens à remercier mes amis de la Chaire d'études africaines et du Centre de recherche économie, société, culture (CRESC) de l'École de gouvernance et d'économie (EGE) de Rabat, Jean-François Bayart, Béatrice Hibou et Mohamed Tozy, pour avoir soutenu avec enthousiasme le projet d'un séminaire sur Fanon, qui s'est effectivement tenu en mai 2016 à l'EGE (« Retour sur Frantz Fanon »), ainsi que les relecteurs anonymes de *Politique africaine*. Sans leur collaboration et leur patience, ce dossier n'aurait jamais vu le jour. Je remercie également l'Institut méditerranéen d'études avancées (Iméra) de Marseille pour m'avoir donné la possibilité de profiter d'un séjour d'étude en 2016, et Amine Asselah en particulier : le dossier qu'il m'a confié sur son oncle Slimane Asselah, jeune médecin militant du FLN, arrêté le 4 mars 1957 à Alger, torturé et dont le corps n'a été jamais retrouvé, est l'objet d'un travail en cours (voir aussi sur ce sujet M. Khiati, *Les blouses blanches de la Révolution*, Alger, Éditions ANEP, 2011, pp. 135-136). Slimane Asselah avait écrit avec Fanon l'article « Le phénomène de l'agitation en milieu psychiatrique : considérations générales, signification psychopathologique », *Maroc médical*, vol. 36, n° 380, p. 21-24, paru peu avant son arrestation.

Le Dossier

Nigel C. Gibson

Fanon et les mouvements étudiants sud-africains en 2015

Partant d'une réflexion sur les mouvements étudiants, cet article s'intéresse à ce que l'on a appelé le « moment fanonien » de l'Afrique du Sud. L'article adopte une posture critique vis-à-vis des usages réducteurs de l'œuvre de Fanon faisant de lui un penseur manichéen – des usages reproduits en partie par certaines avant-gardes auto-proclamées, patriarcales et nationalistes, de ces mouvements. Le texte conclut en soulignant l'émergence de positionnements critiques au sein même des mouvements, ouvrant la possibilité d'une politique décoloniale et subalterne.

L'Afrique du Sud semble s'approcher de ce qu'Achille Mbembe a appelé « son moment fanonien[1] ». Selon lui, il s'agit à la fois d'une mise en garde et d'une note d'optimisme : d'une part, un point nodal, reflet d'un parti au pouvoir de plus en plus autoritaire et cleptocratique ; et, de l'autre, signe de la révolte d'une génération d'étudiants sud-africains, ceux que l'on appelle les « nés libres » – nés au moment des premières élections générales libres de 1994. Ces « impatients », ces « effrontés », ces hommes et ces femmes en colère posent de nouvelles questions et veulent des réponses. Ils rejettent la logique de la « normalité[2] ». Une jeunesse comme les autres, d'une certaine manière, qui veut changer la société et remet en question la libération tant promise : « En 1994, on a vendu un rêve à mes parents. Je suis là pour me faire rembourser[3] ». Partant d'une réflexion sur certaines manifestations étudiantes de 2015, cet article s'intéresse à ce moment fanonien, tel qu'il s'exprime par la popularité de Frantz Fanon dans les médias et auprès des mouvements étudiants, et conclut en imaginant les possibilités offertes par l'existence même de ces divers mouvements et de leurs interactions.

Certes, le moment fanonien contemporain était en gestation depuis quelque temps, mais le nom de Fanon résonne aujourd'hui d'une manière particulière

1. A. Mbembe, « Achille Mbembe on the State of South African Political Life » [en ligne], *Africa is a Country*, 19 septembre 2015, <africasacountry.com/2015/09/achille-mbembe-on-the-state-of-south-african-politics/>, consulté le 19 septembre 2016.
2. *Ibid.*
3. T. Luescher, « Frantz Fanon and the #MustFall Movements in South Africa, » *International Higher Education*, n° 85, 2016, p. 22.

dans un contexte marqué par les révélations quotidiennes sur la corruption de l'African National Congress (ANC, Congrès national africain) et de son dirigeant, Jacob Zuma[4]. Prenant appui sur le mécontentement de la population, le parti des Economic Freedom Fighters (EFF, Combattants pour la liberté économique), fondé en 2013 et dirigé par l'ancien président de la jeunesse de l'ANC (ANC Youth League), est aujourd'hui le troisième parti au parlement. Selon sa constitution, le parti trouve son « inspiration dans les écoles de pensée marxiste-léniniste et fanonienne » et il « s'identifie à une organisation marxiste, léniniste et fanonienne[5] ».

Malgré la victoire électorale de l'ANC en 1994, les conditions de vie de la moitié de la population ont continué d'empirer et les indicateurs de base montrent que l'Afrique du Sud demeure un pays très pauvre et inégalitaire, encore plus inégalitaire à vrai dire que pendant l'apartheid. Le leader du mouvement de la Black Consciousness (Conscience noire) assassiné en 1977, Steve Biko, avait prédit cette situation. Quarante ans plus tard, ses paroles restent une source d'inspiration. Engagé pour la libération, il déclarait : « Toute forme de liberté politique qui ne toucherait pas à la distribution des richesses en tant que telle, n'aurait pas de sens… Les populations noires continueront d'être pauvres et on verra quelques Noirs se frayer un chemin au sein de ce que l'on appelle la bourgeoisie[6] ». Dans ce contexte de crise économique structurelle, de ce que Steve Biko appelait l'absence de « réorganisation de tout le modèle économique », la révolte étudiante de 2015 s'est inspirée de lui et de Fanon pour comprendre un malaise social et psychologique plus profond, causé par ce que les étudiants ont identifié comme un racisme institutionnel et l'absence d'une réorganisation des institutions de l'enseignement supérieur.

La persistance de la dialectique nihiliste de Fanon

La pensée de Frantz Fanon se caractérise par une circularité dialectique qui renvoie sans cesse au problème de la libération sociale et de l'aliénation. C'est ce que Lou Turner exprime remarquablement bien en parlant d'une « torsion » dans la manière dont Fanon aborde la dialectique hégélienne du

4. Frantz Fanon parle du « président général de la société de profiteurs », une description qui colle parfaitement à Zuma. Voir F. Fanon, *Les damnés de la terre*, Paris, Gallimard, coll. « Folio actuel », 2002 [1961]. p. 160.
5. « Constitution » [en ligne], *Economic Freedom Fighters*, 27 juillet 2013, <effighters.org.za/documents/constitution/>, consulté le 30 juin 2016.
6. S. Biko, *I Write What I Like*, Londres, Penguin, 1979, p. 168.

maître et de l'esclave, qui se répète dans une dialectique de la réciprocité – non-reconnaissance contre reconnaissance, simple existence contre désir, non-essentialité contre subjet-objet, la vie contre le monde humain[7].

L'ouvrage *Peau noire, masques blancs* s'ouvre sur la problématique des Antillais noirs de classe moyenne[8]. Éduqués en français, ingurgitant son universalisme, ils se pensent Français. La grande menace culturelle à leur privilège de caste est de parler créole et d'agir comme un « Nègre ». Fanon explique que l'arrivée en France engendre une mutation psychologique et physique. C'est alors que commence le travail d'analyse de ces symptômes. La structure s'exprime par le syllogisme suivant : « Le Noir n'est pas un homme [...] pour le Noir, il n'y a qu'un destin. Et il est blanc ».

La conclusion de l'ouvrage revient sur cette impossibilité, déjà présente dans le quotidien du Martiniquais, où un maître internalisé se fait le médiateur de relations sociales dans lesquelles tout le monde est à présent l'« égal » de l'autre et où « l'aliénation du Noir » est internalisée comme une question individuelle et non pas sociale. La micro-compétitivité et le sentiment de supériorité sont médiés par un Autre symbolique blanc. C'est une expression de ce que Fanon, se servant d'un terme créole, appelle la comparaison, qui exprime le ressentiment nietzschéen et une préoccupation pour l'« autovalorisation et l'idéal du moi[9] ». Les anciennes colonies singent l'Europe, en quête de reconnaissance en termes de concepts et de valeurs (et de langues) : « Le Nègre est un esclave à qui on a permis d'adopter une attitude de maître. Le Blanc est un maître qui a permis à ses esclaves de manger à sa table[10] ».

Frantz Fanon défend ici, lorsque sa dénonciation se fait la plus catégorique, l'idée que l'Antillais est condamné, même là où il y a eu lutte. Condamné à répéter le même drame, encore et encore. L'analyse ne porte pas que sur la lutte mais également sur ses valeurs. Façonnée par l'ancien maître, celle-ci vise un nouveau mode de vie, pas une nouvelle vie. La politique de la substitution reflète cette idée. Les concepts et les *dramatis personae* mobilisés par Fanon (l'Antillais et le Noir américain) sont des typologies. Mais beaucoup de choses peuvent être pensées à l'aune des concepts du ressentiment et de la réaction[11]. Il y a une lutte physique et morale, et là réside tout le problème pour Fanon, qui n'oppose pas la vie à la mort mais évoque une « nouvelle vie » plutôt que des « modes de vie ». Dans un article de presse intitulé « Exorcise

7. L. Turner, « On the Difference between the Hegelian and Fanonian Dialectic », *in* L. R. Gordon, T. D. Sharpley-Whiting et R. T. White (dir.), *Fanon. A Critical Reader*, Oxford, Wiley/Blackwell, 1996, p. 134-151.
8. F. Fanon, *Peau noire, masques blancs*, Paris, Seuil, 1971 [1952], p. 29 et 32.
9. *Ibid.*, p. 208.
10. *Ibid.*, p. 216-217.
11. *Ibid.*, p. 197.

the White Ghosts» (Exorcisez les fantômes blancs), Achille Mbembe s'interroge, quant à lui, sur le pouvoir de la *whiteness*[12] symbolique en Afrique du Sud: «Pourquoi mettons-nous tant de soin à transformer la *whiteness* tout comme la douleur et la souffrance, en objets si érotogènes?», demande-t-il, avant de suggérer: «Si nous voulons réellement engendrer la mort de la *whiteness*, il est urgent que nous la démythologisions. Si nous n'y parvenons pas, elle finira par prendre le pas sur nous [et nous nous retrouverons] possédés par ce qui aura pris la forme d'un *esprit malin*[13]». L'Afrique du Sud a connu une lutte longue, dure, physique, morale et intellectuelle. L'élection de l'ANC en 1994 en a constitué une promesse de libération, une promesse qui n'a pas été tenue.

Pour Frantz Fanon, la tragédie psychologique de la répétition de la répression se trouve imbriquée dans la tragédie sociopolitique du néocolonialisme. Le narcissisme et le ressentiment reviennent au premier cycle du mouvement. Exprimant les intérêts de la petite bourgeoisie, les dirigeants nationalistes veulent ce que les colonisateurs ont – les maisons, les voitures, les piscines. Et pourquoi pas après tout? Ils ont pendant si longtemps vu au travers des grilles ce qui est considéré comme la belle vie. Pour Fanon, cette obsession pour les produits de consommation est puérile: prendre la place du – se substituer au – colonisateur en dormant dans son lit (et avec sa femme, si possible). Le rêve de l'homme hétéronormé nationaliste et de classe moyenne, souvent misogyne, opérant dans un monde de comparaison, est celui de la reconnaissance par l'accumulation de biens, réduisant ainsi l'être à l'avoir. La politique de l'accumulation obsessive devient destructrice et antisociale, une impasse menant à l'abandon nihiliste de la pensée de l'émancipation humaine.

Fanon, l'omniprésent : le nouveau mouvement étudiant

Considérée comme centrale à la mobilité sociale, l'éducation primaire et secondaire est en crise perpétuelle en Afrique du Sud, et il n'y a qu'à peine plus d'un tiers des élèves entrant en première année d'enseignement *(First grade)* qui terminent avec succès leur examen de fin de scolarité secondaire *(12th grade)*[14]. Si le nombre d'étudiants sud-africains dans l'enseignement

12. NdT: Pour éviter tout contresens par rapport à l'usage des termes *whiteness* et *blackness* dans le contexte sud-africain, nous avons préféré ne pas les traduire ici.
13. A. Mbembe, «Exorcise our White Ghosts» [en ligne], *City Press*, 22 septembre 2015, <city-press.news24.com/Voices/Exorcise-our-white-ghosts-20150918>, consulté le 22 août 2016.
14. NdT: Ce qui équivaut au CP et à la Terminale.

supérieur croît, cela reste encore insuffisant car seuls, 15 % des étudiants de premier cycle valident leur diplôme. L'autre face de l'Afrique du Sud post-apartheid, qui constitue le contexte dans lequel les mouvements étudiants sont apparus, est la croissance de la classe moyenne noire[15].

Mcebisi Ndletyana exprime un espoir lorsqu'il affirme que « dès leur plus jeune âge, les enfants de la classe moyenne en viennent à croire que cette classe représente le seul mode de vie possible et qu'ils peuvent aisément l'atteindre et même la dépasser. Cela leur donne confiance et les libère de tout blocage psychologique lié à leur capacité de réussir dans la vie ou non[16] ». Pourtant, loin d'être libérés des blocages psychologiques, les universités, quoique promues comme « post-raciales » et comme des espaces où la race et le racisme sont à dépasser, sont confrontées à cette expérience profonde de l'aliénation, du sentiment de ne pas être chez soi, de cette double conscience Du Boisienne[17].

Le président et recteur libéral de l'université du Free State, Jonathan Jansen, considère que la « nouvelle colère » contre l'absence de changement dans les universités est ressentie « principalement par des étudiants noirs de la classe moyenne qui fréquentent des écoles et des universités blanches… Leur revendication est très simple : ils ne sont toujours pas libres. Ils voient une rupture générationnelle entre les récits de lutte et de victoire des anciens et une jeunesse prise dans le quotidien d'une économie dominée par les Blancs et des universités n'ayant subi aucune transformation[18] ». En d'autres termes, bien qu'officiellement « déracialisées », les universités demeurent des lieux institutionnellement blancs et étrangers. Le mouvement étudiant n'est toutefois pas simplement un mouvement propre à la classe moyenne ou aux universités anciennement blanches, car, de fait, la définition et les contours de la classe moyenne sont contestés. Si celle-ci est souvent perçue comme synonyme de population riche, voire très riche, une étude de l'université du Cap (UCT) publiée en 2014 définit toutefois la classe moyenne sud-africaine comme regroupant des foyers dont le revenu moyen est pourtant

15. Selon certains, la classe moyenne noire sud-africaine s'est accrue, progressant de 350 000 individus en 1993 à presque 3 millions en 2012. D'autres annoncent des effectifs qui auraient plus que doublé, passant de 1,7 million en 2004 à 4,2 millions en 2012. Voir S. Writer, « How Big is South Africa's Black Middle Class ? » [en ligne], *BusinessTech*, 4 août 2015, <businesstech.co.za/news/wealth/94987/how-big-is-south-africas-black-middle-class>, consulté le 25 mai 2016.

16. M. Ndletyana, « The Middle Class in South Africa. Significance, Role and Impact » [en ligne], *BRICS Academic Forum/Institute for Applied Economic Research*, 10 mars 2014, <www.mistra.org.za/Library/ConferencePaper/Documents/Middle%20Class%20in%20South%20Africa-Significance,%20role %20and %20impact.pdf>, consulté le 12 septembre 2016.

17. W. E. B. Du Bois, *Les âmes du peuple noir*, Paris, Éditions Rue d'Ulm, 2004.

18. J. D. Jansen, « The New Anger », *New Agenda*, n° 60, 2015, p. 6-8.

relativement peu élevé, soit entre 15 000 et 40 000 rands[19]. Cela reflète la réalité de nombreux étudiants de l'enseignement supérieur sud-africains.

La campagne #Rhodesmustfall (Rhodes doit tomber) est liée à l'écart générationnel imprimé dans les attitudes, ainsi qu'à la mort physique et symbolique de Mandela. « Lorsque, et s'il est fait mention de lui », écrit Jansen, Nelson Mandela est qualifié de « vendu, l'homme qui [...] n'a pas touché aux privilèges des Blancs et n'a pas fait baisser la pauvreté des Noirs. Cette réinterprétation immédiate, ce rejet de Nelson Mandela est la caractéristique la plus marquée de la nouvelle colère[20] ».

La critique de la « nation arc-en-ciel » (et des rêves de 1994) va de pair avec celle qui vise les universités, qui n'ont pas œuvré sérieusement à leur décolonisation et qui, même au niveau symbolique, sont restées des lieux blancs (libéraux). #Rhodesmustfall a commencé lorsqu'un étudiant dénommé Chumani Maxwele a jeté des excréments sur la statue de Rhodes devant les marches de l'université du Cap, le 9 mars 2015. Se répandant dans le pays, le mouvement autogéré, local, national et même mondial s'est rapidement diffusé *via* les réseaux sociaux en s'inspirant de #Blacklivesmatter. La souillure de la statue de Rhodes est associée à la présence discontinue du colonialisme, à la « merde » de la vie qui en découle et à la situation de nombreuses personnes qui, du fait de l'absence de sanitaires et d'eau courante, doivent concrètement faire face à la « merde » au quotidien. Le jour de l'anniversaire du massacre de Marikana (le 18 août 2015), #Rhodesmustfall affirmait avec certitude : « Sans décolonisation, Marikana se reproduira [...]. La collusion de l'État et du monopole capitalistique blanc n'a jamais été aussi claire[21] ».

Si #Rhodesmustfall a suscité le plus de publicité, nous aurions tort de le considérer comme l'ensemble du mouvement. En effet, chaque université a vu naître des groupes étudiants qui ont exprimé des tendances différentes. Parmi les premiers exemples, on peut citer : Open Stellenbosch (Ouvrez Stellenbosch), Transform Wits (Transformez Wits) et le Black Student Movement (BSM, Mouvement des étudiants noirs) à l'université, actuellement connu sous le nom de « Rhodes[22] ». Cela fait par ailleurs longtemps que les universités

19. NdT : Soit environ 960 et 3 200 euros en 2016.

20. J. D. Jansen, « The New Anger », art. cité, p. 6-8.

21. La déclaration de #Rhodesmustfall (#RMF) a été reproduite sur le site *Vanguard* : « Marikana is Why Rhodes Must Fall : Statement on the Marikana Campaign » [en ligne], *Vanguard*, 19 août 2015, <vanguardmagazine.co.za/marikana-is-why-rhodes-must-fall-media-statement-on-the-marikana-campaign/>, consulté le 12 septembre 2016.

22. Il s'agit de l'université de Rhodes, à Grahamstown, dont le nom, qui fait bien sûr référence à Cecil Rhodes, a été l'objet de nombreux débats. C'est au cours de ces débats qu'elle a été rebaptisée, informellement, « l'université actuellement connue sous le nom de Rhodes » (University Currently Know As Rhodes). Comme les autres universités sud-africaines, elle a également son acronyme : Uckar.

noires protestent dans l'Afrique du Sud post-apartheid, mais elles n'attirent qu'une faible attention des médias.

Un mouvement national étudiant est apparu en octobre 2015, demandant une instruction libre, l'annulation de la dette étudiante et le recrutement du personnel directement par les universités. Le mouvement #FeeMustFall, demandant une éducation de qualité et accessible, s'est transformé en une large révolte, des Union Buildings à Pretoria (la plus grande manifestation étudiante depuis Soweto en 1976) au parlement du Cap, ainsi qu'à Johannesburg, Pietermaritzburg, Port Elizabeth, etc. Les étudiants sont sortis victorieux : les frais de scolarité n'ont pas augmenté (pour l'instant). Mais les questions liées à la transformation et à la décolonisation des institutions de l'enseignement supérieur sont restées sans réponse.

De nombreux manifestants ont brandi Frantz Fanon et Steve Biko, presque comme des icônes. La bibliothèque de Johannesburg rapporte d'ailleurs que l'ouvrage de Biko, *I Write What I Like* et *Les damnés de la terre* de Fanon sont souvent empruntés et rarement rendus. La bibliothèque de l'université d'Afrique du Sud garde, elle, les principaux ouvrages de Fanon dans ce qu'elle appelle « des archives à haut risque ». La critique bikonienne des libéraux blancs intégrationnistes continue de résonner auprès des Noirs dans les universités élitistes, où la majorité se sent redevable d'un mode de pensée blanc libéral « postracial ». Fanon, lui, est devenu essentiel aux discussions sur les effets multiples de la répression psychologique reflétée par la persistance du colonialisme et des attitudes coloniales dans le contexte du discours post-apartheid, dont les symboles sont la statue de Rhodes et l'université du même nom. Thierry Luescher écrit : « Pour la génération née-libre de Mandela, [Fanon] est le prophète du présent, qui a prédit, dans *Les damnés de la Terre*, la décadence politique, économique et culturelle de l'Afrique du Sud[23] ». Pour l'intellectuel progressiste de l'université de Rhodes, Richard Pithouse, « S'il y a un philosophe du moment, c'est clairement Frantz Fanon. Ce n'est pas surprenant puisque Fanon offre une analyse puissante des pathologies de la colonie comme de la post-colonie – des espaces que certains jeunes, qui sont aux premiers rangs de la nouvelle agitation en Afrique du Sud sentent *qu'ils doivent habiter simultanément*[24] ».

Achille Mbembe, de son côté, s'interroge : « Est-ce mai 1968, Soweto 1976 ou quelque chose de tout à fait nouveau ? » Pour lui, il y a quelque chose de final dans ce moment où, « lorsque la violence de la pauvreté et la démoralisation

23. T. Luescher, « Frantz Fanon and the #MustFall Movements… », art. cité, p. 22.

24. R. Pithouse, « Violence: What Fanon Really Said » [en ligne], *Mail & Guardian*, 8 avril 2016, <mg.co.za/article/2016-04-07-violence-what-fanon-really-said>, consulté le 9 avril 2016. C'est moi qui souligne.

sont devenues la norme, nombreux sont ceux qui n'ont rien à perdre». Et il ajoute, «la vieille politique de l'attentisme est ainsi progressivement remplacée par une nouvelle politique de l'impatience, et, si nécessaire, de la subversion[25] ».

Pour certains membres du mouvement étudiant (et d'autres, en dehors du mouvement), Fanon a rapidement servi de justification, voire de logique sous-tendant un discours qui s'est fait, à certains moments, apocalyptique et ravageur, défendant l'idée d'une action violente et de la destruction de biens matériels comme une fin en soi et comme une mesure de la décolonisation, répétant le cycle de la dialectique nihiliste abordée plus tôt[26]. Ces références décontextualisées, réductrices et superficielles à Fanon se reflètent dans les réponses publiées dans la presse. Débordés d'images de la violence, les universitaires ont été incapables de voir la rationalité de la révolte ou la critique fanonienne du nihilisme. Prenons l'exemple d'un article de deux psychologues – Liezille Jacobs du Centre de recherche médicale sud-africain *(South African Medical Research Center)* et son époux, Julian Jacobs, du Conseil de recherches en sciences humaines *(Human Sciences Research Council)* – publié par le *Mail & Guardian* et intitulé «Les manifestations violentes purifient-elles, comme Fanon l'indiquait?». Cet article ne dit rien ou presque de Fanon ou de ses arguments à propos de la violence, mais il demande: «La violence est-elle la seule solution?», comme si la question et la problématique de la violence dans l'œuvre de Fanon y avaient été clarifiées[27].

Dans un article publié le 3 mars 2016 dans le *Times*, intitulé «Levez-vous et redressez la situation[28] », Jonathan Jansen a exprimé une sensibilité (néo) libérale bourgeoise à propos de la violence perturbant la tour d'ivoire. Il accuse

25. A. Mbembe, «Achille Mbembe on The State of South African... », art. cité.
26. Voir par exemple, Zinhle Manzini, sur le blog populaire du *Mail & Guardian*, «thoughtleaders», tenu par des universitaires «Mandela-Rhodes»: Z. Manzini, «Violence is a Necessary Process of Decolonisation» [en ligne], *Mail & Guardian/thoughtleaders*, 2 mars 2016, <thoughtleader.co.za/mandelarhodesscholars/2016/03/02/violence-is-a-necessary-process-of-decolonisation/>, consulté le 7 mars 2016; voir aussi R. Pithouse, «The Turn to Burning in South Africa» [en ligne], *Africa is a Country*, 9 septembre 2016, <africasacountry.com/2016/09/the-turn-to-burning-in-south-africa/>, consulté le 15 septembre 2016.
27. L. Jacobs et J. Jacobs, «Are Violent Protests Cleansing, Like Fanon Said?» [en ligne], *Psychological Society of South Africa*, 6 novembre 2015, disponible sur *Mail & Guardian/thoughtleaders*, <thoughtleader.co.za/psyssa/2015/11/06/are-violent-protests-cleansing-like-fanon-said/>, consulté le 12 décembre 2015. Si nous manquons de place pour discuter davantage l'idée de la violence de Fanon, il convient de rappeler la différence entre l'Afrique du Sud des années 1980 et l'Algérie des années 1950. Dans le premier cas, ce furent des mouvements de masse, et non une lutte armée, qui ont joué un rôle central dans le début de la négociation autour de l'apartheid.
28. J. Jansen, «The Big Read: Stand up and Stop the Rot» [en ligne], *Times*, 3 mars 2016, <www.timeslive.co.za/thetimes/2016/03/03/The-Big-Read-Stand-up-and-stop-the-rot>, consulté le 27 septembre 2016.

les étudiants de fragiliser les universités « construites progressivement pendant plus d'un siècle ». Ni la question du colonialisme, ni celle du racisme, ni d'ailleurs aucun sujet soulevé par le mouvement étudiant n'ont été abordés, et la révolte s'est trouvée pathologisée, comparée à des jeux d'enfants, rabaissée au titre de menace aux préoccupations des adultes que sont l'investissement extérieur, les donateurs et le recrutement de futurs étudiants et d'universitaires de renom.

Certes, des voix divergentes se sont élevées au sein de l'intelligentsia. Le vice-président de l'université de Witwatersrand, Adam Habib, a réagi à la justification de la « violence » des étudiants qu'il voit comme « une mauvaise appropriation des paroles d'intellectuels militants », nous rappelant que « Fanon critiquait autant l'élite nationaliste politique qui avait suivi que les colons blancs eux-mêmes[29] ». Habib réagissait à ce qu'il considère comme un « retour vers le passé », à savoir l'émergence d'un discours associé à la figure historique du Panafrican Congress (PAC, Congrès panafricain) dont l'influence comme force politique a pourtant été très faible depuis 1994[30].

Pour les observateurs et les commentateurs, certaines formes de la politique étudiante (en particulier les actions les plus retentissantes auprès des médias) représentaient *la* politique étudiante. Les militants ont eu le sentiment d'avoir été mal représentés et d'avoir été traités avec mépris par les universités et la presse qui les rejetaient en raison de leur prétendue violence[31].

Outre la sélection de certaines citations et de gestes politiques précis, de représentations réductrices de Fanon[32], certains, à l'intérieur des mouvements, ont vraiment tenté de réfléchir à une dynamique authentique de décolonisation. Dans une critique vigoureuse et cinglante du président Zuma et de

29. Adam Habib, « Accelerating Transformation for an Inclusive and Competitive Wits, » *The Journal of the Helen Suzman Foundation*, n° 76, 2015, p. 9.

30. Le PAC a été créé à la suite au sein de l'ANC en 1959 après que ce dernier eut été perçu comme prenant ses distances d'une perspective africaniste, et que des Blancs et des « Indiens » aient été impliqués dans la création de la Charte de la Liberté *(Freedom Charter)*. Interdit en 1960 après le massacre de Sharpeville, le PAC a conservé une envergure internationale mais il est toujours resté dans l'ombre de l'ANC. Il est intéressant de noter que le PAC a été quelque peu rescuscité dans une certaine rhétorique et certaines politiques autour de la question de la décolonisation à l'université du Cap. Dans un appel à manifester devant le bâtiment Bremner, destiné aux étudiants, la déclaration du #RMF du 14 avril 2015 se termine par le slogan de l'Azanian People's Liberation Army (l'armée du PAC), « une balle, un colon » *(one bullet, one settler)*.

31. Voir P. O'Halloran, « Student Politics in SA : a Response to Critics » [en ligne], *The Con*, 7 octobre 2015, <www.theconmag.co.za/2015/10/07/student-politics-in-sa-a-response-to-critics/>, consulté le 6 mai 2016.

32. Voir par exemple les débats entre Jeff Rudin et Paddy O'Halloran à propos de Fanon, parus dans le *Daily Maverick* : P. O'Halloran, « Transformation : the People Decide the Struggle » [en ligne], *Daily Maverick*, 25 mars 2015, <www.dailymaverick.co.za/opinionista/2015-03-25-transformation-the-people-decide-the-struggle/#.V1Wm0ZODGko>, consulté le 25 mars 2015.

Chumani Maxwele, une étudiante de deuxième cycle à l'université actuellement connue sous le nom de « Rhodes », Fezokuhle Mthonti reprend ainsi la critique par Fanon de la politique cleptocratique et de la politique de *big man* de l'ANC, pour revenir sur la façon dont la direction (autoproclamée) du mouvement étudiant a passé sous silence les notions les plus radicales de la décolonisation fanonienne. Associant le « pillage violent des ressources publiques par un Président cleptocrate et sa cour » à la « destruction phallique du narratif de la libération d'un pays », elle dénonce la « trajectoire effrayante prise par les dirigeants des mouvements étudiants sud-africains » (qui n'étaient pas que des hommes) et entrevoit une connexion directe entre Maxwele, l'homme qui a lancé les excréments sur la statue de Rhodes à l'UCT et une politique phallocratique des élites. Pour Mthonti, cet homme est le produit « d'un parti de la libération dont l'hégémonie est en déclin » ainsi qu'« une formulation sectaire de la politique étudiante qui n'est pas claire sur ses propres principes politiques et philosophiques[33] ».

Mettant l'accent sur la politique de *big man*, néo-traditionaliste, et sur le discours populiste culturaliste utilisé par Zuma pendant son procès pour viol en 2006, elle poursuit son analyse de l'ANC : sa « direction patriarcale sectaire… [est] une caractéristique bien connue de la politique étudiante du moment. Le type de politique misogyne et par conséquent anti-LGBTQ[34] [de Zuma] est une caractéristique des plus familières de la plupart des mouvements étudiants du pays ». L'auteure connecte cela de manière frappante aux usages de l'œuvre de Fanon et prévient que « l'absence de complexité dans les espaces des mouvements étudiants dominants est sans doute l'un des traits les plus inquiétants. Au lieu de penser les questions imbriquées, les zones grises et difficiles, on observe une véritable régression vers une forme brute de politique identitaire, obsédée par des personnalités plutôt que par la mobilisation collective[35] ».

La notion de décolonisation de l'esprit et du corps de Ngugi wa Thiongo est centrale[36], en ce qu'elle remet en question une histoire qui « nous représente comme des fétiches, comme des êtres sexuels de base[37] ». L'humanisme

33. F. Mthonti, « A Rapist State's Children : Jacob Zuma and Chumani Maxwele » [en ligne], *The Con*, 8 avril 2016, <www.theconmag.co.za/2016/04/08/a-rapist-states-children-jacob-zuma-chumani-maxwele/>, consulté le 12 mai 2016.

34. LGBTQ : appartenant à la communauté lesbienne, gay, bisexuelle, transgenre ou *queer*.

35. F. Mthonti, « A Rapist State's Children… », art. cité.

36. N. Wa Th'iongo, *Decolonizing the Mind. The Politics of Language in African Literature*, Londres, Heinemann, 1986.

37. Voir L.-A. Naidoo, « Needing to Learn : #RhodesMustFall and the Decolonisation of the University » [en ligne], *Dhet News*, 29 mars 2016, <www.dhetnews.co.za/needing-to-learn-rhodesmustfall-and-the-decolonisation-of-the-university/>, consulté le 15 avril 2016.

de Frantz Fanon, sa critique, sa sensibilité au geste, au mouvement et aux nouvelles impulsions dialectiques permettent à sa pensée d'être ouverte à de nouveaux éléments critiques de la théorie *queer* pour interroger la politique des identités, et ce malgré sa propre hétéronormativité. Critiquant la politique qui insiste sur des débats pragmatiques à propos de ce qu'il est possible de faire, José Esteban Muñoz estime qu'il faut « en finir avec le "ici et maintenant" ». Et il poursuit : « une réflexion, *a posteriori*, sur des moments, des objets et des espaces multiples, peut permettre d'anticiper la *queerness* ; ce que nous ne pouvons pas faire à partir des manifestations de ce que certaines personnes appelleraient *queerness* aujourd'hui[38] ». Et les fantômes qui habitent le présent ? « Que les morts enterrent les morts », comme le disait Fanon, citant Marx, dans sa conclusion de *Peau noire, masques blancs*. Plus facile à dire qu'à faire, bien entendu.

« Quelle preuve avez-vous du soutien de la jeune génération au Black Peoples Convention [BPC, Convention du peuple noir]) ? » demande le journaliste américain Bernard Zylstra à Steve Biko en 1977. Biko répond, « En un mot : Soweto ![39] ». Les émeutes de Soweto ont représenté une nouvelle étape de la connaissance et elles ont été l'expression de la pensée et de l'organisation au sein des écoles, qui sont devenues les vecteurs de la discussion. Elles ont marqué la prise de conscience d'une nouvelle étape de cette révolte qui allait durer jusqu'aux années 1980 : « La vigueur, le dévouement, la détermination et la clarté de l'analyse de la situation – tout cela résulte des idées de la Conscience noire chez les jeunes de Soweto et ailleurs[40] ». Soweto a concrétisé le moment philosophique.

Une décolonisation authentique – philosophie de la libération – tente de se départir de ce qu'Antonio Gramsci appelle les « éléments idéologiques fanatiques ». Ces éléments sont non seulement aventureux, dogmatiques et nihilistes, mais également conservateurs. Pour Gramsci, l'intellectuel compris comme groupe social – postulant immédiatement que la notion d'individu est sociale – est une conscience « pleine de contradictions[41] ». C'est une action philosophique fondée sur une nécessité matérielle, qui imagine et essaie de mettre en pratique de nouveaux espaces libératoires comme lieux de la pensée et de l'action. Alors, peut-on parler des événements de 2015 en ces termes ? Une étudiante en doctorat du département des sciences humaines de l'université actuellement connue sous le nom de « Rhodes », considère

38. J. E. Muñoz, *Cruising Utopia the Then and There of Queer Futurity*, New York, NYU Press, 2009, p. 22.
39. Interview de S. Biko, citée *in* D. Woods, *Cry Freedom*, New York, Henry Holt, 1987, p. 98.
40. *Ibid.*
41. A. Gramsci, *Lettres de Prison*, Paris, Gallimard, 1971, Lettre 329.

que la pratique du mouvement étudiant noir, le Black Student Movement, était une forme de démocratie directe rejetant la politique hiérarchique du Conseil de représentation des étudiants *(Student Representative Council)*:

> «Si vous allez au Drostdy Lawns lorsqu'il y a un événement du BSM[42], vous y trouverez quarante à soixante personnes assises en cercle par terre. Cette pratique a commencé de manière organique dès la deuxième réunion du BSM car les membres se sont simplement assis au sol. Des président(e)s sont nommé(e)s et... secondé(e)s à chaque réunion et ensuite tout le monde s'assoit et discute. Les réunions ne durent jamais moins d'une heure ou deux et aucun dirigeant n'a jamais été élu. Tout le monde a une chance de parler, d'exprimer son désaccord, d'argumenter et de décider de la manière d'avancer[43]».

Elle ajoute: «Le BSM crée également des connexions avec les syndicats de travailleurs et les organisations communautaires et inclut des personnes qui sont membres du Unemployed Peoples' Movement [UPM, Mouvement des sans-emploi] de Grahamstown, d'où vient, en fait, cette habitude de s'adresser les uns aux autres comme si tous étaient des "leaders"[44]». La mise en pratique est douloureuse, d'après Leigh-Ann Naidoo, étudiante de Wits travaillant sur l'éducation et la pratique radicale:

> «[Selon] Frantz Fanon – le principal penseur de la décolonisation lu et mis en pratique, [...] le mouvement a pour mission centrale la conscientisation collective de l'enseignement-apprentissage en créant des espaces alternatifs et en élargissant les frontières de la salle de classe, apportant l'enseignement dans l'espace plus large de la vie et en transposant la vie dans l'espace plus traditionnel de la classe[45]».

La notion de narratif libératoire est fanonienne en ce qu'elle reflète l'idée d'une nouvelle humanité qui émergerait de la lutte, renouvelant sans cesse notre questionnement, parce qu'elle est ouverte à des impulsions inédites provenant de ceux dont la voix avait été réduite au silence par le passé. Selon Naidoo, cette pratique radicale consiste à (re)chercher:

> «lire, penser, questionner au travers d'une discussion critique, mais aussi, à partir de nos actions, faisait partie du quotidien de l'Azania House [le bâtiment de l'UCT]. [...] Le sous-comité à l'éducation a été mis en place pour re-chercher, discuter et planifier un certain

42. NdT: Il s'agit des pelouses du campus.
43. C. Naicker, «Post-Marikana SA, Birthing the New Student Politics» [en ligne], *Daily Maverick*, 7 avril 2015, <www.dailymaverick.co.za/opinionista/2015-04-07-post-marikana-sa-birthing-the-new-student-politics/#.V3Ql2JN95sM>, consulté le24 juin 2016.
44. Un moment de solidarité marquant fut la marche des étudiants et des travailleurs, qui a eu lieu vers la fin de l'occupation étudiante des chambres du Conseil. Les travailleurs et les étudiants se sont exprimés, forçant le président *(Vice-Chancellor)*, l'administrateur *(Registrar)* et le directeur financier à répondre.
45. L.-A. Naidoo, «Needing to Learn...», art. cité.

nombre de choses – dont l'une des principales était d'organiser une série de séminaires nocturnes… ouverts au public et attirant près de deux cents personnes à chaque fois[46] ».

L'Azania House a fonctionné comme une sorte de quartier général pour l'action radicale sur le campus de l'UCT. Certes, il est important de souligner qu'il a existé des divisions internes entre les membres de base et un groupe autoproclamé prenant les décisions, mais ce bâtiment est aussi devenu pour certains un lieu où l'identité noire pouvait être imaginée et ré-imaginée. Ainsi, l'auteure du Cap, Khumo Sebambo, perçoit l'Azania House comme une promesse de « sécurité spatiale [qui]… permettait à l'imagination de la *blackness* de prospérer ». Alors que cette vision pourrait être considérée comme solipsiste, Sebambo insiste et affirme que « l'imagination noire n'est pas une paire de jumelles qui permettrait de voir dans un futur afro-futuriste, elle n'est pas non plus un retour… [elle] est ancrée dans ce moment contemporain où nous, peuple noir, cherchons nos identités et les formulons autant que faire se peut en dehors de la *whiteness*[47] ». De même, à l'université actuellement connue sous le nom de « Rhodes », les chambres du Conseil, occupées à la fin de l'année 2015, ont été renommées les Communs du BSM. Des discussions fertiles, des décisions collectives et de longues rencontres sur une série de sujets y ont eu lieu. Tout comme l'Azania House, ces espaces étaient réels, ils n'étaient pas utopiques et bien que des frictions, comme celles opposant les membres de base et les dirigeants autoproclamés, ou encore l'épuisement ont également marqué l'occupation, il s'agit de véritables moments préfiguratifs qui doivent être rappelés.

La réimagination de l'identité noire est presque un inventaire de la préhistoire du Black Consciousness Movement (mouvement de la Conscience noire) de Biko – célèbre pour avoir quitté une rencontre du National Union of South African Students (Syndicat national des étudiants sud-africains) à Rhodes, en 1967, lorsque les étudiants blancs libéraux avaient décidé de ne pas condamner l'adhésion de l'université aux règles de l'apartheid selon lesquelles les Noirs n'avaient pas le droit de rester sur le campus. Sa décision de quitter Rhodes, en ce mois de juillet, marque le début de la Conscience noire. Comme l'écrit Fanon, « puisque l'autre hésitait à me reconnaître, il ne restait qu'une solution : me faire connaître[48] ». C'était le mai 1968 de l'Afrique du Sud. Le collègue de Biko, Barney Pityana, cite Fanon comme un élément

46. *Ibid.*
47. K. Sebambo, « Azania House As a Symbol of the Black Imagination, » *The Salon*, vol. 9, 2016, p. 109.
48. F. Fanon, *Peau noire…*, *op. cit*, p. 123.

fondamental de la philosophie de la Conscience noire, dans un texte fondateur du mouvement :

> « La dialectique qui introduit la nécessité au point d'appui de ma liberté m'expulse de moi-même. Elle rompt ma position irréfléchie. Toujours en termes de conscience, la conscience noire est immanente à elle-même. Je ne suis pas une potentialité de quelque chose, je suis pleinement ce que je suis. Je n'ai pas à rechercher l'universel. En mon sein, nulle probabilité ne prend place. Ma conscience nègre ne se donne pas comme manque. Elle est. Elle est adhérente à elle-même[49] ».

Rejetant ainsi l'humanisme libéral blanc, la quête d'authenticité et d'autodétermination de la Conscience noire devrait venir de l'intérieur. Tel est l'acte de négativité qui, pour Biko, était une autodétermination prérequise à la réciprocité mutuelle, exprimant la dialectique fanonienne comme une rupture radicale avec la torsion abordée plus haut. Plus que solipstique, le mouvement était social : pour Biko il s'agissait d'une critique de l'élitisme né de l'aliénation et d'une (re)connexion avec l'éducation par la lutte quotidienne de la population noire. Les Black Community Programs étaient une itération de cette nouvelle attention et étaient intimement connectés à l'auto-émancipation : comme il l'écrit dans *I Write What I Like*, « L'interrelation entre la conscience de soi et le programme émancipatoire est d'une importance capitale[50] ». Biko poursuit et considère que cette conscience noire ne se définit pas par la « pigmentation » mais par un « état d'esprit » qui portait une critique de classe et philosophique importante de l'élitisme. C'était une *blackness* qui exprimait un nouvel humanisme. Pityana poursuit : « Voici ce que nous recherchons en tant que Noirs : ÊTRE. Nous pensons que nous sommes assez efficaces dans la gestion de notre ÊTRE et c'est pourquoi nous sommes autosuffisants[51] ». Il y a eu un long débat au sein des études fanoniennes autour de la réponse de Frantz Fanon à la critique de la négritude par Jean-Paul Sartre ainsi que sur l'attitude critique de Fanon lui-même à propos de la négritude dans *Peau noire, masques blancs*. Peut-il y avoir une autonomie noire ? Peut-il y avoir une *blackness* en dehors de la relation Noir-Blanc que Fanon essaie de déconstruire[52] ? Puisque la dialectique de l'expérience est au cœur de la critique de Sartre par Fanon, la question doit être considérée dialecticalement

49. *Ibid.*, p. 142.
50. S. Biko, *I Write…*, *op. cit.*, p. 49.
51. Cité *in* N. Gibson, *Fanonian Practices in South Africa. From Steve Biko to Abahlali Base Mjondolo*, Scottsville, University of KwaZulu Natal Press, 2011, p. 50.
52. F. Fanon, *Black Skin White Masks*, New York, Grove, 2008 [1952], p. xiii-xiv. NdT : nous gardons ici la référence à la version anglaise du texte de Fanon car l'auteur fait spécifiquement référence à l'avant-propos de la traduction.

et phénoménologiquement. La question pour Fanon, et pour Biko, selon moi, est celle d'un refus de considérer les expériences noires comme étant toujours prédéterminées en des termes exprimés par le syllogisme de Fanon, pas le « bon Noir », « le corps de la différence docile », pour reprendre les termes d'Homi Bhabha, « qui reproduit la relation de domination[53] ». La vie, l'expérience et la culture noires sont marquées par le pouvoir, le pouvoir blanc, et il est bien entendu impossible pour ce dernier de penser une autonomie noire (comme ce fut le cas en effet pour le régime d'apartheid lorsque les étudiants se sont révoltés en 1976). Or, parler d'un espace autonome d'imagination d'un « ici et maintenant » est une manière d'ouvrir de nouvelles possibilités humaines. Biko invoque Fanon lorsqu'il dit : « En choisissant de rejeter l'héritage du colonialisme et de la domination et de se construire autour d'eux leurs propres valeurs, normes et vision de la vie, [ils] ont enfin mis en place une base solide pour une coopération significative entre eux dans la lutte élargie du tiers-monde contre les nations riches ». Il poursuit en considérant l'importance de l'individu social, cite Fanon et écrit : « la conscience de soi n'est pas fermeture à la communication... la conscience nationale, qui n'est pas le nationalisme, est la seule chose qui nous donnera une dimension internationale[54] ».

Les mouvements étudiants ont encensé Steve Biko, mais leurs interprétations de la définition bikonienne de la conscience noire sont discutables et se sont avérées très différentes d'un campus à l'autre. Ainsi, le mouvement UCT #Rhodesmustfall a commencé comme un mouvement noir avec une structure de direction délibérée et s'est fait l'écho de l'argument de Biko selon lequel les libéraux « ne devraient pas avoir de ressentiment par rapport à la croissance de la conscience noire ». La déclaration publiée le 25 mars 2015 soutient le travail du White Privilege Project[55] qu'elle considère comme un allié, et « accueille [sa] participation dans les actions radicales comme signe de solidarité dès lors que cette participation a lieu selon nos conditions ». Émanant d'une série de rassemblements de grande ampleur et de discussions autour de l'obtention d'un consensus, le Black Student Movement de l'université actuellement connue sous le nom de « Rhodes » a délibéré sur son appellation. Le 17 mars 2015, un poster de solidarité avec l'UCT se faisait l'écho

53. H. K. Bhabha, *The Location of Culture*, Londres, Routlegde, 1994, p. 31.

54. S. Biko, *I Write...*, *op. cit.*, p. 86.

55. Lancé en avril 2015, le White Privilege Project (rebaptisé Disrupting Whiteness : UCT) est « un collectif constitué de personnel et d'étudiants de l'université du Cap qui sont engagés dans un travail de justice raciale et qui souhaitent voir apparaitre des transformations significatives dans la communauté universitaire et au-delà ». Voir « Disrupting Whiteness : UCT » [en ligne], *Facebook*, <www.facebook.com/DisruptingWhitenessUCT/about/>, consulté le17 septembre 2016.

de Biko: «Il ne s'agit pas de la pigmentation de la peau mais de la libération de l'esprit». Pour le BSM, le noir est politique, il n'est pas une donnée, et ne se définit pas par la couleur de la peau mais par l'engagement politique. Reflet de cette notion, le BSM a mis l'accent sur le mouvement avec une vision de l'engagement ouverte, démocratique et inclusive. Si l'absence d'une structure dirigeante n'a pas résolu la question de l'organisation (et a même été perçue par certains comme l'une des causes de la fragmentation ultérieure du mouvement), la notion de forme organisationnelle était connectée à un ensemble de principes dont le point de départ était une citation de Fanon: «Pour [...] nous-mêmes et pour l'humanité [...] il faut faire peau neuve [...][56]». «Inspirés par la philosophie de la Conscience noire et par la manière dont elle a convaincu certaines personnes à se joindre à la lutte contre l'apartheid», les membres du BSM rédigent une constitution qui met l'accent sur la naissance du mouvement, issu, selon leurs propres termes, de «conversations à propos de nos expériences individuelles d'étudiants marginalisés incapables de faire face à cause de l'oppression structurelle, intellectuelle et de classe de l'environnement de Rhodes[57]».

Au-delà du patriarcat que le Black Consciousness Movement exprime clairement dans son appel («Homme noir, tu es seul»), la conscience sociale du soi que Biko a déployée comme moment philosophique a été, par la suite, interprétée par les étudiants militants comme une intersectionnalité, la remise en question du patriarcat institutionnel, du racisme, de l'élitisme et de l'hétéronormativité. Ces espaces devaient également être combattus sans cesse et le défi était d'associer les idées et les stratégies avec des principes – pas des personnalités – ancrés dans des pratiques démocratiques et ouvertes.

En réponse à des réactions reçues sur la page Facebook #RhodesSoWhite, Lihle Ngcobozi écrit:

> «La demande implicite des étudiants blancs est de permettre à la normativité blanche de se transformer en souplesse, avec confort et sans résistance. Cette demande suggère par ailleurs que [...] les étudiants noirs [...] sont dans le processus de constitution de leur subjectivité, que les étudiants doivent interrompre le projet d'humanisation de soi et doivent comprendre que les étudiants blancs comptent également. C'est une diversion. La méthodologie même du racisme et du maintien de la suprématie blanche œuvre à distraire le projet politique noir de constitution et de revendication de la subjectivité noire. Ceci, en et par soi-même, est l'œuvre du racisme anti-noir[58]».

56. F. Fanon, *Les damnés de la terre*, *op. cit.*, p. 305.
57. Voir la section «À propos» sur la page Facebook du Black Student Movement: «Where Learners Lead» [en ligne], *Facebook*, <www.facebook.com/blackstudentsmovement/>, consulté le 16 juin 2016.
58. L. Ngcobozi, «#RhodesSoWhite: an Insight» [en ligne], *The Con*, 27 mars 2015, <www.theconmag.co.za/2015/03/27/rhodessowhite-an-insight/>, consulté le 30 mars 2015.

Cet article était illustré d'une affiche d'une campagne du BSM présentant des citations de Fanon, Biko et Rhodes. Il reprenait la citation mentionnée plus haut, « Pour [...] nous-mêmes et pour l'humanité [...], il faut faire peau neuve [...] », et était signé #BlackStudentMovement #RhodesMustFall #RhodesSoWhite.

Ce lieu en ébullition où se préfigurera le savoir

Trouver les prémisses d'une « invention dans l'existence[59] » fanonienne à l'intérieur des luttes à l'université n'est pas une nouveauté. Mais les possibilités permettant à la fois de penser les pédagogies de la libération – qui avaient été marginalisées dans les années 1990 – et de créer des connexions réelles augmentent et sont visibles, notamment dans le soutien que les étudiants apportent aux travailleurs du campus qui demandent la fin de la sous-traitance des emplois, et dans les relations naissantes entre les étudiants politisés et le Mouvement des sans-emploi (à Grahamstown, où étudiants militants et UPM s'organisent pour contrer des attaques xénophobes[60]). Dans ce moment, outre la revendication de traditions intellectuelles noires et d'espaces stimulants dans les universités, peut-il y avoir une nouvelle convergence des esprits des luttes universitaires et des luttes de la face cachée de la société ? Une rencontre qui atteindrait cet espace que Fanon appelle le « lieu en ébullition où se préfigure le savoir[61] ».

Fanon postule l'organisation comme un organisme né des différents mouvements et de leurs intellectuels qui « vivent dans l'histoire ». L'accent sur le « vivant » vient de la conception fanonienne d'un nouvel humanisme fait d'individus vivants et de vraies relations sociales. Mais le problème pour Fanon n'est ni un problème matériel, ni « une crise de direction » comme ses critiques de gauche l'estiment souvent. C'est plutôt le retard des élites politiques, cette « incapacité historique » – de la société politique émergente et de ses intellectuels – « à rationaliser la *praxis* populaire, c'est-à-dire à en extraire la raison[62] », en d'autres termes, l'inaptitude à comprendre le sens de la décolonisation comme véritable substitution – sans médiation par un dirigeant ou une organisation – fondée sur un engagement critique avec la rationalité de la *praxis* populaire.

59. F. Fanon, *Peau noire...*, *op. cit*, p. 227.
60. Voir P. O'Halloran, « Contested Space and Citizenship in Grahamstown, South Africa » [en ligne], *Journal of Asian and African Studies*, 30 août 2016 <www.dailymaverick.co.za/opinionista/2015-09-08-policing-student-politics-is-there-a-right-way-to-protest/#.V4dLl5MrL-Z>, consulté le 15 septembre 2016.
61. F. Fanon, *Les damnés de la terre*, *op. cit.*, p. 213.
62. *Ibid.*, p. 145, je souligne.

L'intelligentsia libérale, qui comprend les administrateurs d'université, le personnel académique et les médias n'est pas parvenue à donner du sens aux mouvements étudiants et les a ainsi rapidement qualifiés de violents et déraisonnables. Cela peut notamment s'expliquer par le fait que les étudiants, qui font partie de la société civile officielle (c'est-à-dire la classe moyenne émergente) en ont, par leurs actions, trahi les valeurs et ont semblé agir comme ceux qui en sont normalement exclus. Mais à mesure que le mouvement #Feesmustfall s'est nationalisé et a obtenu un soutien très large, il n'a plus été facile d'associer ses acteurs à des masses « inciviles » ou pleinement à la société civile. Comme l'a énoncé le militant du BSM Jonis Ghedi Alasow,

> « les gardiens du *statu quo*, de l'université encore connue sous le nom de Rhodes ont insisté sur le fait "qu'il est inutile de perturber quoi que ce soit si on veut se faire entendre". En bref : il y aurait une "bonne" manière de faire les choses et le BSM ne s'exprimerait pas de manière appropriée. Cette conception libérale du politique part du principe que toutes les voix sont entendues de la même manière et que ceux qui protestent souhaitent intégrer le système dont ils sont actuellement exclus[63] ».

Une telle vision présuppose que « la classe moyenne blanche agit comme gardienne de l'université tandis que la population noire, la population pauvre et issue de la classe populaire, les homosexuels, etc., ne sont que tolérés en tant qu'invités. Le BSM n'a pas cessé de remettre en question ce postulat », ce qui a impliqué, entre autres, « un rejet du nom colonial, du programme eurocentré, de l'exclusion financière des étudiants des résidences pendant les courtes périodes de vacances » et la question essentielle de la langue. Il y a une dimension de classe importante, prise au sérieux par le mouvement dans son ensemble, même s'il faut souligner que certains groupes influents ont considéré que la discussion sur les classes nous « détournait du vrai problème[64] ». La demande simple d'Open Stellenbosch de ne pas exclure de l'université les étudiants ne parlant pas afrikaans a résonné au niveau national car très souvent, les cours sont dispensés en anglais, alors que ce n'est ni la première, ni la deuxième, ni même la troisième langue des étudiants. Lors de rassemblements du mouvement sur les différents campus, de nombreuses critiques ont émergé autour du recours systématique à l'anglais plutôt que de soutenir l'utilisation de langues africaines. Le travail des traducteurs

---

63. J. G. Alasow, « Policing Student Politics : Is there a "Right" Way to Protest ? » [en ligne], *Daily Maverick*, 8 septembre 2015, <www.dailymaverick.co.za/opinionista/2015-09-08-policing-student-politics-is-there-a-right-way-to-protest/#.V4dL15MrL-Z>, consulté le15 juin 2016.
64. *Ibid.*

est d'ailleurs devenu essentiel. Reste que la demande faite auprès des administrateurs afin qu'ils créent des structures de soutien à la lecture et la rédaction en anglais sont au mieux restées lettre morte, au pire ont été tournées en dérision. Il s'agit là d'une des nombreuses demandes pratiques que les mouvements ont pu formuler. C'est la politique-action *(actional politics)* qui a guidé le mouvement, mais il est également le produit de l'absence de réponse (ou d'une réponse policière et autoritaire) de la part des administrations des universités. Comme a pu le résumer Alasow, « le Mouvement [...] se positionne de manière diamétralement opposée aux politiques passivement libérales [...] qui répriment la véritable libération de nos chaînes coloniales en faisant appel à "la bonne manière de faire"[65] ».

Pour les médias et les administrations universitaires, le problème est devenu plus ardu à mesure qu'ils recherchaient des dirigeants, des représentants et des porte-parole des mouvements. Ils ne comprenaient pas que le BSM puisse déclarer avec insistance : « Nous n'avons pas de porte-parole car notre structure est non hiérarchique. Si les médias veulent discuter avec nous, nous devons être prévenus afin de choisir une personne pour représenter le mouvement dans l'instance spécifique[66] ».

Pour Fanon, l'élite anticoloniale se limite à singer la bourgeoisie coloniale en souhaitant simplement prendre sa place. Les élites politiques (parti, armée, leader charismatique) reproduites dans certains mouvements étudiants réduisent la décolonisation à la prise du pouvoir politique, à sa substitution (au nom du peuple) et suppriment ainsi la subjectivité et la rationalité de la *praxis* populaire. L'incapacité à voir la raison de la pratique populaire crée une division épistémologique claire dans la pensée décoloniale. Fanon prenait cette division très au sérieux, lui attribuant la paresse intellectuelle et le narcissisme de la nouvelle classe moyenne. Trop préoccupée par les questions de statut et de carrière, la pensée des intellectuels est souvent « égocentrique et sociocentrique » pour Fanon. Dès lors qu'ils ne souhaitent pas remettre en cause leur vision eurocentrique de la raison, leurs actions sont empreintes de paternalisme[67].

Qu'y trouve l'intellectuel en formation de la classe moyenne, lui qui est dévoué à la libération humaine de l'esprit ? Que peut-il apporter, en pratique, à une telle discussion ? En d'autres termes, qu'est ce qui permet à l'intellectuel d'interpréter les raisons de l'action populaire, en bref, la rationalité de la révolte ? Pour Fanon, la patience est un principe important. Tout comme les

65. *Ibid.*
66. « Post » de la page Facebook du Black Student Movement, le 25 août 2015, [en ligne], *Facebook*, <www.facebook.com/blackstudentsmovement/>, consulté le 12 mai 2016.
67. F. Fanon, *Les damnés de la terre, op. cit.*, p. 157.

prémisses à l'Azania House ont été considérées comme la création d'un espace constructif et intersectionnel permettant une réflexion profonde et un dialogue ouvert, avec notamment la mise en place de séminaires destinés à un public plus large que celui des étudiants et pratiquant une sorte d'éducation communautaire, l'idée des rencontres du BSM encourageant le consensus, renvoyait de manière implicite à la notion fanonienne de rencontres politiques locales où, selon Fanon, tout le monde compte. Dans le cadre des mouvements étudiants, il y a eu des moments courts gouvernés par les origines et les investissements divers dans le mouvement, mais aussi par des besoins urgents et immédiats. Mais c'est ainsi, et il serait intéressant de réfléchir aux implications philosophiques de ce que Fanon appelle « l'acte liturgique » : « C'est une occasion privilégiée qui est donnée à l'homme d'écouter et de dire. À chaque réunion, le cerveau multiplie ses voies d'association, l'œil découvre un panorama de plus en plus humanisé[68] ».

De l'extérieur, ces réunions ont pu paraître pénibles. Tout le monde est assis et parle de ce qu'il faut faire. Il y a peu d'action et beaucoup de délibérations, et peut-être, de formalité. Puis on comprend. C'est la politique. C'est cet acte liturgique dont parle Fanon. En effet, les réunions du BSM, qui n'étaient volontairement pas à l'avant-garde, qui s'appuyaient sur le consensus et l'inclusion, pouvaient durer des heures. Pour Fanon, c'est la simplicité de la rencontre démocratique et inclusive – qui est politique en ce qu'elle se fait aussi contre « la politique » associée aux techniques et au management d'un pouvoir administratif – qui représente ce nouveau départ, ce nouvel espace du « ici et maintenant » qui, non seulement prend la réflexion au sérieux mais qui, ce faisant, « vise à une redistribution fondamentale des rapports entre les hommes[69] ». Si les résultats n'ont pas toujours été positifs, c'est bien cette redistribution qui était recherchée dans ces moments liturgiques fanoniens et qu'il faut replacer dans un mouvement engageant de véritables luttes à propos des frais de scolarité, du coût du logement, et des violences policières. Et pourtant, pour Fanon, on ne peut fétichiser la réunion car elle a une histoire construite sur un dialogue avec la philosophie et avec les ancêtres de la lutte. Le travail de la nouvelle génération est d'en trouver les principes et de développer de nouveaux concepts. Or, c'est souvent ce travail qui est sacrifié en faveur d'un « ici et maintenant ».

Dans le contexte immédiat, réagissant à de nouvelles pressions et divisions, à des tactiques et des stratégies qui sont souvent justifiées au détriment des principes, Frantz Fanon qualifie d'atroces, d'inhumains et de stériles les raccourcis anti-intellectuels des militants qui visent à ce que les choses soient

68. *Ibid.*, p. 185.
69. *Ibid.*, p. 233.

faites. Il ne fait pas de doute que cette réduction de la pensée constitue une menace permanente et qu'elle n'est pas le seul produit des médias sociaux. L'opportunisme est l'action des planificateurs, des ONG, des administrateurs d'universités et des carriéristes. C'est le langage du corporatisme maintenu dans une forme de normalité. Fanon est cependant tout aussi critique des intellectuels qui veulent rêver un monde nouveau – une sorte de tour d'ivoire élitiste au sein du mouvement – refusant de se salir les mains au contact des réalités pratiques. Les deux pans reflètent des attitudes coloniales.

Frantz Fanon s'intéresse au temps de la discussion et de l'explication qui permet que tous comprennent les principes du mouvement. Il n'est pas question de dire aux individus ce qu'ils doivent faire mais d'encourager l'agencéité et de transformer les relations ; c'est le temps de la discussion avec ceux qui ont, pendant longtemps, été réduits au silence et de la promotion de l'idée selon laquelle les décisions doivent être les leurs. C'est le temps de l'analyse de la situation et du travail collectif pour faire face aux défis à venir.

Pour Fanon, « au cours des phases initiales », ce sont « l'action, les plans de… [l'oppresseur] qui déterminent les centres de résistance autour desquels la volonté de survie d'une population s'organisera[70] », mais c'est le moment de transition vers ce qu'il appelle la « mutation radicale[71] » qui devient le moment décisif – un tournant au cours duquel non seulement les modes de pensée hégémoniques (qui ne remettent pas en cause ses présupposés positivistes) se défont, mais aussi celui où la demande fanonienne de « quitter l'Europe » devient concrète, pas réactionnelle, puisque les possibilités pour l'humain sont ouvertes tant que l'Europe n'est pas singée. Le besoin de quitter l'Europe n'est pas « le dernier moment de la dialectique », comme le soutenait Sartre[72] : « La conscience de soi n'est pas fermeture à la communication. La réflexion philosophique nous enseigne au contraire qu'elle en est la garantie[73] ». Pour Fanon, le fait de quitter l'Europe ne constitue pas un tournant nihiliste opposant la raison et l'humanisme, bien au contraire. C'est le moment où le travail philosophique et celui de libération sont obstinément liés, lorsque « l'intellectuel honnête » atteint ce lieu « en ébullition où se préfigure le savoir[74] ». Est-ce un moment de transcendance, d'ouverture, de vulnérabilité radicale ? Peut-être.

70. F. Fanon, *Studies in a Dying Colonialism*, New York, Monthly Review Press, 1965, p. 47.
71. *Ibid.*, p. 32.
72. J.-P. Sartre, « Préface », *in* F. Fanon, *Les damnés de la terre*, *op. cit.*, p. 36.
73. F. Fanon, *Les damnés de la terre*, *op. cit.*, p. 235.
74. *Ibid.*, p. 213.

Fanon voyait le moment de transition comme un moment crucial, celui d'un tournant ou d'une régression possibles vers un cycle de répression. Il requiert une pensée critique et des « intellectuels honnêtes » tels que Fanon les appelaient. L'Afrique du Sud a-t-elle atteint ce moment ? Lorsque des étudiants radicaux parlent de « vérifier leur privilège » (classe, race, sexe, genre, orientation sexuelle, géographie, capacitisme), il ne s'agit pas uniquement d'une sorte de comptabilité sociologique, mais bien du travail de destruction de l'oppression et de promotion de la libération humaine.

Frantz Fanon parle de la fin des privilèges de l'intellectualisme littéraire. Si cela ne signifie pas qu'il faut renoncer à sa carrière (il a lui-même continué à travailler comme psychiatre même après avoir rejoint les rangs du FLN), cela signifie néanmoins qu'il faut se servir de ce qui a été appris dans les universités coloniales et qu'il faut travailler avec la population. C'est un défi pour la perspective de classe de l'étudiant militant : comprendre que le « sans-emploi », le « moins qu'humain », l'« inutile » pensent de manière concrète en termes de transformation sociale[75]. Cela questionne les attitudes qui renforcent une politique de l'asservissement souvent justifiée par des appels à l'unité contre un ennemi commun. Cela questionne la sclérose du politique qui mène à la « brutalité[76] ». Cela questionne la raison (instrumentale, technique ou même celle qui est « critique » professionnellement) et la décentre, la déplace en la rapprochant du raisonnement de tant de ceux qui ont été considérés comme déraisonnables, envisageant une phénoménologie décoloniale – des manières de sentir et de voir le monde – comme un acte de « *becoming out* » qui insiste sur le fait qu'un « ici et maintenant » est inacceptable. Le rejet par Fanon de la politique libérale néocoloniale, sa critique de conceptions momifiées et incomplètes du processus de décolonisation ainsi que son aversion pour l'ossification sous un mode hyper-nationaliste de la lutte anticoloniale ne s'appliquent pas uniquement à l'Afrique du Sud d'aujourd'hui, mais ils constituent des éléments-clés du moment fanonien que le pays traverse, dans toute son incertitude et le potentiel morbide qu'il recèle ■

Nigel C. Gibson
Emerson College, Boston, MA
Uckar, Grahamstown, Afrique du Sud

75. *Ibid.*, p. 82.
76. *Ibid.*, p. 140.

Abstract

Fanon and 2015 student movements in South Africa

Reflecting on the 2015 student protests, this paper considers what has been called South Africa's Fanonian moment, expressed in part by the popularity of Fanon's name in the student movements and across the media. Critical of reductive uses of Fanon as a Manichean thinker, reproduced in part by some of the patriarchal nationalist and vanguardist politics within the movements, the paper notes the beginning of critical speculations within the movements, expressing the possibilities of a decolonial and a subaltern politics.

Sara Shariati

Fanon, Shariati et la question de la religion : cinquante ans après

À partir de l'étude des relations et de la correspondance entre Frantz Fanon et Ali Shariati dans les années 1960 à Paris, cet article porte sur la question de la religion. La première partie revient sur la place de la religion dans l'œuvre de Fanon et de Shariati, et sur leur désaccord quant à ses usages dans la lutte nationale. La seconde partie s'intéresse à l'évolution de son rôle au cours des cinquante dernières années, avec notamment le surgissement de ce qu'on appelle le fondamentalisme religieux. Ce qui pose de nouvelles questions. Fanon a-t-il sous-estimé le rôle de la religion ? N'a-t-il pas pensé au réveil de la religion colonisée ? Le projet de réforme religieuse, souhaité par Shariati, a-t-il échoué dans les pays musulmans ?

Durant son séjour parisien (de 1959 à 1964), Ali Shariati, (1933-1977), jeune étudiant iranien en littérature et en sociologie, fait connaissance de l'œuvre et de la personne de Frantz Fanon à travers les cours de Jacques Berque. Berque qui de retour du Maroc est élu au Collège de France en 1956 et enseigne alors l'histoire sociale de l'islam contemporain.

Militant dans le mouvement pour la nationalisation du pétrole en Iran sous l'égide de Dr Mossadegh (leader du mouvement de la nationalisation du pétrole iranien), Shariati est fasciné par Fanon, « ce brave homme dans ces temps inhumains » qui a demandé la nationalité algérienne alors que l'Algérie n'est pas encore reconnue comme une nation indépendante.

C'est surtout l'appel de Fanon à recommencer une histoire de l'homme et à refonder un nouvel humanisme désaliéné, surmontant les particularismes ethniques et religieux des luttes de libération nationale du tiers-monde qui fascine tant Shariati : un homme qui est « son propre fondement et chez qui, la densité de l'histoire ne détermine aucun de ses actes et qui s'introduit dans le cycle de sa liberté[1] ».

1. F. Fanon, *Les damnés de la terre*, préface de Jean-Paul Sartre (1961), préface d'Alice Cherki et postface de Mohammed Harbi, Paris, La Découverte (coll. « Poche »), 2002, p. 299 [1er édition : 1961, Paris, Maspero].

Shariati, qui est alors le directeur de *L'Iran libre*, journal édité par l'opposition iranienne à Paris et diffusé clandestinement en Iran, se met à traduire Fanon et à le faire connaître au monde intellectuel iranien. Il traduit d'abord la conclusion des *Damnés de la terre*, accompagnée de la préface de Sartre, puis entame une traduction inachevée de *L'an V de la révolution algérienne*. Entre temps, il entre en contact avec Fanon et essaie d'entretenir une correspondance, en lui demandant d'écrire une introduction à la traduction persane de *L'an V de la révolution algérienne*. Shariati évoque l'échange de trois lettres entre lui et Fanon. La troisième a été traduite en persan et publiée par Shariati[2]. Depuis, Fanon reste une référence constante dans toute son œuvre[3].

De leur correspondance, on ne dispose que d'une lettre de Fanon traduite par Shariati en persan. Elle se termine par l'annonce d'une séparation, voire d'une opposition, de « voie » et la conviction que leurs chemins se croiseront vers une destination « où l'homme vit bien ».

Où se situe le principal point de divergence ? La place et le rôle de la religion. Fanon écrit à Shariati :

> « Je pense que ranimer l'esprit sectaire et religieux entraverait d'avantage cette unification nécessaire – déjà difficile à atteindre – et éloigne cette nation encore inexistante et qui au mieux, est une « nation en devenir », de son avenir idéal, pour la rapprocher de son passé ! [...] Cependant ton interprétation de la renaissance de l'esprit religieux et tes efforts pour mobiliser cette grande puissance – qui à l'heure actuelle est en proie aux conflits internes ou atteinte de paralysie – dans un but d'émancipation d'une grande partie de l'humanité menacée par l'aliénation et la dépersonnalisation et dont le retour à l'islam apparaît comme un repli sur soi, sera le chemin que tu as pris [...]. Quant à moi, bien que ma voie se sépare, voir s'oppose à la tienne – je suis persuadé que nos chemins se croiseront finalement vers cette destination où l'homme vit bien[4] ».

Fanon et Shariati sont en désaccord tout autant sur le sens que l'un et l'autre donnent au concept de religion que par leur position quant à son rôle social et politique. Leur culture d'appartenance et la différence entre le contexte de

2. Shariati affirme avoir entretenu une correspondance avec Fanon par l'intermédiaire du bureau d'El-Mujahid et des militants du FLN, notamment Zohré Zarif. Faute d'avoir ces traductions et ces correspondances à notre disposition, nous ne pouvons connaître leurs contenus. Les lettres de Shariati n'ont pas pu être retrouvées. Celles de Fanon à lui, à part une qui sera citée par Shariati dans l'introduction de son livre *Eslâmshénassi* (L'islamologie) auraient été confisquées suite à une interpellation par la police française, qui soupçonnait Shariati d'avoir collaboré avec la branche armée du FLN, l'ALN, A. Shariati, « Eslâmshénassi (L'islamologie) », *in Œuvres complètes*, tome 30, Téhéran, Éditions Tchappakhshe, 1362/1983, p. 6-7.

3. Le nom de Fanon est cité 145 fois dans son œuvre complète.

4. F. Fanon, *Écrits sur l'aliénation et la liberté*, textes réunis, introduits et présentées par J. Khalfa et R. Young, Paris, La Découverte, 2015, p. 542.

la lutte algérienne et iranienne sont les deux facteurs qui ont déterminé leur position respective sur le fait religieux.

Fanon, étant athée et influencé par une culture de gauche marxiste, ne s'intéresse pas à la religion en tant que telle et sous-estime son rôle dans la lutte nationale. Mohamad Harbi, dans son introduction à l'œuvre du Fanon, y fait allusion:

> «Nos désaccords portaient sur le rôle moteur qu'il accordait à la paysannerie, sur sa croyance en une conscience nationale unanime et son approche du phénomène religieux. Sur ce dernier point, Fanon ne pouvait, par situation – il vivait au contact de militants plutôt agnostiques –, mesurer la place dérisoire que la pensée des Lumières occupait dans les espaces culturels algériens. Cette pensée n'était qu'un petit affluent du fleuve qui était à l'origine de l'adhésion au FLN d'une majorité plus sensible à l'influence de la religion[5].»

La question de la religion n'occupe donc pas une place important dans son œuvre. Il y fait allusion rarement et de façon souvent indirecte. Il ne consacre pas une œuvre à la question religieuse et ses références à la religion sont dispersées. En revanche, c'est la fonction de la religion dans la lutte anticoloniale qui le préoccupe. Le fatalisme est, pour Fanon, la principale fonction de la religion:

> «Le colonisé réussit également, par l'intermédiaire de la religion, à ne pas tenir compte du colon. Par le fatalisme, toute initiative est enlevée à l'oppresseur, la cause des maux, de la misère, du destin revenant à Dieu. L'individu accepte ainsi la dissolution décidée par Dieu, s'aplatit devant le colon et devant le sort et, par une sorte de rééquilibration intérieure, accède à une sérénité de pierre[6]».

Selon lui: «La bourgeoisie colonialiste est aidée dans son travail de tranquillisation des colonisés par l'inévitable religion. Tous les saints qui ont tendu la deuxième joue, qui ont pardonné les offenses, qui ont reçu sans tressaillir les crachats et les insultes sont expliqués, donnés en exemple[7]». La religion sert donc à accepter son sort et à se soumettre au destin.

De plus, d'après Fanon, dans le contexte colonial, la religion elle-même est colonisée. Il y a donc deux religions, la religion du colonisateur, en l'occurrence le catholicisme, qui est la religion dominante, et la religion du colonisé, à savoir l'islam. Pour ce qui est du christianisme, il constate que: «L'Église aux colonies est une église de blancs, une Église d'étrangers. Elle

5. Mohamad Harbi, «Postface», *in* F. Fanon, *Les damnés…*, *op. cit.*, p. 305.
6. F. Fanon, *Les damnés…*, *op. cit.*, p. 61.
7. *Ibid.*, p. 71.

n'appelle pas l'homme colonisé dans la voie de Dieu mais bien dans la voie de Blanc, dans la voie du maître, dans la voie de l'oppresseur[8] ».

Pour ce qui est de l'islam, religion des colonisés, sa position est plus ambivalente. Alors que, dans ses premiers articles, il a une approche essentialiste de l'islam en tant que religion[9], dans ses écrits ultérieurs, en pleine guerre d'Algérie, notamment dans « L'Algérie se dévoile » (1959), il l'envisage comme un instrument d'affrontement entre le système colonial et le colonisé, et lui reconnaît un dynamisme dans la lutte de libération nationale :

> « À l'offensive colonialiste autour du voile, le colonisé oppose le culte du voile. Ce qui était élément indifférencié dans un ensemble homogène acquiert un caractère tabou, et l'attitude de telle Algérienne en face du voile sera constamment rapportée à son attitude globale en face de l'occupation étrangère. Le colonisé, devant l'accent mis par le colonialiste sur tel ou tel secteur de ses traditions, réagit de façon très violente. L'intérêt mis à modifier ce secteur, l'affectivité inverse par le conquérant dans son travail pédagogique, ses prières, ses menaces tissent autour de l'élément privilégié un véritable univers de résistances. Tenir tête à l'occupant sur cet élément précis, c'est lui infliger un échec spectaculaire, c'est surtout maintenir à la "coexistence" ses dimensions de conflit et de guerre latente. C'est entretenir l'atmosphère de paix armée[10] ».

En fait, selon Fanon, le colonisateur instrumentalise la religion pour arriver à ses propres fins politiques et économiques :

> « Le colonialisme va mobiliser les peuples africains en leur révélant l'existence de rivalités "spirituelles" [...]. À l'intérieur d'une même nation la religion morcelle le peuple et dresse les unes contre les autres les communautés spirituelles entretenues et renforcées par le colonialisme et ses instruments. Des phénomènes totalement inattendus éclatent çà et là. Dans des pays à prédominance catholique ou protestante on voit les minorités musulmanes se jeter dans une dévotion inaccoutumée. Les fêtes islamiques sont réactivées, la religion musulmane se défend pied à pied contre l'absolutisme violent de la religion catholique [...]. Quelquefois le protestantisme américain transporte sur le sol africain

8. *Ibid.*, p. 50.

9. « La société musulmane traditionnelle est une société d'esprit théocratique. La religion musulmane est en effet, outre une croyance philosophique, une règle de vie qui régit de façon stricte l'individu et le groupe. En pays musulman, la religion imprègne la vie sociale et ne fait la part d'aucune laïcité. Le droit, la morale, la science, la philosophie se mêlent à elle. À côté de l'impératif proprement religieux, islamique, intervient avec force la tradition, héritée des anciennes coutumes berbères, et c'est ce qui explique la rigidité des cadres sociaux ». Voir F. Fanon, « La socialthérapie dans un service d'hommes musulmans », *in* F. Fanon, *Écrits sur l'aliénation...*, *op. cit.* p. 307 (texte écrit en 1954).

10. F. Fanon, « L'Algérie se dévoile », *in* F. Fanon, *L'an V de la révolution algérienne*, Paris, La Découverte (coll. « Poche essais »), 2011, p. 284.

ses préjugés anticatholiques et entretient à travers la religion les rivalités tribales. À l'échelle du continent, cette tension religieuse peut revêtir le visage du racisme le plus vulgaire[11] ».

On peut en conclure que Fanon est pessimiste quant au rôle de la religion dans la lutte anticoloniale, et s'inquiète du sectarisme et des divisions que pourrait produire une réactivation de la religion. Aussi, selon lui, il ne faut pas ranimer l'esprit religieux qui peut entraver l'union nationale si nécessaire dans le contexte colonial.

Quant à Shariati, élève de Massignon et de Berque et appartenant à une lignée de réformateurs musulmans, la religion occupe une place importante dans son œuvre. Selon lui, la vérité de la religion, est la gnose (*'erfan*), et la gnose, avec la liberté et l'égalité, constitue l'un des trois principes représentants les éternelles aspirations de l'homme. Il résume ainsi ses aspirations :

« Le principal travail d'un intellectuel, dans ce monde et à cette époque, est une lutte libératrice intellectuelle et culturelle pour la sauvegarde de la liberté de l'homme de la boue arrogante du capitalisme et de l'exploitation de classe, pour la sauvegarde de la justice sociale des serres brutales de la dictature absolue marxiste et pour la sauvegarde de Dieu du cimetière sombre et mortifié du cléricalisme ! Et le vrai intellectuel engagé ne réalisera cette grande mission prophétique, ni avec des fusils et des bombes, ni avec les meetings et les tapages de la politique politicienne, ni avec les révolutions et les changements de régimes et de têtes [...] mais en un mot avec la communication (*eblâq*), et son arme sera "le verbe" (*kalamé*)[12] ».

À l'instar de Weber, il prête beaucoup d'attention à la structure interne du champ religieux, tant sur le plan théorique – représentation du monde et ses conséquences, et sa logique idéologique – que sur le plan de son évolution historique et des réalités auxquelles il renvoie. Loin de vouloir proposer une vision exclusive de la religion, il y trouve un « opium » à la fois toxique et guérisseur, cause autonome pouvant jouer un rôle mystificateur ou de conscientisation, selon les périodes de réification et d'institutionnalisation statique, ou bien de renouveau dynamique, d'où sa fameuse thèse de « la religion contre la religion[13] ». Aussi, quand Fanon parle de la religion en général, Shariati riposte en demandant de quelle religion parle-t-on ?

Contrairement à l'exemple allemand, dont, à l'instar de Marx, on peut dire que la critique de la religion est achevée pour l'essentiel, selon Shariati,

11. F. Fanon, *Les damnés...*, *op. cit.*, p. 155.
12. A. Shariati, « Bâ mokhâtab ha-yé ashénâ (Aux interlocuteurs intimes) », *in Œuvres complètes*, tome 1, Téhéran, Ershâd, 1356/1977, p. 98.
13. A. Shariati, « Madhhab 'alleih-e madhhab (La religion contre la religion) », *in Œuvres complètes*, tome 22, Téhéran, Sabz, 1361/1982.

l'entreprise critique de la religion dans les sociétés musulmanes est encore à ses débuts. En effet, selon lui, dans certaines sociétés « de type oriental et musulman », autrement dit des sociétés indifférenciées et homogènes, la religion est à la fois mode de vision du monde exclusif, principe organisateur de la vie sociale, fondement de la légitimité du pouvoir, et toute opposition de classe ou de nature politique s'exprime dans un langage religieux et se vit sous la forme d'une guerre de religion. Aussi, tout changement social et politique ne peut y être institutionnalisé que par une déconstruction préalable, puis une reconstruction de la religion elle-même.

« Décoloniser la religion et la libérer de sa prison d'obscurantisme et de violence[14] », voilà la tâche qui incombe selon Shariati à l'intellectuel des sociétés musulmanes, privilégiant, de ce fait, la libération intellectuelle et culturelle, reconnue comme la garantie de toute entreprise d'émancipation. Ainsi, tout en attestant de la pertinence d'une lutte anticoloniale, la réforme religieuse, comme dans le modèle européen, devient le postulat du projet social et politique shariatien.

C'est surtout la lecture de Weber qui sensibilise Shariati au rôle de la religion dans l'évolution sociale et historique[15]. Inspiré par l'analyse wébérienne des effets économiques des croyances religieuses, et des affinités entre le protestantisme et le capitalisme, l'étude de Weber sur « la part qui revient aux facteurs religieux parmi la complexité des innombrables facteurs historiques ayant contribué au développement de la civilisation moderne » montre à Shariati « de quelle façon les "idées" deviennent des forces historiques efficaces[16] ».

Se référant à l'analyse de Weber, il souligne le rôle joué par le protestantisme dans l'émergence de la modernité occidentale. « Ce n'est pas par l'abandon de la religion que les Européens ont accédé à la modernité mais en la réformant, [...] ce qui est à l'origine des siècles modernes et du dépassement du Moyen Âge, est l'évolution de la pensée religieuse et non pas sa destruction[17] ».

En outre, selon lui, le réveil du tiers-monde « implique une lourde responsabilité pour les intellectuels, et le premier pas dans cette voie est de s'approcher de la conscience profonde du peuple et d'essayer de comprendre sa

14. A. Shariati, « Tchér bâyad kard (Que faire ?) », *in Œuvre complètes*, tome 20, Téhéran, Qalam, 1383/2004, p. 292-294.

15. A. Shariati, « *Eslâmshénassi* (Islamologie) », in *Œuvres complètes*, tome 16, Téhéran, Éditions Qalam, 1361/1982, p. 123-136.

16. M. Weber, *L'éthique protestante et l'esprit du capitalisme*, Paris, Plon, 1964, p. 102.

17. A. Shariati, *Tarikh va shénakht-é adyân* (L'histoire et la connaissance des religions), tome 1, *in* A. Shariati, *Œuvres complètes*, tome 14, Téhéran, Ershâd, 1359/1980, p. 48.

langue et sa douleur[18] ». En effet, le combat politique apprend à l'intellectuel ce dont il est généralement privé, à savoir le langage du peuple, instrument nécessaire à la réalisation de sa mission. D'après lui, la privation de ce langage est la cause de la stérilité de nos intellectuels, elle les a rendus étrangers au peuple et a élevé un mur invisible et infranchissable entre la minorité intellectuelle d'un côté et la masse populaire de l'autre. Ce qui a transformé les intellectuels en un groupe isolé et sans influence, enfermé dans ses barrières théoriques d'une modernité importée et artificielle, est leur ignorance de la spécificité culturelle de leur environnement social.

Il s'appuie sur l'exemple iranien et souligne le fait que la dimension confessionnelle a toujours été présente dans les luttes politiques en Iran, depuis la révolution constitutionnelle pour la justice du début de siècle jusqu'au mouvement de la nationalisation du pétrole pour l'indépendance. Étant donné que la religion est le monopole de l'institution cléricale, qui est enracinée dans la société et jouit d'une influence considérable sur le peuple, on ne peut faire l'économie d'une réforme religieuse. En effet, la position de Shariati est très influencée par le contexte iranien.

En résumé, les désaccords entre Shariati et Fanon portent donc sur le rôle de la religion et leur approche du phénomène religieux dans la question nationale.

Cinquante ans après : recours au religieux ou retour du religieux ?

Près d'un demi-siècle après, avec le surgissement de ce qu'on appelle le fondamentalisme religieux et le djihadisme islamique, une relecture et une réappréciation du rôle de la religion semblent nécessaires. Des nouvelles questions se posent. Fanon a-t-il sous-estimé le rôle de la religion ? N'a-t-il pas pensé au réveil de la religion colonisée ? N'a-t-il pas pris en considération les spécificités des pays musulmanes ? Le projet de réforme religieuse, souhaitée par Shariati, a-t-il échoué dans les pays musulmans ? La religion est-elle devenue aujourd'hui, comme le prédisait Fanon, source de divergences et de division ?

Tout d'abord, une remise en contexte s'impose : le débat entre Shariati et Fanon se situe dans les années 1960. À cette période, le paradigme sociologique de la sécularisation et de la modernisation est encore dominant. On s'accorde à dire que la religion a perdu son influence sociale, les institutions religieuses

18. A. Shariati, *Eslam shénassi* (L'islamologie), *in* A. Shariati, *Œuvres complètes*, tome 30, Téhéran, Tchappakhshe, 1362/1983, p. 5-6.

sont en crise de crédibilité, le déclin de la religion instituée est déclaré et doit s'étendre progressivement au gré de la modernisation. La question même de l'utilité des religions pour la société moderne est posée. La position de Fanon correspond donc à la tendance générale de l'époque.

Or la situation de la religion a changé depuis la fin du XXe siècle, on parle de la résurgence mondiale de toutes formes de religiosités que l'on désigne sous le terme de retour du religieux ou, selon certains spécialistes, « de recours à la religion[19] ». Le religieux resurgit sous diverses formes dérégulées, en dehors de l'institution. L'extrémisme touche toutes les religions historiques et, avec le surgissement de la révolution en Iran et les théologies de la libération en Amérique latine entre autres, la religion prend aussi des formes politiques.

L'islam, colonisé, fataliste et retiré de la vie sociale et politique du temps de Fanon et Shariati, voit, dans sa période de réveil, l'apparition de groupes extrémistes qui prônent un islam offensif, identitaire et violent, facteur non d'intégration et d'unité, mais de discorde et de division. « L'excommunication » (*takfir*) de l'autre et « la guerre sainte » (*djihad*) contre l'autre seront les maîtres mots de ces groupes. Groupes vagues dont la qualification même, visant à mieux les cerner, est problématique et souvent empruntée à la tradition chrétienne (fondamentalisme, intégrisme, revivalisme). Cette ambiguïté est source de longs débats sur leur appellation.

Cette situation amène certains observateurs à la conclusion que le réveil religieux, est devenu, comme prédisait Fanon, source de violence, et que, partout dans le monde, la religion « morcelle le peuple et dresse les uns contre les autres ». Quant au projet de la critique de la religion et de sa réforme que Shariati estimait indispensable en Islam, il a été récupéré et a servi à l'islamisme et au djihadisme. Le constat d'un recul des courants réformateurs (en Égypte, en Inde, en Turquie et en Iran) et de l'avancée en force de toutes formes d'extrémisme permettrait de conclure que la réactivation de la religion était une erreur.

Or ce diagnostic, si on se limite au cas de l'islam, comporte des imprécisions. En effet, l'islamisme et le djihadisme ne sont pas le visage dominant de l'islam aujourd'hui. Il n'est pas exact de dire que l'islamisme et le djihadisme sont des courants de pensée qui s'inscrivent dans une lignée religieuse et dans une continuité historique. Si on reconnaît une continuité, elle ne peut être que partielle et relative. L'islamisme et le djihadisme se caractérisent plus par leurs ruptures avec le passé que par la continuité, d'où leur dynamisme et leur expression radicale. Mais il ne faut pas oublier que ces ruptures sont des ruptures politiques et non intellectuelles.

---

19. G. Corme, *La question religieuse au XXIe siècle*, Paris, La Découverte (coll. « Poche »), 2007.

En effet, les diverses appellations utilisées par les spécialistes[20], dans un souci de précision et dans le but de montrer leur diversité et leur complexité, peuvent prêter à confusion, car la résurgence de l'extrémisme islamique ces dernières années et de ses différentes composantes paraît plus un phénomène politique que religieux. En ce qui concerne leur conception religieuse, ils ne se différencient guère de l'islam traditionnel. Ils s'en différencient seulement par leur radicalisme politique alors que l'islam officiel, traditionnel et dominant était quiétiste, apolitique et conservateur. Mais leurs revendications religieuses (l'application de la charia, la formation d'un État islamique géré par le droit religieux, le littéralisme...) sont foncièrement les mêmes que celles de l'islam traditionnel. Ce sont leurs visées politiques et leurs méthodes d'action – non pas leur conception religieuse – qui sont les principales causes du conflit entre les traditionalistes d'un côté, et les islamistes et les djihadistes de l'autre.

En s'appuyant sur le cas iranien, on peut dire que le conflit de nature religieuse reste le même et se situe, depuis l'époque moderne, entre les tenants de la tradition religieuse et les réformateurs, autrement dit, il s'agit d'une reformulation religieuse de la querelle entre les anciens et les modernes (non pas modernistes, car ils critiquent la modernité). Les anciens soutiennent une conception religieuse de l'islam qui repose sur le respect et l'application littérale du Coran (*kitāb*) et de la tradition du prophète (*Sunnah*), alors que les modernes, eux, s'appuient, selon les mots d'Iqbal de Lahore, sur l'esprit de l'islam tel qu'il se déploie dans le temps et la nécessaire réactivation du principe de mouvement en islam, appelé l'*ijtihād*[21]. C'est cet effort de réflexion pour interpréter les textes fondateurs et en déduire le droit musulman et ses fondements qui sont au cœur de la querelle. Dans le contexte iranien, selon Shariati, le débat se reformule autour de la question du temps (*zamān*) et de la question des sciences (*'elm*)[22], comme les bases de *l'ijtihād*.

En fait, on peut dire que la résurgence de l'extrémisme religieux n'est pas une question de nature religieuse, mais sociale. Cette résurgence est due à la crise de crédibilité des autorités religieuse, accusées de conservatisme, et aussi des intellectuels réformateurs, accusés d'élitisme. L'extrémisme religieux est surtout le produit de cette double crise de crédibilité.

20. O. Roy, « Islamisme, fondamentalisme et néo-fondamentalisme : de quoi parle-t-on ? », *Politique autrement*, lettre n° 26, 2007, <http://www.politique-autrement.org/Lettre-no-26-Islamisme-fondamentalisme-et-neo-fondamentalisme-de-quoi-parle-t-on>.

21. M. Iqbal, *La reconstruction de la pensée religieuse de l'islam*, traduit de l'anglais par Eva Meyerovitch, préface de Francis Lamand, Monaco, Éditions du Rocher, 1996.

22. A. Shariati, « Bâ mokhâtab ha-yé ashénâ (Aux interlocuteurs intimes) », *in* A. Shariati, *Œuvres complètes*, tome 1, Téhéran, Ershâd, 1356/1977.

Si cette résurgence est une question sociale qui a pris des dimensions géopolitiques, une généralisation devient impossible et la contextualisation du débat indispensable, car les sociétés musulmanes sont plurielles et fort diverses.

L'Iran : l'exception ou la norme ?

Bien qu'on puisse constater la même tendance générale en Iran, l'islamisme et le djihadisme[23] n'ont pas eu la même expression en Iran que dans le reste des pays musulmans. Le cas iranien est sensiblement différent par bien des aspects.

Cette différence se manifeste tout d'abord au niveau religieux. L'Iran est un pays devenu musulman par conversion, avec une tradition préislamique enracinée. Avec l'instauration de la dynastie safavide, le chiisme devient la religion officielle d'État. *Islam iranien*[24] ou schisme religieux, le chiisme est une religion minoritaire et contestataire au sein du monde musulman avec des spécificités propres, notamment les deux principes d'*imamat* (la direction religieuse de la communauté par l'imam) et d'*edalat* (la justice), d'où la présence d'une institution cléricale en l'absence d'imam[25].

L'existence d'une institution cléricale, considérée comme l'instance de légitimation/délégitimation du pouvoir politique, est le fait qui distingue le cas iranien des autres pays musulmans. Enracinée dans la société avec un fort pouvoir de mobilisation, elle a joué un rôle de contre-pouvoir autonome, car dépendant économiquement non pas du pouvoir politique, mais de la société des croyants[26], ce qui est à l'origine de l'autonomie institutionnelle du clergé en Iran. De ce fait, l'État et la religion (*Din o Dowlat*) ont constitué les deux pouvoirs dominants dans l'histoire contemporaine de l'Iran.

Mais l'Iran se caractérise aussi par une longue tradition intellectuelle qui domine la scène culturelle. Le Parti communiste iranien (*Tudeh*), fondé en 1941, était l'un des plus anciens partis communistes au monde. De même,

---

23. Pour faciliter les choses et préciser mon propos, j'emploierais le terme djihadisme pour désigner la tendance armée et le terme islamisme pour désigner la tendance politique
24. H. Corbin, *En islam iranien*, Paris, Gallimard, 1991.
25. L'ayatollah Khomeiny, le guide suprême de la révolution, explique ainsi la nécessité du pouvoir clérical : « Quelque mille ans se sont écoulés depuis la petite occultation et il s'en écoulera peut-être encore cent mille autres avant que l'imam occulté fasse sa réapparition. Que doivent alors devenir les lois islamiques pendant ce temps ? Doivent-elles demeurer sans fruit ? Chacun n'a-t-il à faire que ce dont il a envie ? ». Voir R. Khomeiny, *Pour un gouvernement islamique*, traduit par M. Kotobi et B. Simon-Hamidi, Paris, Fayolle, p. 27.
26. Chaque croyant verse le cinquième de son revenu (*khoms*) à un grand ayatollah qu'il a choisi comme étant sa source d'imitation (*marja' taqlid*).

le courant appelé « les intellectuels religieux », formé depuis le début du XXe siècle, diversifie le champ religieux. Ce sont d'ailleurs les intellectuels religieux qui détiennent le premier gouvernement provisoire après la révolution et qui sont les membres du premier Conseil de la révolution. Progressivement, la majorité des intellectuels sont écartés du pouvoir politique, certains ont quitté le pays ou ont été arrêtés, mais ils constituent toujours une force culturelle, latente et puissante, qui a resurgi à la faveur des réformes politiques en Iran.

Shariati introduit l'œuvre de Fanon au monde intellectuel iranien dès les années 1960. D'après le témoignage de Tavassoli, sociologue iranien et condisciple de Shariati à Paris, Shariati a présenté Fanon en 1963 et a proposé la traduction des *Damnés de la terre* à ses amis[27]. Ce qui entraînera une série de traductions collectives publiées ultérieurement[28]. En plus de la traduction partielle des *Damnés de la terre* (la préface de Sartre et la conclusion du livre[29]) et de *L'an V de la révolution algérienne*, qu'il a commencé à traduire dès 1963, Shariati présente la pensée de Fanon et se réfère constamment à ses œuvres dans ses discours et ses écrits. Un rapport du Savak (la police secrète du régime Pahlavi) – publié après la révolution – sur la traduction des *Damnés de la terre* par Shariati montre la portée politique et le caractère sensible de ce livre, alors interdit en France[30], et les conséquences qu'aurait eues une telle traduction vu le contexte politique dans les milieux intellectuels iraniens.

On peut mesurer l'impact de la pensée de Fanon sur la jeunesse révolutionnaire iranienne par le témoignage du guide suprême actuel de la République islamique, l'ayatollah Khamenei, qui, dans une rencontre avec la jeunesse iranienne, déclare :

> « Si vous avez lu les livres qui étaient publiés dans notre jeunesse sur l'Amérique latine ou sur l'Afrique, par exemple les livres de Frantz Fanon [...], vous vous rendrez compte de la similitude entre nos situations sociales. À l'époque, personne n'avait le courage d'écrire sur l'Iran mais on écrivait facilement sur le Chili, la Mexique ou encore l'Afrique[31] ».

27. T. Gholam Abbas, « Aghebat be kheir shod », *Mehrnamé*, vol. 4, n° 29, 2013, p. 83.
28. On ne connaît pas la date de la première publication des *Damnés de la terre* en persan, vu l'interdiction du livre et la publication clandestine de ses premiers tirages.
29. *Les damnés de la terre* a fait l'objet d'une traduction collective dans les années 1960, mais sa traduction complète est attribuée à Shariati et, après la révolution, il a été publié en Iran avec le nom de Shariati comme seul traducteur.
30. Markaz-é asnâd- é enghelâb-é eslâmi, *Shariati be revayat asnad savak* (Shariati dans le récit des documents secrets de la Savak), 3 tomes, 1999/1378, Téhéran, Markaz-é asnâd- é enghelâb-é eslâmi.
31. Khamenei, Rencontre avec la jeunesse, 1377/02/07, avril 1998, reproduit sur : "The pain Frantz Fanon wrote of was existent during the Pahlavi era in Iran", [en ligne], 20 juillet 2016, <http://english.khamenei.ir/news/4025/The-pain-Frantz-Fanon-wrote-of-was-existent-during-the-Pahlavi>, consulté le 12 septembre 2016.

Ce témoignage montre le succès avec lequel les idées de Fanon circulaient en Iran et s'appliquaient aux autres contextes de lutte anticoloniale.

Après la révolution, suite à la présence du clergé sur la scène politique, le débat entre Fanon et Shariati sur la religion a été réactualisé en Iran. Shariati est la cible de certains critiques qui lui reprochent de réactiver le religieux, alors que la religiosité populaire est sous l'emprise de l'institution religieuse. Selon ces critiques, en l'absence des structures et de l'organisation sociales nécessaires à son développement, la réforme religieuse serait récupérée en cours de route par l'acteur légitime du champ religieux, qui l'a instrumentalisée provisoirement et ensuite discréditée et écartée. Cet argument se base sur ce que Weber appelle « le paradoxe de l'action et des conséquences » produisant des effets qui échappent à la conscience comme à la volonté des acteurs. Appliqué au projet de la réforme, c'est l'analyse des revers d'une réforme religieuse qui a pu servir à l'instauration d'un État religieux dénoncé par Shariati lui-même[32].

Cette critique peut être partiellement vraie à court terme, mais n'est pas suffisante pour autant. Le projet de réforme religieuse a eu des impacts considérables sur la démocratisation du champ religieux et l'évolution culturelle de la société, ainsi que sur l'institution religieuse qui ne constitue plus une institution homogène et uniforme, mais est désormais composée de tendances politiques et religieuses diverses.

L'argument de la récupération n'est pas suffisant pour faire le bilan de ce projet. En effet, Fanon lui-même, de même que le discours postcolonial, n'a pas été immunisé contre une tentative de récupération. Le temps de la révolution et de la lutte révolu, ses livres n'ont pas été rééditées, et la nouvelle génération iranienne méconnaît son œuvre, pourtant certaines de ses idées-forces ont été arrachées du reste de son œuvre et instrumentalisées en partie. Son discours anticolonialiste et tiers-mondiste et ses analyses de

32. « Un État religieux est un régime dans lequel, à la place des hommes politiques, les religieux occupent les postes politiques et gouvernementaux. Autrement dit, un État religieux veut dire le pouvoir des religieux, du clergé sur la nation. La conséquence naturelle d'un tel État est d'abord le despotisme. Car un religieux se croit le remplaçant de Dieu et l'exécuteur de ses instructions sur la Terre, aussi le peuple n'a pas le droit de s'exprimer, de le critiquer et de s'opposer à lui. Une autorité religieuse se voit alors automatiquement investie d'un pouvoir spécifique puisqu'il est un religieux et un savant religieux, non pas choisi par le vote, par l'opinion et par l'affirmation de tout un peuple, mais par un choix divin. Aussi, c'est une autorité irresponsable. Cela est l'origine du despotisme, de la dictature individuelle puisqu'il se croit l'ombre et le représentant de Dieu sur terre, il a la main ouverte sur la vie, les biens et l'honneur de tous et n'hésite pas à s'en servir. Il y voit la volonté de Dieu. D'autre part, il ne tolère pas les opposants, ni les disciples d'autres religions. Il les considère ennemis de Dieu, de la religion, et les traite d'intouchables et d'égarés, et considère, toutes les injustices à leur égard comme étant la justice divine ». Voir A. Shariati, « Madhhab... », *op. cit.*, p. 197.

l'aliénation culturelle et de l'assimilation des intellectuels sont ressortis et soulignés, des passages de « L'Algérie se dévoile » sont diffusés massivement par des sites officiels de centres religieux[33]. Même l'accent mis sur le soi a fait l'objet d'une lecture fermée sur soi, identitaire, anti-occidentale, avec une expression exclusivement religieuse. De même, l'œuvre de Shariati, reconnu comme le maître à penser de la Révolution – et non celui de l'État –, a été l'objet d'une sélection tendancieuse et d'une récupération.

Mais chacun de ces penseurs avait son antidote contre le dogmatisme, et leur pensée ne pouvait donc pas être récupérable à long terme. Fanon, l'homme qui s'interroge, par son appel à l'altérité, à l'universalité et à un nouvel humanisme, ne pouvait servir aucun discours identitaire. Et Shariati, par sa critique radicale de la tradition et de la religion instituée et figée, s'est protégé contre toute entreprise de récupération. Celui qui, à l'apogée de sa célébrité, écrivait : « le moule des gens a été déterminé et précisé, loin de ces moules, je suis resté seul. Que dois-je faire[34] ? »

Il n'en reste pas moins vrai que tout projet de réforme religieuse privé d'une assise sociale reste fragile et récupérable. Mais, pour contrer cette récupération, selon les réformateurs, la solution n'est pas l'abandon du champ religieux, mais plutôt son appropriation.

Cinquante ans après, la résurgence sociale et politique de la religion sous toutes ses formes, extrémistes mais aussi émancipatrices, comme dans le cas de la théologie de libération, a confirmé son rôle social déterminant. La religion est désormais présente, responsable de conflits ou instrumentalisée dans des conflits politiques, ethniques et sociaux, et on ne peut sous-estimer son rôle.

De plus, un constat s'impose : la damnation a trouvé aujourd'hui des références religieuses. Si, à la suite d'Alice Cherki[35], on peut reconnaître dans « les sans », (sans papiers, sans domicile, sans territoire, sans parole) le nouveau visage des damnés de la terre, les différentes études nous révèlent que les extrémistes recrutent parmi ceux qui, dépossédés de leur identité culturelle et nationale, cherchent refuge dans la religion.

Dès lors, reconquérir des damnés de la terre, être attentif à la misère du monde, et entendre et transmettre la parole de ceux qui n'en ont pas, rime

33. F. Fanon, *Aljazâyer va masaley-é hejâb*, Téhéran, Shohadâ, 1381/2003.

34. A. Shariati, *Goftéghuha-yé tanhâyi* (Les causeries de la solitude), 2 vol., Téhéran, Mona/Agah, 1362/1983. Les écrits intimes de Shariati, rédigés, pour la plupart, après son retour en Iran dans les années 1960.

35. A. Cherki, « Préface à l'édition de 2002 », *in* F. Fanon, *Les damnés…*, *op. cit.*, p. 15.

dans certains cas avec la religion. Sa prise en considération devient donc importante.

De ce fait, la problématique de la religion reste au cœur de l'interrogation sociologique portant sur l'avenir des sociétés musulmanes. Dès lors, la réforme religieuse ne paraîtrait plus une option à débattre, comme dans les années 1960, au temps de Fanon et Shariati, mais une priorité. Car, « seule guérit la blessure l'arme qui la fit », comme le dit Parsifal de Wagner ■

Sara Shariati
Université de Téhéran

Les œuvres de Frantz Fanon traduites en persan :

پوست سیاه، صورتکهای سفید. 1353. تهران خوارزمی.
ترجمه محمد امین کاردان.-

بررسی جامعه شناسی یک انقلاب، سال پنجم انقلاب
الجزایر،. 1356. نورعلی تابنده. دفتر نشر فرهنگ اسلامی-

انقلاب افریقا. 1356. خوارزمی. تهران.-

-دوزخیان روی زمین. 1357. ترجمه علی شریعتی. اهواز.
-الجزایر و مسئله حجاب. 1383. ترجمه نورعلی تابنده. نشر
شهدا.تهران . 46 ص.

Abstract

Fanon, Shariati and the Issue of Religion Fifty Years On

Based on the study of the relations and the correspondence between Frantz Fanon and Ali Shariati in Paris in the 1960s, this article focuses on the issue of religion. It starts off with a reflection on the place of religion in the work of Fanon and Shariati and on their disagreement as to its use in the national struggle. The article goes on to look at the changing role of religion over the past fifty years, in particular with regards to the rise of what is generally referred to as religious fundamentalism. This raises new questions. Did Fanon underestimate the role of religion? Did he overlook the revival of colonized religion? Did Shariati's project of religious reform fail in Muslim countries?

KENZA SEFRIOUI

« Encore un qui a tout dit ! » Le groupe de "Souffles", lecteur des "Damnés de la terre" de Frantz Fanon

Livre de chevet de sa génération, *Les damnés de la terre* de Frantz Fanon a été une des références majeures de la revue *Souffles*, publiée à Rabat de mars 1966 à janvier 1972. Cette revue, fondée par de jeunes poètes, a vite cristallisé un mouvement artistique, intellectuel et politique qui a rayonné au Maghreb et au-delà, et s'est radicalisée jusqu'à devenir le porte-parole du mouvement marxiste-léniniste marocain. Au-delà de l'influence de Frantz Fanon comme penseur de la décolonisation et du tiers-mondisme, ce livre a marqué ce groupe d'écrivains par la force de son style irradiant de colère et d'élan salvateur, et rejoint ses préoccupations les plus intimes dans la formulation d'un projet si profondément politique qu'il ne pouvait qu'être exprimé sur le mode de la possession, un des grands modes d'expression de l'imaginaire collectif de sociétés se percevant en crise.

S'il est un auteur qui a profondément marqué la réflexion de la revue *Souffles*, c'est bien Frantz Fanon. Cette revue a été initiée à Rabat en 1966 par un groupe de jeunes poètes principalement francophones, dont Abdellatif Laâbi, qui en a pris la direction, Mostafa Nissabouri ou encore Mohammed Khaïr-Eddine, ainsi que par les artistes de l'école des Beaux-arts de Casablanca, dont Mohammed Melehi, Mohammed Chabâa et Farid Belkahia. Dix ans après l'indépendance du Maroc, ces artistes, vite rejoints par les premiers cinéastes ainsi que de nombreux militants associatifs et de gauche, estimaient que celle-ci était incomplète et qu'il fallait la parachever – projet politique s'il en est. Et pour ce faire, ils se proposaient de décoloniser la culture, donc d'agir par le biais d'un projet d'abord culturel. Au fil de ses numéros, *Souffles* a accentué la tonalité politique de son propos sur la culture, jusqu'à devenir, au tournant de 1969, la tribune du mouvement marxiste-léniniste naissant. Ce qui a précipité sa fin, dans un contexte de refermeture du jeu politique : en 1972, ses principaux animateurs, dont Abdellatif Laâbi, Abraham Serfaty, Mohammed Chabâa et bien d'autres, ont été arrêtés, torturés, et condamnés lors des procès de 1973 et 1977 à de nombreuses années de prison.

Tout au long de ses sept années d'existence, *Souffles* a formulé une des propositions les plus fécondes et les plus originales dans le Maroc indépendant. À côté d'Aimé Césaire, mais bien avant Karl Marx et Lénine, Frantz Fanon apparaît, pour ce groupe de jeunes artistes engagés, comme une figure tutélaire. Son livre, *Les damnés de la terre*[1], paru chez Maspero en 1961, peu de temps après sa mort, figure sous leurs plumes comme une référence majeure. Au-delà de l'influence de l'ouvrage sur cette génération, la rencontre entre Frantz Fanon et les auteurs de *Souffles* s'est produite à plusieurs niveaux : au niveau thématique d'abord, mais également au niveau esthétique et imaginaire.

Un livre de chevet

Les damnés de la terre a été le livre de chevet des intellectuels, militants et artistes des années 1960. Porté par l'opposition à la guerre d'Algérie, ce pamphlet poético-politique qui pensait en profondeur l'après-décolonisation a connu un immense succès dans le monde : il a eu une grande influence sur les Black Panthers aux États-Unis, mais aussi en Amérique latine, en Afrique et au Proche-Orient. Traduit dans une quinzaine de langues, il s'est vendu à des centaines de milliers d'exemplaires en français et en anglais. La traduction en arabe par Sâmî Al-Drûbî et Jamâl Al-Insânî, intitulée *Muᶜaḏabû l-'ard*, a été publiée à Beyrouth chez Dâr Al-Ţalîᶜa en 1963. L'ouvrage a également été publié en livre de poche en 1968 et imprimé à grand tirage. Largement disponible, il correspondait à des préoccupations essentielles de cette époque marquée par la grande vague de décolonisations, achevées et en cours.

Le nom de Frantz Fanon revient sous la plume de nombreux auteurs de la revue *Souffles*, qu'ils soient des piliers de celle-ci ou des contributeurs ponctuels. C'est dire à quel point sa pensée était dans l'air du temps. Cependant, la présence de Frantz Fanon est essentiellement celle de son nom, bien plus que celle de ses titres : *Les damnés de la terre* est cité à quatre reprises dans l'ensemble du corpus de la revue[2] – 22 numéros en français et huit en arabe *(Anfâs)* –, *Peaux noires, masques blancs* ne l'est qu'une seule fois[3]. De plus, *Souffles* n'étant pas une revue académique et ne s'imposant pas des

1. F. Fanon, *Les damnés de la terre*, Paris, Gallimard, coll. « Folio actuel », 2002 [1961].

2. A. Laude, « Préface à un procès de la négritude », *Souffles*, n° 3, 1966, p. 32-36 ; A. Stouky, « L'intellectuel du Tiers-monde et l'édification nationale », *Souffles*, n° 4, 1966, p. 13-18 ; A. Laâbi, « Littérature maghrébine actuelle et francophonie », *Souffles*, n° 18, 1970, p. 35-37 ; « Bibliographie sommaire africaine », *Souffles*, n° 19, 1970, p. 92-93.

3. A. Laâbi, « Réalités et dilemmes de la culture nationale (II) », *Souffles*, n° 6, 1967, p. 29-35.

règles précises quant aux citations, rares sont les occurrences de passages explicitement cités comme des extraits de ses livres, et elles ne sont jamais flanquées de notes ou de références renvoyant au texte précis. On écrit : « disait Frantz Fanon[4] », « comme l'affirmait Frantz Fanon[5] », « Frantz Fanon avait complètement raison d'affirmer que...[6] », etc. On parle de « l'œuvre fanonienne[7] », des « schémas fanoniens[8] » etc.

Plutôt que de documents auxquels on se référerait, les textes de Frantz Fanon sont porteurs d'une pensée profondément assimilée par les auteurs de *Souffles*, au point que Abdellatif Laâbi ironise : « Encore un qui a tout dit ![9] » Bref, l'évocation de Frantz Fanon dans *Souffles* donne l'impression d'une réelle familiarité. D'autant que ses raisonnements sont souvent repris en appui à une argumentation, avec révérence, et que rares sont les auteurs qui formulent des critiques à l'égard de sa réflexion.

Mieux, Frantz Fanon est cité par les poètes de *Souffles* dans leurs créations. Dans *Le cauchemar occidental*, Abdelaziz Mansouri imagine un dialogue entre un homme qui a le sentiment de son acculturation et un prescripteur de culture : « Méfiez-vous tout de même / et de Fanon / il a vu trop de malades[10] ». « Ni les Arabes ni Aimé Césaire, ni Frantz Fanon se découvrant et arrachant / la vanité du vieil humanisme blanc / ni ceux pour l'Algérie française ni ceux contre l'Algérie française / ne peuvent comprendre Albert Camus le prix Nobel[11] », écrit Bernard Jakobiak. On fait des clins d'œil à son œuvre : « À genoux les damnés de la terre », clame Abdellatif Laâbi dans *Mobilisation-tract*[12] ; Mostafa Nissabouri, lui, intitule un de ses poèmes *Après-midi d'un damné*[13], clin d'œil autant à Mallarmé qu'à Frantz Fanon.

Clefs de lecture pour un projet d'émancipation

Cette grande familiarité tient au fait que Frantz Fanon a donné à cette génération d'artistes et d'intellectuels des clefs de lecture essentielles du contexte politique de l'époque. Il est d'ailleurs frappant de voir à quel point

4. A. Laâbi, « Réalités et dilemmes de la culture nationale (I) », *Souffles*, n° 4, 1966, p. 4-12.
5. M. de Andrade, « Culture et lutte armée », *Souffles*, n° 9, 1968, p. 51-54.
6. R. Depestre, « Les fondements socioculturels de notre identité », *Souffles*, n° 16-17, 1970, p. 26-31.
7. A. Laâbi, « Réalités et dilemmes de la culture nationale (I) », art. cité, p. 4-12.
8. *Ibid.*
9. *Ibid.*
10. A. Mansouri, « Le cauchemar occidental », *Souffles*, n° 10-11, 1968, p. 38-43.
11. B. Jakobiak, « Camus le colonisateur sublimé », *Souffles*, n° 12, 1968, p. 22-28.
12. *Souffles*, n° 13-14, 1969.
13. M. Nissabouri, « Après-midi d'un damné », *Souffles*, n° 16-17, 1970, p. 44-45.

les auteurs de *Souffles* suivent les raisonnements des *Damnés de la terre*. Ainsi, ses analyses sur la violence coloniale sont reprises quasi intégralement : on retrouve, sous la plume des auteurs de *Souffles*, toutes les étapes de cette domination que Frantz Fanon avait mentionnées. Ils évoquent d'abord la phase d'écrasement et de soumission proclamée, puis la phase de détournement de la violence contre les siens, où la religion joue un grand rôle en encadrant des phénomènes de possession. Ils abordent ensuite la mise en place de la résistance à l'oppression, tandis que persistent des formes traditionnelles de culture. Ils se penchent sur l'émergence de mouvements culturels particularisants, puis sur celle du mouvement national qui vise à reconstituer un *nous*, à restaurer le peuple dans son statut de sujet, bref, à réhumaniser l'ancien colonisé, puisque Frantz Fanon rappelle en effet que « la chose colonisée devient homme dans le processus même par lequel elle se libère[14] ». Mieux, dans un long article intitulé « Réalités et dilemmes de la culture nationale », publié en deux fois[15], l'argumentation de Abdellatif Laâbi suit exactement les développements des *Damnés de la terre*, notamment dans le sous-chapitre intitulé « Fondements réciproques de la culture nationale et des luttes de libération » – texte d'une communication faite par Frantz Fanon au IIe Congrès des écrivains et artistes noirs à Rome en avril 1959[16].

Le principal point de rencontre entre *Souffles* et Frantz Fanon est la notion de libération, omniprésente à cette époque. Le groupe de *Souffles* est très attentif aux luttes pour la décolonisation et contre toute forme d'impérialisme partout dans le monde. Il suit de près les mouvements de libération nationale en Afrique, d'autant plus que des représentants de ces mouvements se trouvent à Rabat, comme Mario de Andrade, du Mouvement populaire de libération de l'Angola (MPLA). Suite au traumatisme de la défaite de la guerre des Six jours en juin 1967, il se passionne pour le mouvement palestinien dans sa lutte contre Israël, perçu comme un pays colonisateur et impérialiste. Enfin, il suit de près la guerre du Vietnam, et envisage même la création d'un comité Palestine-Vietnam. Mai 1968 et les mouvements étudiants réclamant plus de libertés ont également marqué les auteurs de *Souffles*, en particulier ceux qui étudiaient en France. Enfin, les rivalités entre le bloc occidental et le bloc socialiste et, au sein de ce dernier, les rivalités entre URSS et Chine, sont au cœur de leur représentation politique du monde, centrée sur la notion d'impérialisme. Le groupe de *Souffles* a donc tout naturellement

14. F. Fanon, *Les damnés de la terre*, *op. cit.*, p. 65.
15. *Souffles*, n° 4, 1966 ; *Souffles*, n° 6, 1967.
16. Des extraits de cette intervention ont été publiés dans le journal du FLN, *El Moudjahid*. Voir A. Cherki, *Frantz Fanon. Portrait*, Paris, Seuil, 2000, p. 156.

rencontré, dans *Les damnés de la terre*, des arguments au service de son projet de parachèvement de la libération du Maroc et de lutte contre le néocolonialisme.

Ce projet émancipateur ne s'arrête pas à la relation entre le pays et son ancien colonisateur : il cible également les évolutions réactionnaires du pouvoir au Maroc, et le fait de plus en plus, à mesure que la revue se politise et devient la tribune des mouvements marxistes-léninistes en cours de constitution, *Ilal Amam* et 23 Mars, à partir de 1969. En effet, les auteurs de *Souffles* reviennent régulièrement sur l'état de sous-développement politique et surtout culturel contre lequel ils ont à lutter. Il s'agit de « liquider les séquelles du sous-développement dans tous les domaines et à tous les niveaux[17] », écrit Tahar Ben Jelloun. *Souffles* fait le constat de ce que pressentait Frantz Fanon, quand il évoquait « le chemin immense que doit franchir[18] » un pays récemment décolonisé : « La libération nationale des pays colonisés dévoile et rend plus insupportable leur état réel[19] ». Ce groupe partage l'inquiétude visionnaire de Frantz Fanon à propos d'une conscience nationale qui ne serait qu'une « forme sans contenu, fragile, grossière[20] » et ne cesse de rappeler la nécessité de former une conscience citoyenne et de contribuer à l'éducation des masses. Frantz Fanon évoquait ces militants qui n'auraient que « le titre vide de citoyens[21] » ? *Souffles* fait de plus en plus référence aux masses populaires exploitées. Ses pages formulent une dénonciation de moins en moins implicite de l'autoritarisme qui se mettait en place à l'époque. C'est que *Souffles* a existé pendant une décennie de grande tension politique, marquée, outre la suspension de la vie parlementaire de 1965 à 1970 en raison de l'état d'exception, par la répression de toute velléité de contestation (arrestation des militants de l'UNFP en 1963, écrasement des manifestations étudiantes de mars 1965, etc.). Les auteurs de *Souffles*, lisant Frantz Fanon qui anticipait avec une terrible lucidité un système qu'il qualifiait de « fascisme à la petite semaine[22] » où « l'armée et la police constituent les piliers du régime[23] », ne pouvaient que reconnaître le contexte dans lequel ils vivaient. De même, lorsque Frantz Fanon écrivait : « Tous les partis d'opposition, d'ailleurs généralement progressistes donc qui œuvraient pour une plus grande influence des masses dans la gestion des affaires publiques, qui

17. T. Ben Jelloun, « Cinéma politique », *Souffles*, n° 16-17, 1970, p. 47-48.
18. F. Fanon, *Les damnés de la terre*, *op. cit.*, p. 129.
19. *Ibid.*, p. 130-132.
20. F. Fanon, *Les damnés de la terre*, *op. cit.*, p. 189.
21. *Ibid.*, p. 212.
22. *Ibid.*, p. 213.
23. *Ibid.*

souhaitaient une mise au pas de la bourgeoisie méprisante et mercantile ont été par la force des matraques et des prisons condamnés au silence puis à la clandestinité[24] ».

À cette époque marquée par la censure et la fermeture de nombreux journaux, il est probable que lancer une revue culturelle – indépendamment du projet esthétique porté par ces jeunes artistes, pouvait être une manière détournée d'aborder des problématiques politiques. Le ton subversif de *Souffles,* dès ses premiers numéros, le suggère. De même, la revue *Lamalif,* lancée comme *Souffles* en mars 1966, se focalisait sur l'économique, le social et le culturel pour aborder de manière indirecte les questions politiques[25].

Autre élément essentiel : la vision transnationale qu'adopte Frantz Fanon dans ses œuvres. *Les damnés de la terre* ne se limitent pas à la description du phénomène colonial dans un pays, mais consiste en une réflexion transversale. Au risque d'approximations, et c'est du reste le seul point sur lequel Abdellatif Laâbi formule une critique de Frantz Fanon. Dans « Réalités et dilemmes de la culture nationale[26] », où il fait le bilan des *Damnés de la terre,* il souligne les différences entre les modes de colonisation des différents pays arabes et reproche à Frantz Fanon d'élargir abusivement ses observations de l'Algérie et de l'Afrique. Il rappelle que « le colonialisme classique, en abordant le monde arabe au XIXe siècle, avait rencontré une opposition idéologique et culturelle structurée, en position de dynamisme : "la Nahda"[27] ». Et de conclure : « La culture marocaine et arabe n'avait pas besoin de tant d'exhibitionnisme pour être présente. Elle existait[28] ».

Il n'en demeure pas moins que l'œuvre de Frantz Fanon s'inscrit dans la dynamique de construction du tiers-monde. L'époque est en effet à la création d'organismes régionaux : Ligue arabe (créée en 1945), Commission économique pour l'Amérique latine et les Caraïbes (1948), Organisation pour l'unité africaine (1963), Organisation commune africaine et malgache (1965)... Les pays du tiers-monde, à l'origine, constituaient le mouvement des non-alignés, quoiqu'ils aient été considérablement influencés par le bloc soviétique. *Souffles* s'inscrit dans la continuité de ce mouvement. Très vite, la revue s'est positionnée comme un groupe transcendant les frontières, accueillant les signatures d'auteurs d'Algérie, de Tunisie, d'Angola, du Mozambique... Elle compte des abonnés en Europe, aux États-Unis, établit des partenariats avec des revues

---

24. *Ibid.*, p. 224.
25. Voir Z. Daoud, *Les années Lamalif (1958-1988). Trente ans de journalisme au Maroc,* Casablanca/Mohammedia, Tarik Éditions/Senso Unico, 2007, p. 156.
26. *Souffles*, n° 4, 1966 ; *Souffles*, n° 6, 1967.
27. A. Laâbi, « Réalités et dilemmes de la culture nationale (I) », art. cité, p. 4-12.
28. *Ibid.*

d'Amérique latine, comme *Casa de las Americas*, éditée à Cuba, avec *Mawaqif*, lancée au Liban par le poète Adonis, etc. L'attention que ses auteurs portent aux grandes rencontres internationales comme le Congrès culturel de La Havane ou le Festival culturel panafricain d'Alger s'inscrit dans la continuité des grandes conférences qui ont ponctué l'effort d'organisation de cet ensemble hétérogène : Conférence de Bandung (avril 1955), Organisation de solidarité des peuples d'Afrique et d'Asie (Le Caire, 1958), Conférence de La Havane (janvier 1965)...

Ce mouvement tiers-mondiste est nettement imprégné d'une référence marxiste, ce qui rejoint l'évolution de la revue *Souffles*. Celle-ci a souvent été analysée comme ayant eu deux périodes : une période strictement culturelle, jusqu'au tournant de 1969, matérialisé par la réalisation d'un numéro spécial consacré à la révolution palestinienne[29] et par un changement de maquette, suivie d'une période plus politique tant dans la revue en français que dans son doublet en arabe, *Anfâs*, mensuel lancé en mai 1971. Certes, si Frantz Fanon est la principale référence des premiers numéros de *Souffles*, il côtoie, dans les derniers numéros, les références de plus en plus nombreuses à Lénine, Staline et Mao Tsé-Toung, mais aussi aux philosophes Karl Marx, Engels, Louis Althusser, Karel Kosik, Ernst Bloch... Cependant, il n'est pas anodin de mentionner que certains, comme Ferhat Abbas, président du Gouvernement provisoire de la République algérienne (GPRA), considéraient Frantz Fanon comme un « marxiste authentique[30] ». Le glissement de référents, de Frantz Fanon à l'analyse marxiste, n'a donc pas constitué, dans *Souffles*, une rupture. Au contraire. *Souffles* partage les analyses économiques de Frantz Fanon. « La bourgeoisie nationale des pays sous-développés n'est pas orientée vers la production, l'invention, la construction, le travail. Elle est tout entière canalisée vers des activités de type intermédiaire[31] », écrivait-il. *Souffles* ne cesse de brocarder cette bourgeoisie *compradore* plus avide de clientélisme que d'assumer un rôle de moteur économique. Et tous se rejoignent sur la nécessité d'une lutte révolutionnaire. De même, la façon dont la culture est envisagée dépasse largement le champ des productions esthétiques : au fil de l'évolution de *Souffles*, elle est de plus en plus analysée dans l'ensemble des forces de production et de classe, parallèlement au fait que le discours marxiste s'impose comme la référence majeure. Les textes qui, dans *Souffles*, évoquent le tiers-monde, quelle que soit leur date, sont donc empreints d'une rhétorique de la fraternité et de la camaraderie, et le marxisme y est ouvertement

29. *Souffles*, n° 15, 3e trimestre 1969.
30. A. Cherki, *Frantz Fanon. Portrait*, *op. cit*, p. 188.
31. F. Fanon, *Les damnés de la terre*, *op. cit.*, p. 190-191.

revendiqué à la fois comme programme d'action et comme mode d'analyse visant à mettre en lumière les problèmes communs à ces pays. Et on y retrouve le même élan.

Esthétique de l'élan

Au-delà de l'adhésion de *Souffles* aux idées développées par Frantz Fanon, si *Les damnés de la terre* ont autant marqué les auteurs de la revue, c'est sans nul doute en raison du ton si particulier de ce livre.

C'est que *Les damnés de la terre* n'est pas un simple essai sur la décolonisation. C'est un ouvrage d'une intense puissance poétique, fiévreux et visionnaire, porté par une langue somptueuse. Les poètes qui ont initié *Souffles* n'ont pu qu'être sensibles à cette dimension, et ce n'est pas un hasard si celui qui concurrence Frantz Fanon en nombre d'occurrences dans les pages de la revue est le poète Aimé Césaire, auteur du *Cahier d'un retour au pays natal*[32] et du *Discours sur le colonialisme*[33], dont est unanimement saluée la force de subversion de la langue. *Souffles* rejoint donc Frantz Fanon dans un projet d'une haute exigence à la fois politique, mais aussi philosophique et esthétique.

Au cœur de leurs préoccupations, la question de la culture nationale. Frantz Fanon et le groupe de *Souffles* partagent une même vision de ce qu'elle doit être. Pour le premier, c'est l'affirmation d'une singularité, d'une « originalité posée comme absolue[34] ». Quant à *Souffles*, son projet central est la reprise en mains de la culture et la personnalité nationales. On ne peut que faire le parallèle entre cette recherche de singularité et d'originalité à l'échelle de la nation et la démarche d'artistes cherchant à ouvrir de nouvelles voies de création. De plus, Frantz Fanon et *Souffles* ont en commun l'idée que la culture nationale est inséparable d'une lutte politique, dont l'accès à l'indépendance dans le cadre de l'État-nation, individuation politique et territoriale, n'est qu'un premier aboutissement. Pour Abdellatif Laâbi, « lutte politique, combat culturel vont de pair[35] ». Situant le projet de *Souffles* dans le prolongement des luttes politiques initiées par le mouvement national, il va plus loin en décrivant une démarche d'artiste : « L'atavisme dont nous pouvons nous réclamer n'est pas de ce simplisme raciste. C'est une conscience organique du vécu culturel, une descente dans l'histoire du corps et de la mémoire[36] ».

32. Initialement publié dans la revue *Volontés*, n° 20, août 1939.
33. A. Césaire, *Discours sur le colonialisme*, Paris, Réclame, 1950.
34. F. Fanon, *Les damnés de la terre*, *op. cit.*, p. 71.
35. A. Laâbi, « Réalités et dilemmes de la culture nationale (I) », art. cité, p. 4-12.
36. A. Laâbi, « Réalités et dilemmes de la culture nationale (II) », art. cité, p. 29-35.

Ainsi, la culture, perçue de façon dynamique, est l'outil de décolonisation par excellence, tant sur le plan politique que sur le plan intime avec lesquels les écrivains et artistes sont aux prises.

Par ailleurs, Frantz Fanon a amené les auteurs de *Souffles* à s'interroger sur la façon dont la culture sert de matrice à un projet politique, tant en tant que structure que mode d'expression à même de toucher l'imaginaire collectif. Pour Frantz Fanon, « la culture nationale est l'ensemble des efforts faits par un peuple sur le plan de la pensée pour décrire, justifier et chanter l'action à travers laquelle le peuple s'est constitué et s'est maintenu[37] ». Pour Abdellatif Laâbi, c'est une « mythologie organisatrice du monde[38] ». En particulier la culture populaire. La culture est le ciment de l'État-nation car elle est un facteur de socialisation qui donne aux individus la conscience d'appartenir à un ensemble cohérent, favorise l'adhésion à une représentation collective et structure une projection commune vers l'avenir. Cette vision amène *Souffles,* dans le sillage des réflexions de Frantz Fanon, à formuler sa vision de ce que devrait être une culture nationale marocaine moderne et progressiste.

Ce qui frappe surtout, à la lecture de *Souffles* comme des *Damnés de la terre,* c'est la vivacité de leur ton et leur rhétorique du mouvement, qui installent une esthétique de l'élan. Chez l'un et l'autre, le récit qui retrace la lutte contre le colonialisme prend la forme d'une épopée de résistance. Les auteurs de *Souffles* reprennent la description par Frantz Fanon des étapes de ce mouvement : ils évoquent l'immobilité liée à la phase d'écrasement, à la soumission. Embryon de mouvement avec les pulsions de violence contre les siens et les crispations identitaires sur des formes traditionnelles de culture – ce qui constituait déjà, pour Frantz Fanon, « une manifestation nationale[39] ». Puis la résistance s'organise, avec ce premier acte d'opposition que sont la proclamation de l'existence d'une culture et l'émergence de mouvements culturels particularisants. Abdellatif Laâbi explique :

> « Le colonisé ne découvre pas encore sa culture pour lui-même. Il la montre pour convaincre le camp de l'oppresseur. La culture est un objet d'exhibition. Fanon montre bien là encore l'infirmité d'une pareille étape. Mais, nous dit-il, "sur le plan psycho-affectif, cette revendication provoque chez le colonisé une mutation d'une importance fondamentale. Elle est revalorisation de l'histoire nationale en même temps qu'une prise de conscience de l'aliénation culturelle"[40] ».

37. F. Fanon, *Les damnés de la terre, op. cit.,* p. 281.
38. A. Laâbi, « Réalités et dilemmes de la culture nationale (I) », art. cité, p. 4-12.
39. F. Fanon, *Les damnés de la terre, op. cit.,* p. 286.
40. A. Laâbi, « Réalités et dilemmes de la culture nationale (I) », art. cité, p. 4-12.

L'emploi de la tournure « ne… pas encore » montre bien qu'il ne s'agit que d'une première étape. Abdellatif Laâbi évoque la « série de prises de conscience et d'actes de reprise intérieure[41] » qui s'affine et se précise : « La revendication d'une culture continentale ou raciale au départ, la revendication d'une culture nationale par la suite, au cours des luttes d'indépendance nationale, traduit l'action du colonisé sur le plan de l'histoire pour échapper à une aliénation mentale et culturelle qui faisait partie du statut et de la stratégie coloniale[42] ».

Dans *Les damnés de la terre* comme dans *Souffles* se met en place un vocabulaire du mouvement. On parle de mutation, de déclenchement, de lutte, d'action, de revendication… La mise au point historique d'Abdellatif Laâbi sur la notion de culture nationale, pour récuser certaines interprétations qui en font une « revendication totalitaire[43] » ou une « superstructure racialisée d'un nationalisme étriqué[44] », est, en ce sens, significative :

> « Originellement, cette formule fut avancée depuis la fin de la Seconde Guerre mondiale par des écrivains et penseurs du tiers-monde ainsi que par des intellectuels occidentaux d'avant-garde, qui avaient *déclenché un vaste mouvement* de recherche et d'analyse sur les problèmes humains et culturels des pays africains et autres aux prises avec la colonisation. Le terme de culture nationale faisait partie d'une terminologie d'ensemble élaborée selon ces *nouvelles* exigences. Nous l'appellerons : terminologie de la décolonisation. […] Il faudra d'ailleurs attendre le *déclenchement des mouvements nationalistes de libération* pour entendre exprimer, sans ambiguïté, la *revendication* d'une culture nationale propre au colonisé[45] ».

Il insiste sur le fait que depuis, « *des mutations spectaculaires* ont affecté les réalités économiques, sociales, politiques et culturelles des pays du tiers-monde[46] », tout en acquiesçant au fait que la culture nationale est, selon Frantz Fanon, « la résultante des tensions internes et externes à la société globale et aux différentes couches de cette société[47] ».

Au fil des numéros de *Souffles*, le propos associant culture et lutte politique visant à consolider la nation se développe et la rhétorique du mouvement prend une coloration guerrière. Ainsi sous la plume de Mario de Andrade :

> « Il y a, au sein des peuples, plusieurs paliers de *résistance* pour *faire face à l'agression* impérialiste, qu'elle prenne la forme coloniale ou néocoloniale. Et le *front* culturel en est

41. *Ibid.*
42. *Ibid.*
43. *Ibid.*
44. *Ibid.*
45. *Ibid.* C'est moi qui souligne.
46. *Ibid.* C'est moi qui souligne.
47. F. Fanon, *Les damnés de la terre*, *op. cit.*, p. 239.

un. La signification ultime du *combat* pour la culture se ramène, en fait, au *combat* pour la libération de la nation que Frantz Fanon considérait comme "la matrice matérielle à partir de laquelle la culture devient possible" [48] ».

Le propos devient de plus en plus explicite à partir du numéro 12, avec l'arrivée dans l'équipe de *Souffles* d'Abraham Serfaty, grand militant communiste. Auréolé de son aura de résistant au colonialisme, il est de ceux qui participent à la création d'*Ilal Amam*, et donnent à *Souffles* une impulsion vers un projet plus ouvertement politique. Le prologue estime nécessaire :

> « d'agir pour que la création et l'action culturelles soient organiquement liées à notre lutte nationale et qu'elles puissent ainsi remplir leur fonction multidimensionnelle de clarification, de prise de conscience, de mobilisation, de conjuration des aliénations historiques et quotidiennes, d'élargissement du champ de vision, de perception et de connaissance de l'homme, augmentation du potentiel de vie ou du taux sanguin, d'ouvertures totales, bref de soulèvement digne, généralisé contre tout ce qui inhibe, tout ce qui limite, tout ce qui réprime et menace nos sociétés qui, à peine sorties du cauchemar matériel de la colonisation, retombent lourdement dans le cercle de violence des "fausses indépendances"[49] ».

Dans le même numéro, est publié le programme de recherche et d'action de l'Association de recherche culturelle (ARC), une association qui rassemble des auteurs de *Souffles*, des militants de partis de gauche, des chercheurs et des étudiants et qui manifeste la volonté du groupe de *Souffles* d'avoir une action dans la cité. La charte de l'ARC envisage « d'*arracher* l'action culturelle au monopole de la réaction et du néocolonialisme ; de susciter une action de recherche visant la décolonisation, la réévaluation et la réélaboration de notre culture ; de contribuer, par un travail de création et de mobilisation culturelle, au *combat de libération* que mènent toutes les *forces progressistes* du pays[50] ». Il s'agit donc de s'inscrire dans le processus de décolonisation, pour cette fois aller jusqu'au bout.

Vecteur de cet élan, l'intellectuel. La génération de *Souffles* a été marquée par la figure de l'intellectuel engagé, et notamment par celle de Jean-Paul Sartre – auteur de la préface des *Damnés de la terre*. Frantz Fanon lui-même a très certainement été aussi un modèle. La vie du psychiatre martiniquais, engagé aux côtés du FLN pour l'indépendance de l'Algérie et décédé à l'âge

48. M. de Andrade « Réflexions autour du congrès culturel de La Havane », *Souffles*, n° 9, 1968, p. 34-37. C'est moi qui souligne.
49. « Prologue », *Souffles*, n° 12, 1968, p. 1-2.
50. Association de recherche culturelle, « Programme de recherche et d'action de l'ARC », *Souffles*, n° 12, 1968, p. 3-9. C'est moi qui souligne.

de 36 ans, peu de temps avant l'aboutissement de ce combat, ne pouvait laisser indifférent. Cette trajectoire brutalement interrompue n'est pas sans évoquer celle de Mehdi Ben Barka, autre pilier du mouvement tiers-mondiste, assassiné à l'âge de 45 ans, et dont l'ouvrage, *L'option révolutionnaire au Maroc*, paru en 1966 chez Maspéro, a eu aussi un écho important dans cette génération. On songe aussi à Antonio Gramsci, mort à 46 ans dans les prisons de Mussolini, ou encore à Che Guevara, assassiné à 39 ans en Bolivie et emblème de la révolution cubaine. Hommes d'action tout autant que de lettres, tous ont contribué à forger une figure assez romantique de l'intellectuel. Il est bien évident que cette figure ne pouvait que toucher ce groupe de jeunes hommes réunis autour de *Souffles*, qui avaient pour la plupart entre dix et quinze ans au moment de l'indépendance du Maroc et qui, ayant fait des études, avaient conscience qu'ils seraient les cadres d'un pays à reconstruire. Ainsi, la référence omniprésente à Frantz Fanon a naturellement positionné le groupe de *Souffles* dans une tradition d'intellectuels engagés, et à faire sien le projet de participer à la conscientisation du peuple. Du reste, le rôle de l'intellectuel et ses responsabilités est une thématique omniprésente dans la revue. De nombreux auteurs abordent la question et tous insistent sur la nécessité, pour l'intellectuel, d'avoir un rôle actif dans la société. Frantz Fanon écrivait: « La responsabilité de l'homme de culture colonisé n'est pas une responsabilité en face de la culture nationale mais une responsabilité globale à l'égard de la nation globale, dont la culture n'est, somme toute, qu'un aspect[51] ». Pour Mario de Andrade, l'intellectuel a pour mission « la lutte contre l'impérialisme[52] » et « le combat pour la libération des peuples[53] ». Pour les signataires du « Manifeste culturel panafricain », il doit être le fer de lance de la révolution des masses : « L'homme de culture africain, l'artiste, l'intellectuel en général doit se situer dans son peuple et assumer les responsabilités particulièrement décisives qui sont les siennes. Son action doit insuffler la transformation radicale des esprits, sans laquelle il est impossible au peuple d'avoir raison de son sous-développement économique et social[54] ».

C'est ainsi qu'une partie de l'équipe de *Souffles*, dont Abdellatif Laâbi, a eu une action militante au sein des partis politiques de gauche, la socialiste Union nationale des forces populaires (UNFP) et le communiste Parti de la libération et du socialisme (PLS), et a participé aux scissions qui ont conduit à la formation de 23 Mars et d'Ilal Amam.

51. F. Fanon, *Les damnés de la terre*, *op. cit.*, p. 280.
52. M. de Andrade « Réflexions autour du congrès culturel de La Havane »,art. cité, p. 34-37.
53. *Ibid.*
54. Collectif, « Manifeste culturel panafricain », *Souffles*, n° 16-17, 1970, p. 9-13. C'est moi qui souligne.

Enfin, Frantz Fanon comme *Souffles* formulent un même refus viscéral de tout ce qui fige et entrave la libre circulation de la pensée et le développement de l'humain. Ainsi, la revue prend fermement position contre toute forme de folklorisation de la culture. Frantz Fanon écrivait : « La culture nationale n'est pas le folklore où un populisme abstrait a cru découvrir la vérité du peuple[55] ». Abdallah Stouky s'en inspire presque mot pour mot : « Beaucoup de populistes abstraits ou de mystificateurs ont voulu circonscrire la culture nationale [au folklore], disant que c'était là la vérité du peuple[56] ». « Nous avons besoin d'une culture enracinée sans qu'elle soit d'un folklore anachronique, qui traduise nos aspirations et nos contradictions sans qu'elle nous précipite dans les statistiques populistes[57] », écrit Mostafa Nissabouri. Rejet du populisme, mais aussi de l'exotisme. Pour Abdallah Stouky :

> « L'exotisme, comme l'a admirablement dit Frantz Fanon, est une des formes de simplification raciste. Dès lors, aucune confrontation culturelle ne peut exister. Il y a d'une part une culture à qui l'on reconnaît des qualités de dynamisme, d'épanouissement et de profondeur. Une culture en mouvement, en perpétuel renouvellement. En face, on trouve des caractéristiques, des curiosités, des choses, jamais des structures[58] ».

À la pacotille figée de l'exotisme, il oppose l'authenticité structurante et dynamique. À l'époque où *Souffles* paraît, ce discours est doublement orienté, contre les sciences coloniales et leurs prolongements d'une part, et contre la politique de développement appuyée sur le tourisme.

Pour les mêmes raisons, *Souffles* rejette toute forme de racialisation de la pensée. Ses auteurs s'en prennent notamment à l'idéologie de la négritude. Frantz Fanon écrivait que celle-ci trouvait « sa première limite dans les phénomènes qui rendent compte de l'historicisation des hommes. La culture nègre, la culture négro-africaine se morcelait parce que les hommes qui se proposaient de l'incarner se rendaient compte que toute culture est d'abord nationale[59]. » « Que peut signifier en 1966, le concept de la négritude, support idéologique de ce festival ? » s'interroge Abdallah Stouky. « En sommes-nous toujours à la nécessité de racialiser la pensée ?[60] ». Et d'insister sur l'anachronisme de ce concept « à une époque caractérisée principalement par la

55. F. Fanon, *Les damnés de la terre, op. cit.*, p. 281.
56. A. Stouky, « Le festival mondial des Arts nègres ou les nostalgiques de la négritude », *Souffles*, n° 2, 1968, p. 41-45.
57. M. Nissabouri, « Entre universalisme et folklorité », *Souffles*, n° 4, 1966, p. 34-35.
58. A. Stouky, « Le festival mondial des Arts nègres ou les nostalgiques de la négritude », art. cité, p. 41-45.
59. F. Fanon, *Les damnés de la terre, op. cit.*, p. 262.
60. A. Stouky, « Le festival mondial des Arts nègres ou les nostalgiques de la négritude », art. cité, p. 41-45.

décolonisation et l'accès de la plupart des pays africains à la souveraineté nationale[61] ». Ainsi la culture nationale selon Frantz Fanon, et selon *Souffles*, ne saurait faire abstraction des conditions sociales et économiques et se complaire dans des schémas préétablis, qui ne peuvent qu'être vecteurs d'entraves à la pensée.

Un même mode imaginaire de contestation

Enfin, il apparaît que les correspondances entre *Souffles* et *Les damnés de la terre* s'établissent à un niveau plus profond. Un motif essentiel que la revue partage avec Frantz Fanon est en effet celui de la possession. Frantz Fanon relevait l'existence de ce phénomène pendant la période coloniale. Pour lui, la danse et la possession étaient révélatrices d'« affrontement permanent sur le plan phantasmatique[62] » et parlait d'« affectivité en érection[63] » se complaisant « avec érotisme dans les dissolutions motrices de la crise[64] ». Dans son étude sur la formation du cercle de la *halqa*, Mohammed Jabir évoque lui aussi la possession :

> « C'est un procédé à la fois d'ordre scénique et se rapportant au fond. C'est le moment de révolution, où le folklore devient épopée de la conscience. Fanon parle de ces exutoires que représentent les danses effrénées chez les peuples opprimés par la colonisation. Jusqu'aux recoins de leur psychisme : surenchère de défoulements musculaires pour pallier la contrainte psycho-musculaire. Le folklore fut aussi exutoire chez nous[65] ».

Pour l'ethnopsychiatre François Laplantine, la possession est l'une des trois voies de l'imaginaire collectif[66] mobilisé dans des sociétés ou des groupes qui se vivent en crise. « Il existe entre le psychique, le culturel et l'économique une complémentarité d'implication mutuelle absolument indissociable[67] », relève-t-il. Il souligne la « fonction de contestation sociale[68] » de ces modes de structuration de cet imaginaire, dont la possession, « réactions anthropologiquement normales d'une société qui est soit menacée du dedans par ses propres transformations socio-économiques, soit agressée par une culture

61. *Ibid.*
62. F. Fanon, *Les damnés de la terre, op. cit.*, p. 87.
63. *Ibid.*
64. *Ibid.*
65. M. Jabir, « Notes sur la composition folklorique », *Souffles*, n° 2, 1966, p. 46-47.
66. F. Laplantine, *Les trois voix de l'imaginaire. Le messianisme, la possession et l'utopie, étude ethnopsychiatrique*, Paris, éd. Universitaires, coll. « Je », 1974.
67. F. Laplantine, *Les trois voix de l'imaginaire…, op. cit.*, p. 119.
68. *Ibid.*, p. 31.

étrangère[69] ». C'est bien évidemment le cas des sociétés colonisées qu'évoque Frantz Fanon. C'est aussi le cas du groupe de *Souffles*, issu principalement de classes moyennes ayant eu accès à l'éducation, ayant douloureusement conscience de son décalage par rapport à sa société, majoritairement analphabète et conservatrice. Le thème de l'écartèlement des intellectuels, déjà abordé par Frantz Fanon, est récurrent dans *Souffles*. La revue insiste peu sur la situation sociale des intellectuels : s'ils se démarquent des masses populaires, n'étant pas non plus au pouvoir, ils se trouvent dans un entre-deux qui nuit à leur réflexion et à leur capacité d'agir. Les auteurs du Programme de recherche et d'action de l'Association de recherche culturelle l'intègrent à l'« appareil technocratique[70] », faisant référence, entre autres, aux enseignants, profession exercée par une grande partie de l'équipe de *Souffles*[71]. De plus, la revue a été créée suite à l'insatisfaction de ces jeunes artistes face aux structures existant dans le champ culturel (absence de véritables maisons d'édition, rareté des galeries d'art, encourageant plutôt l'orientalisme ou l'art naïf, etc.). Le thème de l'aliénation est abondamment abordé par les écrivains. Mostafa Nissabouri décrit ce phénomène comme une pathologie :

> « Quand l'écrivain-africain-parisianisé proclame la nécessité d'un art universel, les problèmes de la culture nationale revêtent à ses yeux le caractère d'une infirmité, d'un mode d'aliénation. Son jeu consiste à continuer l'histoire au lieu de la refaire, chercher moins à mettre en question une écriture déracinée que se justifier aux yeux d'un Occident symbolique qui l'a façonné à sa guise. Cette quête égocentrique de l'individu est souvent aiguisée par le « retranchement » et l'« exil » volontaire. Au nom de formules dignes d'un parfait traumatisé, il condamne toute lutte ne cadrant pas avec les nécessités du monde qui l'a adopté, choyé et fait de lui son poulain favori. Maniaque de l'esthétisme, il se crée des mythes : mythe du génie méconnu, mythe du dégingandé rimbaldien, et finalement mythe de l'écrivain opposant au régime[72] ».

L'intellectuel est ainsi incapable de porter les problèmes de sa propre société et n'est que le relais de celle de l'ancien colon. Abdellatif Laâbi, lui, explique les mécanismes qui entravent les intellectuels du tiers-monde et les empêche de mener le combat qui est le leur :

> « C'est que presque toute l'agitation critique et analytique qui s'opère là-bas [en Occident] nous maintient dans un rôle dissimulé. L'intellectuel du tiers-monde qui se trouve dans

69. *Ibid.*, p. 26-27.
70. Association de recherche culturelle, « Programme de recherche et d'action de l'ARC », art. cité, p. 3-9.
71. Il est à noter qu'à la même époque, Pierre Bourdieu mûrissait l'analyse des relations dominants/dominés dans le système d'enseignement en France, analyse publiée en 1970 dans *La reproduction. Éléments d'une théorie du système d'enseignement* (Paris, Minuit, 1970).
72. M. Nissabouri, « Entre universalisme et folklorité », art. cité, p. 34-35.

> cette situation ne parvient pas à un stade de responsabilité ouverte. Comme locuteur, exégète ou dénonciateur, il subit la plupart du temps une cérémonie significative, celle des "présentations". Éditeurs, marchands de soupe et progressistes sont malgré eux imbriqués dans un système de production-consommation régi par le capital. Il y a un marché de la culture. Les idées généreuses ne nourrissent pas. L'intellectuel du tiers-monde sera donc "introduit". Que son œuvre soit ou non adressée au public européen, le présentateur (qui lui apporte la garantie de son nom) arrivera toujours à démontrer que l'Europe n'y est pas absente. On en arrive finalement, dans l'édition et la diffusion, à une intégration économique et morale de l'œuvre[73] ».

Au final, l'intellectuel perd sa « lucidité[74] » et son « authenticité créatrice[75] ». Et surtout, il éprouve vis-à-vis de sa propre culture un sentiment de rupture et de perte, à l'origine de son désir de réinvestir la tradition nationale. Hassan Benaddi explique en effet que « Nous continuons toujours à être ces hommes dont parlait Fanon en ces termes : "Parce qu'ils se rendent compte qu'ils sont en train de se perdre, donc d'être perdus pour le peuple, ces hommes, la rage au cœur et le cerveau fou, s'acharnent à reprendre contact avec la sève la plus ancienne et la plus anté-coloniale de leur peuple"[76] ».

Thématique de la crise, caractère viscéral de la révolte exprimée, vocabulaire du combat…, dans les cas de Frantz Fanon et de *Souffles*, la contestation d'un ordre établi, tant social que symbolique, aboutit à rêver d'une nouvelle ère. D'emblée, le groupe de *Souffles* se présente comme des « commenceurs[77] ». Dès le premier numéro, la revue proclame la fin de l'ordre ancien : « Cette communication à sens unique des œuvres du passé est abolie[78] ». Elle annonce l'avènement d'autre chose sur les ruines de cet ordre : « Quelque chose se prépare en Afrique et dans les autres pays du tiers-monde[79] ». Il y a un ton quasi millénariste dans ce paragraphe : l'indéfinition de ce qui va arriver et son caractère encore inconnu et imprévisible, mais l'espoir du « jour où », dans le futur, la vérité triomphera et anéantira ce contre quoi se bat la revue. Manifester un ordre nouveau implique l'idée d'une table rase nécessaire avant de construire quoi que ce soit. Au cœur de cette démarche, une profonde quête de sens, présentée comme une absolue nécessité, comme un absolu relevant du sacré, qui repose sur « un fond commun de l'espérance et de la révolte, au sein duquel les deux « variables » du mythe et du politique

---

73. A. Laâbi, « Réalités et dilemmes de la culture nationale (II) », art. cité, p. 29-35.
74. *Ibid.*
75. *Ibid.*
76. H. Benaddi, « Francophonie et néo-colonialisme », *Souffles*, n° 18, 1968, p. 23-25.
77. A. Laâbi, « Prologue », *Souffles*, n° 1, 1966, p. 3-6.
78. *Ibid.*
79. *Ibid.*

s'échangent continuellement, interfèrent, voire se recouvrent[80] » et qui dessine un horizon d'espérance. François Laplantine estime que ce schéma est au cœur de la dimension subversive de cette expression de l'imaginaire collectif, puisqu'elle en arrive « à force de questionner sans cesse le réel par le possible, à lézarder la société, à la faire douter d'elle-même et à y introduire des ferments de subversion[81] ». Frantz Fanon décrit la destruction de l'ordre colonial et l'avènement d'une humanité libérée ; *Souffles* ne se propose pas moins, avec l'« édification d'une nouvelle culture nationale[82] », qu'une refonte totale de la société. Dans ces projets et les discours qui les portent, il n'y a aucune place pour la nuance. L'imaginaire collectif, explique François Laplantine, fonctionne en construisant « de véritables images-croyances dont le caractère est d'être évidentes, et indiscutables[83] ». Et l'« image-croyance » par excellence qui s'impose progressivement dans la revue est celle de la révolution. Le mot est omniprésent dans *Souffles*. Investie d'une forte charge de contestation politique et sociale, la révolution ne peut s'y réduire, car elle est la cristallisation même de l'espérance. Et peu importe le contenu politique qui y est mis : les témoins ont rétrospectivement estimé que leur connaissance du marxisme, qui était alors proche du maoïsme, était insuffisante et surtout, que ce qu'il pouvait apporter était insuffisamment réfléchi par rapport aux réalités de la société marocaine d'alors.

C'est ainsi que le mode de la possession devient un mécanisme au cœur du travail d'écriture. Frantz Fanon appliquait aussi ce schéma, vécu comme un mode de résolution du conflit, à la manière d'écrire de l'intellectuel colonisé : « positions passionnelles[84] » et « style heurté, fortement imagé car l'image est le pont-levis qui permet aux énergies inconscientes de s'éparpiller dans les prairies environnantes[85] ». « Ce style, qui a en son temps étonné les Occidentaux, n'est point comme on a bien voulu le dire un caractère racial mais traduit avant tout un corps à corps, révèle la nécessité dans laquelle s'est trouvé cet homme de se faire mal, de saigner réellement de sang rouge, de se libérer d'une partie de son être qui déjà renfermait des germes de pourriture[86] ». C'est ce que Marc Gontard, étudiant la littérature maghrébine de langue française, a appelé « violence du texte[87] ».

---

80. F. Laplantine, *Les trois voix de l'imaginaire…*, *op. cit.*, p. 90.
81. *Ibid.*, p. 31.
82. « Au lecteur », *Souffles*, n° 15, 1969, p. 1-2.
83. F. Laplantine, *Les trois voix de l'imaginaire…*, *op. cit.*, p. 33.
84. *Ibid.*, p. 266.
85. *Ibid.*
86. *Ibid.*
87. M. Gontard, *La violence du texte, la littérature marocaine de langue française*, Paris/Rabat, L'Harmattan/La Société marocaine des éditeurs réunis, 1981.

Le poème *Marasmes*[88] d'Abdellatif Laâbi est tout à fait représentatif de cette démarche, et il n'est pas anodin qu'il soit publié dans le premier numéro de la revue, installant d'emblée, sur le plan phantasmatique, l'ordre nouveau rêvé. Dans son rythme et sa rage, se met en place une transe, modèle par excellence du schéma de la possession. Si la rhétorique du manifeste, avec sa dimension performative destinée à constituer un groupe, est employée, tout au long de l'existence de la revue, par ce groupe avant-gardiste, désireux de mobiliser autour de son projet artistique, intellectuel et politique, ce qui se joue ici, c'est un rapport tout à fait particulier au temps. François Laplantine explique en effet que « le possédé est un homme pressé qui ne veut plus attendre. S'il se réfère au passé, il n'attend rien du futur. Au temps avénementiel, il substitue le temps événementiel et extatique[89] ». Le poème d'Abdellatif Laâbi se construit selon un discours cérémonial qui progresse en intensité par les procédés d'amplification oratoire. Déception, révolte face à un tableau de fin du monde, puis explosion : « le mot tonne / j'en suis la première victime[90] ». Le poète s'effondre, en proie à une grande agitation. Vient ensuite le moment de l'invocation : « Seigneur donnez-nous notre lot d'absurdités quotidiennes / et préservez-nous de notre accablante liberté[91] ». Le poète se débat comme un possédé subissant une séance d'exorcisme. C'est enfin l'apaisement : « je me tais / je rentre ma colère[92] ». C'est donc sur l'aspect exutoire qu'est mis l'accent : il s'agit de la libération en instantané d'une situation de crise.

« **E**ncore un qui a tout dit[93] », ironisait Abdellatif Laâbi à propos de Frantz Fanon. Outre la familiarité que les auteurs de *Souffles* ont avec les idées politiques du psychiatre martiniquais, ils ont en commun une véritable pensée poétique, et, au-delà, un profond accord imaginaire. Il est frappant de voir combien l'évolution même de la revue épouse les développements anticipés par Frantz Fanon. La longue étude d'Abdellatif Laâbi, « Réalités et dilemmes de la culture nationale » est tout à fait significative de la position de *Souffles* par rapport à la réflexion de Frantz Fanon. Pour Abdellatif Laâbi, c'est une œuvre essentielle :

> « L'héritage de l'œuvre fanonienne qui n'avait laissé planer aucune ambiguïté sur les fondements du problème [de la culture nationale] n'aura servi effectivement que d'une

88. *Souffles*, n° 1, 1966.
89. F. Laplantine, *Les trois voix de l'imaginaire…*, *op. cit.*, p. 152.
90. *Souffles*, n° 1, 1966.
91. *Ibid.*
92. *Ibid.*
93. A. Laâbi, « Réalités et dilemmes de la culture nationale (I) », art. cité, p. 4-12.

manière fragmentaire. C'est surtout la partie d'analyse psycho-affective et la partie de contestation de l'ordre colonial qui fut reprise. Les intuitions de Fanon n'ont pas eu de postface, elles n'auront pas eu une continuation normale qui aurait consisté à compléter les schémas fanoniens, à les contester pour certains et surtout à les exhaustiver dans les nouveaux contextes des indépendances et des décolonisations[94] ».

Certes, cette œuvre est à réactualiser en tenant compte du contexte. Mais il est frappant qu'Abdellatif Laâbi la présente surtout comme un moment. Comme finalement cet apogée auquel on parvient par la transe, ce moment de somatisation d'un désir et de sa réalisation en instantané. Le désir d'une libération sur tous les plans, contre le colonialisme et ses nouveaux avatars, contre la dictature, contre toutes les formes de sclérose littéraires, artistiques, intellectuelles et politiques. Le désir d'affirmer son irréductible liberté, son irréductible humanité, et son intarissable créativité ■

Kenza Sefrioui
Chercheuse indépendante

Abstract

« Another thinker who has said it all ! »

The group of *Souffles*, reader of Frantz Fanon's *The Wretched of the Earth*

Frantz Fanon's The Wretched of the Earth *was a kind of bedside book for his generation and was one of the major references of the magazine Souffles, published in Rabat from March 1966 to January 1972. Founded by young poets, this magazine quickly crystallized an artistic, intellectual and political movement which spread across North Africa and beyond, and, growing more and more radical, became the platform of the Moroccan Marxist-Leninist movement. Beyond Fanon's influence as a thinker of decolonization and of the Third World movement, the Souffles group was struck by the powerful style of this book, which glowed with anger and a fervour for redemption. Furthermore, the book addressed their innermost concerns about the formulation of their project, which was so deeply political that it could only be expressed in terms of possession, one of the major modes of expression of the collective imagination of societies that perceive themselves to be in crisis.*

94. *Ibid.*

Simona Taliani

1956 et alentours
Frantz Fanon et le corps-à-corps avec les cultures

En 1956, Fanon met fin à sa mission en Algérie. Sa conscience était devenue le « siège de débats impardonnables » puisque, comme il l'écrivait dans sa lettre de démission, « les bases doctrinales [de la psychiatrie] s'opposaient quotidiennement à une perspective humaine authentique ». Cet article revient sur l'ambivalence de Fanon à propos de la posture ethnopsychiatrique de son temps. Je suggère que ses écrits concernant le rôle des cultures dans l'atmosphère thérapeutique sont tout sauf cohérents, parce qu'ils sont irrémédiablement le fruit d'une époque fascinée par la maladie mentale des peuples colonisés mais également contradictoire, marquée par un foisonnement de théories pseudo-scientifiques et la violence exacerbée de la société coloniale. Son mode de raisonnement dans le domaine de la cure est néanmoins essentiel, parce qu'il nous force à laisser de côté toute tentative de vulgariser les cultures et à repenser la relation entre aliénation et altérité.

« Je dois encore mentionner une expérience marquante et encore toute fraîche, susceptible de faire comprendre l'état d'esprit qui était alors le mien : à cette époque la guerre battait son plein en Algérie. J'avais été rappelé en 1956 comme tous les jeunes gens de ma classe [...]. Je n'évoquerai qu'une seule image qu'il m'est impossible d'oublier. Elle est significative : c'est celle d'un prisonnier berbère qui partagea notre existence dans le djebel pendant quelques semaines. Au lieu d'envoyer le prisonnier au centre des interrogatoires, nous avions réussi à le garder avec nous. Nous aidions cet homme à faire le mort, parce que nous le considérions comme tel. En effet, au cours d'une embuscade nocturne dressée le long d'un oued, tous les hommes de la section avaient tiré sur lui dans un tonnerre de feu, sous la lune. Ce Berbère qui était un paysan, forcé par les fellaghas à leur servir d'éclaireur, s'effondra avec son âne. À notre grande surprise, il n'avait reçu qu'une balle dans le pied. Imprécision des tirs de nuit, coups volontairement déviés, miracle ? Nous eûmes pitié de lui et décidâmes qu'il était « mort ». Il ne parlait pas le français, nous ne parlions pas l'arabe. Nous le regardions : noble, impassible, tête rasée et pied plâtré, couvert de sa djellaba blanche. Il nous rendait notre regard. Cet homme inaccessible qui disparut bientôt, resta tout le temps de son séjour parmi nous à une distance insupportable que je m'engageai intérieurement à franchir. Je fus dorénavant obsédé par le besoin d'une "vraie" rencontre[1] ».

Vertiges

En décembre 1956, l'année même où d'Éric de Rosny arrivait comme fusilier marin à la frontière algéro-marocaine pour maintenir l'ordre colonial français, Frantz Fanon, après avoir mûri l'idée de quitter Blida, envoyait sa lettre de démission au « Ministre-Résident, Gouverneur Général de l'Algérie ». C'est en 1957 qu'il finira par quitter un pays luttant farouchement contre l'emprise française et la décérébration du peuple, pour rétablir « une exigence fondamentale de dignité » : depuis plusieurs mois, sa conscience était devenue « le siège de débats impardonnables[2] ».

Les deux hommes, dont les itinéraires biographiques et intellectuels sont aussi originaux que différents, aussi bien dans leurs choix que dans leur destin, partageaient néanmoins une même obsession, inexorablement nourrie par l'ordre colonial : celle de franchir une distance insupportable, de rencontrer des hommes et des femmes inaccessibles, de donner vie à une vraie rencontre. Or c'est précisément en Algérie que leurs trajectoires se sont croisées, certes brièvement, durant le long processus de libération qui ne devait trouver son point d'arrivée qu'après leur départ à tous les deux, l'un pour la Tunisie, où il allait continuer un combat à la fois politique et médico-psychiatrique, l'autre pour le Cameroun, où devait se faire son initiation décennale au monde de la cure. Comme de Rosny, Fanon croyait fermement en la possibilité d'une rencontre authentique, que ne conditionnerait aucun déterminisme historique, aucune distance culturelle ni aucune violence. Comme lui aussi, il avait une conscience extrêmement aiguë de la force des choses[3].

Or c'est précisément la pensée et la pratique de Fanon autour de la psychiatrie et de l'ethnopsychiatrie de l'époque que je voudrais aborder ici[4] – question

1. É. De Rosny, *Les yeux de ma chèvre*, Paris, Plon, 1996, p. 24-25.
2. F. Fanon, « Lettre au Ministre-Résident » (1956), *in* F. Fanon, *Pour la révolution africaine*, Paris, Maspéro, 1964.
3. F. Fanon, *Peau noire, masques blancs*, Paris, Seuil, 1952, p. 64-65. Voir aussi S. Taliani, « Intuitions délirantes et désirs hypothéqués : penser la migration avec Frantz Fanon », *L'Autre*, vol. 13, n° 3, 2012, p. 285-295.
4. J'ai rédigé ce travail à Paris entre 2015 et 2016, lors d'un séjour au Centre de recherches internationales (CERI) de Sciences Po, financé par une bourse de l'université de Turin. J'aimerais remercier ici Jean-François Bayart, Béatrice Hibou et Jean Leca, les trois personnes qui ont nourri

qui n'a rien de simple, en particulier en France, où le débat sur l'« ethno-psychiatrie post-coloniale » s'est quelque peu tari depuis la publication en 1999 et 2000, dans *Genèses* et *L'Homme*, de deux articles de Didier Fassin[5]. Faute de pouvoir passer en revue l'ensemble des critiques cinglantes adressées par les anthropologues à l'ethnopsychiatrie française, je me limiterai à approfondir ce seul aspect. En effet, quoique certains auteurs aient récemment proposé de voir, dans les expériences thérapeutiques de Frantz Fanon et Jacques Azoulay à Blida, « une forme d'ethnopsychiatrie avant la lettre[6] » et de relire toute l'œuvre de Fanon comme une contribution essentielle à la fondation d'une « ethnopsychiatrie critique[7] », il nous faut repartir du parallélisme qu'établit Fassin entre la pratique médico-psychiatrique de Fanon et l'ethnopsychiatrie de type colonial (à la John Colin Carothers) et postcolonial (à la Tobie Nathan). « Quant à Frantz Fanon », écrit Fassin,

> « il n'échappe pas à ces deux logiques de l'ethnopsychiatrie dans sa description d'une psychologie du colonisé qui renvoie à une culture archétypale en situation coloniale où la violence tribale se mêle à l'archaïsme superstitieux [...]. On a donc bien affaire à une méthode consubstantielle de l'entreprise ethnopsychiatrique : l'articulation du psychique et du culturel passe par une double réduction à une culture essentialisée et à un social pathologisé[8] ».

Il serait toutefois stérile de réduire la réflexion de Fanon sur l'articulation entre le psychique et le culturel à un culturalisme bon marché scientifiquement et coupable politiquement, et ce pour trois raisons au moins. Tout d'abord,

---

ces trois mois d'études et de discussions (pas uniquement fanoniennes). C'est un *lapsus calami* sur la migration algérienne qui a permis de nous rencontrer tous ensemble, et ce n'est certainement pas un hasard. Je remercie également les lecteurs anonymes de la revue pour leurs critiques précieuses et constructives.

5. D. Fassin, « L'ethnopsychiatrie et ses réseaux. L'influence qui grandit », *Genèses*, vol. 35, n° 1, 1999, p. 146-171 ; et D. Fassin, « Les politiques de l'ethnopsychiatrie. La psyché africaine, des colonies africaines aux banlieues parisiennes », *L'Homme*, n° 153, 2000, p. 231-250

6. Cette formule est de Jacques Azoulay lui-même, dans sa thèse de 1954. Voir N. Murard, « Psychiatrie et politique : Frantz Fanon à Blida » [en ligne], Actes du colloque Fanon « Penser aujourd'hui à partir de Frantz Fanon », Centre de sociologie des pratiques et des représentations politiques, Université Paris 7, 2007, <www.csprp.univ-paris-diderot.fr/IMG/pdf/murard.pdf>, consulté le 29 janvier 2016. Murard revient dans un article publié en 2008 sur « le débat impardonnable de Fanon avec sa conscience » vis-à-vis d'une posture ethnopsychiatrique chargée d'une forte ambivalence (dans une lettre à Maurice Despinoy, médecin-directeur de Saint-Alban, Fanon dénonçait la « perspective abrutissante dite ethno-psychiatrique », sauf à s'intéresser à la dimension culturelle de la folie, en conduisant des recherches de terrain notamment avec ses internes). Voir N. Murard, « Psychothérapie institutionnelle à Blida », *Tumultes*, vol. 31, n° 2, 2008, p. 31-45.

7. R. Beneduce, *Etnopsichiatria. Sofferenza mentale e alterità fra Storia, dominio e cultura*, Rome, Carocci, 2007. Voir aussi les références données par C. Razanajao et J. Postel dans « La vie et l'œuvre psychiatrique de Frantz Fanon », *Sud/Nord*, n° 22, 2007, p. 147-174.

8. D. Fassin, « Les politiques de l'ethnopsychiatrie ... », art. cité, p. 245.

cela reviendrait à méconnaître la manière, tout sauf linéaire, dont Fanon aborde ce qu'il appelle, dès *Peau noire, masques blancs*, la « situation culturelle[9] » ; ensuite, à le placer à tort parmi les auteurs ayant fini par culturaliser et pathologiser le politique, et donc à perpétuer le discours sur une masse colonisée amorphe, ce qui trahit totalement le texte de Fanon, où les deux variables que sont la race et la classe ne peuvent rendre compte de l'expérience de la damnation que si on les saisit et comprend non dans leur rapport dichotomique et polarisé, mais conjointement. Enfin, cela revient à renoncer à comprendre ce qu'est la cure – ce qui soigne –, autrement dit à éluder la responsabilité du psychiatre face à un individu souffrant, tâche à laquelle Fanon ne s'est, pour sa part, jamais soustrait, et qu'il n'a de toute évidence jamais prise à la légère.

C'est précisément dans ces trois axes que je situerais la question d'une *rencontre supportable* avec le monde moins accessible de la vie culturelle des opprimés. C'est pourquoi j'aimerais ici insister, contre certaines lectures ayant abouti à simplifier le texte de Fanon pour des raisons tout sauf évidentes, sur les politiques de la culture dans les espaces de la cure. Si certains ont déjà souligné l'importance de sa critique de l'éthique du traitement psychiatrique[10] et ethnopsychiatrique à l'époque coloniale, je me propose ici de reprendre les passages plus strictement « sociologiques » et « ethnographiques » de Fanon, dans lesquels ce dernier s'interroge sur le rapport entre culture et identité nationale, et entre culture et cure, avant de mettre en perspective ses propositions thérapeutiques avec une clinique du réel plus proche de nous.

En effet, l'ethnologie de Fanon est, selon moi, une « ethnologie sans fin[11] », faite d'une série de repositionnements sans cesse nécessaires car liés au cadre colonial et révolutionnaire, ou plutôt entre les deux. Car la déchirante question de la responsabilité, il la vivait exactement comme ses patients eux-mêmes :

> « Autrement dit, nos actes ne cessent jamais de nous poursuivre. Leur arrangement, leur mise en ordre, leur motivation peuvent parfaitement *a posteriori* se trouver profondément modifiés. Ce n'est pas l'un des moindres pièges que nous tend [*sic*] l'Histoire et ses multiples déterminations. Mais pouvons-nous échapper au vertige ? Qui oserait prétendre que le vertige ne hante pas toute existence[12] ? ».

9. F. Fanon, *Peau noire, masques blancs*, *op. cit.*, p. 124.

10. A. Mbembe, « Préface. L'universalité de Frantz Fanon », *in* F. Fanon, *Œuvres*, Paris, La Découverte, 2011.

11. M. Augé, « Qui est l'autre ? Un itinéraire anthropologique », *L'Homme*, vol. 27, n° 103, 1987, p. 23.

12. F. Fanon, *Les damnés de la terre*, *in* F. Fanon, *Œuvres*, *op. cit.*, p. 628.

Je me propose ainsi de montrer que c'est cette *ethnographie sans fin* qui caractérise l'attitude de Fanon lorsqu'il envisage la possibilité d'une rencontre avec des hommes et des femmes inaccessibles, et l'unique éthique de la cure sur laquelle fonder, aujourd'hui, une ethnopsychiatrie qui ne soit plus confisquée (notamment des querelles disciplinaires) ni victime du déterminisme social, politique ou culturel.

Combien de temps faut-il pour qu'un type de discours s'épuise ?

Je me concentrerai tout d'abord sur le discours concernant la vie culturelle des opprimés et la construction de l'autre souffrant comme « autre » dans les espaces de la cure. Pour commencer, je m'appuierai essentiellement sur deux textes de Frantz Fanon publiés en 1959, révélateurs à mon sens de sa position « troublante » à la fois sur l'altérité qui surgit dans la rencontre et sur les choix des individus quand ils essaient (ou sont forcés) de prendre position dans l'Histoire. Mon premier exemple porte non pas sur les itinéraires thérapeutiques des patients mais sur une technique du corps et de l'habillement ; ce n'est que dans un second temps que je reviendrai sur la question de la cure, en m'intéressant plus particulièrement à son efficacité, à son irréductible pluralité et à son extension, que ne devaient restreindre ni l'indépendance, ni les nouvelles politiques sanitaires, ni les technologies biomédicales actuelles.

Commençons donc par la question des techniques vestimentaires, des traditions d'habillement et de parement, et du voile[13]. Dès les premières pages de ce texte extraordinaire sur le « dynamisme historique du voile », Fanon s'en prend aux savoirs des sciences sociales qui éliminent de leurs analyses la dimension politique. Et de dénoncer les « découvertes » d'allure scientifique des sociologues mises au service de l'administration coloniale. La bataille grandiose de libération et d'émancipation des « bêtes de somme » algériennes – pour reprendre l'expression désignant les femmes nord-africaines dans les articles de psychiatrie de l'époque – ne naissait donc pas d'une « intuition fortuite » puisque c'était « à partir de l'analyse des sociologues et ethnologues que les spécialistes des affaires dites indigènes et les responsables des Bureaux arabes coordonn[ai]ent leur travail[14] ».

---

13. F. Fanon, « L'Algérie se dévoile » (chapitre 1), *in* F. Fanon, *L'an* V *de la révolution algérienne*, La Découverte, Paris, 2001, p. 16.

14. Fanon ne nomme pas explicitement les personnes dont il parle. On peut penser que Pierre Bourdieu fait ici partie des sociologues visés par sa critique, lui qui avait publié, juste après *Sociologie de l'Algérie*, un livre rassemblant des clichés pris pendant la guerre aux environs

Fanon se confronte ici à des objets des sciences sociales « résistants », c'est-à-dire peu puissants mais « réticents » : des objets qui s'offrent à l'observation des ethnographes sans se laisser facilement réduire, parce que ce qu'ils disent ou font a « beaucoup de mal à entrer dans le cadre interprétatif du discours du chercheur[15] ». Fanon s'emploie donc à déconstruire un certain type d'enquêtes et d'analyses afin de mettre au jour le dynamisme de la société algérienne, tant du point de vue du genre et de la classe que sur le plan ethnique et national.

Or, les techniques du corps sont, pour Fanon, strictement corrélées à l'action psychologique exercée par les forces d'occupation sur le voile (et donc sur le corps) de la femme algérienne, ainsi qu'aux phénomènes psychologiques de sa « conversion » face à trois processus historiques : la tradition, la colonisation et la révolution. Il n'y a donc chez lui aucune place pour quelque banalisation que ce soit, ni du côté d'un social pathologisé ni d'une culture essentialisée. Ainsi, lorsqu'il parle des femmes, c'est toujours sous la forme d'une expression grammaticalement double (deux substantifs dont le second vient qualifier le premier) : « femmes-épreuves », « femmes-victimes », « femmes-stratégies », « femmes-éclaireurs », « femmes-arsenal » etc. À chaque expression correspond en effet un état social et psychologique précis, soit une réalité algérienne en acte. Derrière la femme-victime se cache une assistante sociale fournissant une technique d'infiltration dans son intimité ; au-dessus des femmes-épreuves, une « hydre colonialiste » à mille têtes, signe de la victoire de l'occupant ; quant à la femme-arsenal, qui se promène dans la rue toute seule, sûre d'elle et sans voile, elle recouvre un nouveau rapport père-fille ou mari-épouse. Enfin, on ne peut être que frappé par sa conclusion sur le *haïk* de combat chez ces femmes soucieuses de redéfinir leur rôle dans la société algérienne : dans l'acte de se voiler (ou de se re-voiler), il faut selon lui « toujours voir l'attitude globale de refus des valeurs de l'occupant, même si objectivement ces valeurs gagneraient à être choisies[16] ». « On peut affirmer d'ores

---

d'Alger, entre 1959 et 1960, mais ne montrant aucune arme (à peine un seul tank), aucun soldat, aucun mort ni même aucun Européen (voir P. Bourdieu, *Images d'Algérie, une affinité élective*, Paris, Actes sud, coll. « Archives privées », 2003). Les attaques de Bourdieu contre Fanon – mais aussi Sartre et Leiris – sont, elles, beaucoup plus directes, puisqu'il voit en eux de dangereux et ridicules irresponsables. Voir M. Burawoy, « Colonialism and Revolution. Fanon Meets Bourdieu », *in* M. Burawoy et K. van Holdt (dir.), *Conversations with Bourdieu. The Johannesburg Moment*, Johannesbourg, Wits University Press, p. 74-90, disponible en ligne sur le site du *Department of Sociology, University of California, Berkeley*, <burawoy.berkeley.edu/Bourdieu/5.Fanon.pdf>, consulté le 10 février 2016.

15. Les expressions sur l'objet « résistant », « puissant », « réticent » sont de Jean Leca. Voir A. Sayad, « Les maux-à-mots de l'immigration. Entretien avec Jean Leca », *Politix*, vol. 3, n° 12, 1990, p. 12.

16. F. Fanon, « L'Algérie se dévoile », *in* F. Fanon, *L'an V de la révolution…*, *op. cit.*, p. 46.

et déjà que dans l'Algérie indépendante, de telles questions ne seront pas soulevées[17] » à l'égard du voile.

Dans la perspective qui est la mienne ici, l'exemple du voile permet donc d'illustrer le corps-à-corps de Fanon avec la culture, ou plus exactement avec les cultures, entendues au sens de réalités en acte, saisies au moment de leur révolution. Ce sont donc des existences réactionnelles que décrit Fanon, lesquelles n'ont manifestement pas disparu avec l'accession à l'indépendance. Que cela soit lié à la révolution manquée et à « l'indépendance confisquée[18] » – ce qui pourrait à certains égards expliquer la résurgence de formes politiques et sociales dont on attendrait qu'elles visent à faire disparaître ou reculer des méthodes de lutte dépassées – ne diminue pas pour autant la portée de la position de Fanon sur la décolonisation alors en cours, quand il parle de valeurs (sous-entendu celles de l'occupant) qui « gagneraient à être choisies ».

Au bout du compte, ce que Fanon tente d'exprimer, c'est le rapport du damné à un certain type de colonialisme, donc à un certain modernisme lié à une opposition dichotomique et binaire entre le temps de la tradition et celui de l'émancipation vers un monde moderne post-révolutionnaire. C'est donc le recours, pour agir, à des catégories dites traditionnelles qui est ici en jeu. Après Fanon, d'autres auteurs se sont emparés de la question. Ainsi, en 1967, Jeanne Favret-Saada a pu parler, en s'appuyant sur l'exemple de deux révoltes paysannes survenues juste après l'indépendance de l'Algérie, de « traditionnalisme par excès de modernité » pour désigner un certain usage des institutions traditionnelles, détournées de leur fin originelle afin d'être transformées en moyen d'« atteindre la modernisation » et en stratégie de lutte pour la modernisation. Le thème a été maintes fois repris depuis, y compris à propos des révoltes plus récentes[19]. Renversant la question, Alain Mahé se demande, par exemple, à propos des assemblées en Kabylie, si le retour à des formes de contrôle social et familial telles que la répartition des dépenses de mariage ne recèlerait pas un « modernisme par excès de tradition ». Yazid Ben Hounet interprète quant à lui les printemps berbères et les mouvements de 2001 à la lumière de la question tribale dans l'Algérie indépendante. Nadir Boumaza se demande enfin, toujours à propos du cas

17. *Ibid.*, p. 30.

18. F. Abbas, *L'indépendance confisquée*, Paris, Flammarion, 1984.

19. Voir J. Favret, « Le traditionalisme par excès de modernité », *Archives européennes de sociologie*, vol. 8, n° 1, 1967, p. 71-93 ; A. Mahé, « Les assemblées villageoises dans la Kabylie contemporaine : traditionalisme par excès de modernité ou modernisme par excès de tradition ? », *Études rurales*, vol. 155-156, 2000, p. 179-211 ; Y. Ben Hounet, « Gérer la tribu ? Le traitement du fait tribal dans l'Algérie indépendante (1962-1989) », *Cahiers d'Études africaines*, vol. 191, n° 3, 2008, p. 487-512 ; N. Boumaza, « Du changement, de sa nécessité et du cas de l'Algérie. Comment rentrer chez soi ? », *Insanyat*, vol. 57-58, 2012, p. 11-26.

particulier de l'Algérie, comment « rentrer chez soi » quand on vit dans une société où le rapport à l'« autre » est toujours inégalitaire mais où l'individu découvre, jour après jour, des sources de la puissance de l'autre.

Ce retour perpétuel de certaines questions s'explique par une mystérieuse inertie, irréductible à une simple régression vers l'archaïque et l'inactuel – si ce n'est dans les rhétoriques occidentales qui continuent de relayer un discours sur le progrès et l'émancipation dans leurs dispositifs de domination militaire, voire humanitaire[20] – mais traduisant plutôt un mouvement d'invention d'une modernité « contre le modèle occidental » et peut-être autre chose encore, qui échappe aux analyses toutes faites. Par exemple, selon Fariba Adelkhah, dont les recherches menées à Téhéran portent sur l'usage du voile à l'époque de la révolution et de la victoire de la République islamique, le hijab constituait sans aucun doute « le symbole du refus d'une modernité importée et imposée », soit un « traditionalisme de résistance », pour reprendre une expression de Georges Balandier désignant une forme de manipulation de la tradition associée à une volonté de dissidence. Et pourtant, précise-t-elle à la suite de Jean-François Bayart, « les modes populaires d'action politique ne consistent pas forcément en des pratiques de résistance ou de contestation[21] ». Pour marginaux que soient leurs modes d'action, les existences réactionnelles ne se contentent pas de résister ou de contester, mais s'efforcent de construire une « modernité », certes, non exempte de contradictions, mais où vivre comme on l'entend ou, du moins, à contre-courant.

Entre deux rafales : la « culture en surimpression » et le monde moins accessible des opprimés

Venons-en à présent au second ouvrage de Fanon où apparaît une sorte de friction entre son positionnement culturel en tant que médecin et celui des opprimés – opprimés *et* malades en l'occurrence, en quête d'un traitement efficace pour se libérer de leur mal[22]. Dans le chapitre « Médecine et

20. La campagne publicitaire d'Amnesty International de 2014 représente deux femmes afghanes voilées tenant par la main une petite fille non voilée (« *Nato. Keep the Progress Going* », « Nato. N'arrête pas le progrès ! »). Voir N. Perugini et N. Gordon, *The Human Right to Dominate*, Oxford, Oxford University Press, 2015.

21. F. Adelkhah, *La révolution sous le voile. Femmes islamiques d'Iran*, Karthala, Paris, 1991, p. 15-16.

22. L'expression « entre deux rafales », qui donne son titre à ce paragraphe, est empruntée à Ernesto de Martino lorsqu'il écrit : « Nous ne nous résignerons pas à enregistrer uniquement les rafales de vent qui soulèvent les lambeaux du royaume de la misère, mais tenterons aussi de savoir ce qui se passe dans l'intervalle *entre une rafale et l'autre* ». Voir E. De Martino, *L'opera a cui lavoro. Apparato critico e documentario alla "Spedizione etnologica" in Lucania*, Lecce, Argo, 1996, p. 41 (c'est moi qui souligne).

colonialisme» de *L'an V de la révolution algérienne,* Fanon revient en effet sur la nécessité d'abandonner un certain nombre de formes de la tradition au profit de techniques de l'occupant, avant de conclure sur l'idée que «la sorcellerie, le maraboutisme [...] la croyance dans le *djinn,* toutes ces choses qui semblaient faire partie de la physiologie même de l'Algérien, sont bousculées par l'action et la pratique révolutionnaires[23]». Mais commençons par le début et procédons progressivement, comme lui-même nous invite à le faire:

> «Il faut, patiemment mais lucidement, analyser chacune des réactions du colonisé et chaque fois que l'on ne comprend pas, il faut se dire qu'on est au cœur d'un drame, celui de la rencontre impossible dans toute situation coloniale. On a, pendant quelque temps, prétendu que la réticence de l'autochtone à se confier au médecin européen trouvait sa raison dans l'attachement de l'indigène à ses techniques médicales traditionnelles ou dans sa fixation aux sorciers ou aux guérisseurs de son groupe. Il est évident qu'une telle réalité psychologique existe».

Fanon comprend, année après année, que «la constellation coloniale est telle que ce qui devrait être brutalité fraternelle et tendre de celui qui ne veut que mon bien [le médecin], est interprété comme une manifestation de la morgue et de la volonté d'humiliation du conquérant[24]». Aussi toute décision médicale – pose de compresse, injection etc. – s'accompagnait-elle d'une visite à un saint (c'est l'exemple qu'il donne), ce qui n'avait rien d'étonnant vu la nature du monde colonial, «complexe et étagé de façon extrêmement diverse» entre univers exclusifs les uns des autres, interactions contradictoires de techniques différentes et confrontation véhémente de valeurs.

La culture, chez Fanon, prend donc une forme nécessairement dynamique, car ancrée dans la situation coloniale, tandis que la cure se réalise forcément sous ce qu'il appelle un «double pouvoir», et toujours selon un double registre. Mais ce n'est pas tout car, dit-il, pour comprendre pleinement le changement à l'œuvre au cours de la lutte de libération, il faut entrer dans le «labyrinthe infernal» et tragique «des relations générales de la société algérienne avec le problème de la lutte contre la maladie, conçue en tant que secteur de la présence française[25]».

> «La domination coloniale dénature jusqu'aux relations qu'entretient le colonisé avec sa propre culture. Dans un grand nombre de cas, la pratique de la tradition est une pratique troublée, le colonisé ne pouvant rejeter complètement les découvertes modernes et l'arsenal

23. F. Fanon, «Médecine et colonialisme», *in L'an V de la révolution..., op. cit.*, p. 133-134.
24. *Ibid.*, p. 111-112.
25. *Ibid.*, p. 113.

de lutte contre les maladies que représentent les hôpitaux, les ambulances, les infirmières [...]. Les méthodes traditionnelles de traitement sont appliquées *en surimpression* à la technique médical moderne[26] ».

Dès son article « Racisme et culture », il avait clairement affirmé que les revalorisations d'une culture encapsulée, végétative, étaient à ses yeux « indéfendables », quoique nécessaires parce que révélatrices d'une « importance subjective incomparable », « condition et source de liberté ». À ses yeux, c'était le corps-à-corps de l'indigène avec sa culture qui était chaque fois en jeu, de même que le corps-à-corps de sa propre personne avec « une opération trop solennelle, trop abrupte, pour tolérer une quelconque faillite[27] ».

Pour Fanon, le monde colonial est donc le monde où la question de la différence culturelle se pose sur le mode de l'humiliation. Aucun retour possible à une innocence originaire, ni pour les uns ni pour les autres. Pas non plus de tension entre les deux situations, coloniale et culturelle, mais plutôt une alliance complice. Numa Murard conclut à ce propos que « les youyous dans l'hôpital n'ont pas besoin d'interprétation. Ils résonnent comme un défi à la structure coloniale[28] ». En ce sens, on pourrait voir dans les *juju* ou les *djinns* un rapport à la modernité placé moins sous le signe de la dissidence – laquelle prélude à la séparation des mondes où l'on vit et à des existences réactionnelles, comme nous l'avons vu plus haut à propos du voile –, que sous celui du défi, autrement dit caractérisé par la volonté non pas seulement de réagir à, mais de provoquer une réaction de la part d'autrui. Or dans quel sens les croyances pourraient-elles provoquer la structure coloniale ?

Matthieu Renault reprend le fameux passage de Fanon sur le fatalisme, qui fait écho à d'autres textes publiés à la même époque sur les liens des subalternes au monde magico-religieux (notamment par Ernesto de Martino en Italie), mais aussi aux deux mythes de l'époque coloniale sur le fatalisme musulman et la médecine européenne comme venant à l'aide des pauvres gens[29]. « Le colonisé réussit également, par l'intermédiaire de la religion, à ne pas tenir compte du colon. Par le fatalisme, toute initiative est enlevée à l'oppresseur, la cause des maux, de la misère, du destin revenant à Dieu[30] ». Or, bien qu'il soit impossible de superposer les différents registres du

26. F. Fanon, *L'an V de la révolution…*, *op. cit.*, p. 118 (c'est moi qui souligne).
27. F. Fanon, « Racisme et culture », *Présence africaine*, vol. 3, n° VII-IX-X, 1956, p. 130.
28. N. Murard, « Psychothérapie institutionnelle à Blida », art. cité, p. 45.
29. N. Gallagher, *Medicine and Power in Tunisia, 1780-1900*, Cambridge, Cambridge University Press, 1983.
30. M. Renault, « Damnation. Des usages de la religion chez Frantz Fanon » [en ligne], *ThéoRèmes*, n° 4, 2013, <theoremes.revues.org/445>, consulté le 7 février 2016.

religieux – et qu'apparaisse chez Fanon la distinction entre l'islam humilié, le christianisme victorieux et un paganisme transversal et omniprésent dans la vie des colonisés – le fatalisme (païen, chrétien ou musulman) qui s'exprime par la bouche du subalterne et de l'opprimé traduit à ses yeux un certain rapport au temps, en particulier à l'avenir, ainsi qu'aux dominants eux-mêmes, dépossédés de ce fait d'une partie du pouvoir qu'ils exerçaient sur lui dans la colonie. Parallèlement, on peut suggérer que la présence d'esprits dans les chambres d'un service de psychiatrie est aujourd'hui encore une gageure pour le savoir médical et les structures d'accueil et d'urgence. Sorcellerie, maraboutisme, *djinns*, ne sont au fond qu'un défi lancé au psychiatre. La volonté des esprits (aujourd'hui largement confondue avec celle de Dieu, mais dont la différence avec elle doit pourtant être soulignée) travaille en effet par soustraction, affaiblissant les dispositifs d'internement et de cure aux urgences ou à l'hôpital. Autant d'instances qui continuent à interpeller les soignants et requièrent de leur part une « réaction ».

La réaction du psychiatre

Jamais Fanon ne vacillera face à la psychiatrie et à l'ethnopsychiatrie coloniales et à leur manière de pathologiser la « volonté » des opprimés. John Colin Carothers fait notamment l'objet de critiques explicitement formulées dans deux articles, « Considérations ethnopsychiatriques » et « Racisme et culture[31] », où Fanon dénonce le fait que les psychiatres européens exerçant en Afrique traitaient les colonisés comme de vulgaires « hommes-objets, sans moyens d'exister, sans raison d'être[32] », comparables tout au plus à des Européens lobotomisés. Les « arguments scientifiques » en faveur de cette lobotomie physiologique du Noir d'Afrique concordaient parfaitement, selon Fanon, avec les hypothèses de l'École d'Alger sur le Nord Africain. Carothers se félicitait du reste de cette « unité de l'Africain » (d'Afrique noire et du Nord) et de l'alliance inattendue entre des auteurs qui ignoraient tout ou presque de leurs travaux respectifs. « La similitude essentielle de ces travaux est donc tout à fait remarquable[33] », conclut-il. C'est d'ailleurs sur cette

31. F. Fanon, « Racisme et culture », art. cité ; F. Fanon, « Considérations ethno-psychiatriques », *Consciences maghrébines*, n° 5, 1955, p. 1-2. En Italie, le premier article a été publié en 1971 (voir F. Fanon, *Opere scelte* [2 tomes], sous la direction de G. Pirelli, Turin, Einaudi, 1971), et le second, quarante ans plus tard, grâce aux recherches de Roberto Beneduce et au précieux travail de Martine Jouneau (voir F. Fanon, *Decolonizzare la follia*, Vérone, Ombre Corte, 2011).
32. F. Fanon, « Racisme et culture », art. cité, p. 125.
33. J. C. Carothers, *Psychologie normale et pathologique de l'Africain. Étude ethno-psychiatriques*, série de monographies, n° 17, Organisation mondiale de la santé, Genève, 1954, p. 133 et suivantes.

citation directement extraite de la fin du chapitre neuf de la *Psychologie normale et pathologique de l'Africain*[34] que s'achèvent ses « Considérations ethnopsychiatriques ».

Or, à parcourir la littérature de l'époque[35], on constate indéniablement une « fascination » pour la maladie mentale dans les colonies, de même qu'une continuité (de vocabulaire et d'« arguments scientifiques ») entre un certain type de psychiatrie et l'ethnopsychiatrie qui se développait alors en parallèle, de sorte que « la psychiatrie coloniale est d'emblée une ethnopsychiatrie[36] ». À la faveur de ce savoir sur les musulmanes, pour ne pas dire les Africaines tout court, allait s'enclencher un processus de pathologisation de la culture et, par la même occasion, de la psyché de l'Autre, basé sur des descriptions pseudo-scientifiques sur lesquelles on ne s'étendra pas[37]. Mais le lien entre les discours psychiatrique et ethnopsychiatrique est complexe, y compris dans l'École d'Alger, du moins si l'on en croit Richard Keller dans « Madness and Colonization[38] ». Ce dernier y « sauve » le travail de Suzanne Taïeb, laquelle, dans sa thèse de 1939, s'était appuyée sur trente cas cliniques pour expliquer les échecs des *tolbas* à l'origine des hospitalisations à Blida, en s'efforçant de prendre en compte les superstitions, cause du mal-être des femmes algériennes internées[39].

34. Les réactions à Carothers cependant ne se firent pas attendre. Voir M. Herskovits, « Review of The African Mind », *Man*, n° 25-26, 1954, p. 30 ; L. E. Margetts, « African Ethnopsychiatry in the Field », *The Canadian Psychiatric Association Journal*, vol. 13, n° 6, 1968, p. 521-538.

35. John Colin Carothers écrivait que les Africains étaient atteints d'une « paresse frontale » et de « psychoses avec primitivisme ». Fanon – on comprend pourquoi – entendait dans la lecture de Carothers l'écho de bien d'autres lectures qui lui étaient plus familières encore dans le contexte nord-africain : Antoine Porot avait, dès 1918, utilisé l'expression d'« hystérie sauvage » et, avant lui, en 1908 le psychiatre Maurice Boigey avait soutenu l'*état anormal du psychisme normal de l'indigène* (en écrivant : « Mahomet a implanté dans le cerveau des Croyants un véritable état névropathique »). Voir M. Boigey, « Étude psychologique sur l'Islam », *Annales médico-psychologiques*, n °8, 1908, p. 5-14.

36. N. Murard, « Psychothérapie institutionnelle à Blida », art. cité, p. 39. Un exemple suffira à titre d'illustration : N. Dembovitz considérait les symptômes des soldats d'Afrique de l'Ouest combattant aux côtés des troupes françaises comme une sorte de pseudo-amok. Voir J. C. Carothers, *Psychologie normale…*, *op. cit.* Le terme d'amok désigne un état psycho-pathologique crépusculaire, déjà décrit par Georges Devereux et Ernesto de Martino, caractérisé par une soudaine folie homicide et aujourd'hui classé parmi les syndromes culturels typiques du Sud-est de l'Asie. Voir E. de Martino, *Le Monde magique*, Verviers, Marabout, 1971 ; G. Devereux, *Essais d'ethnopsychiatrie générale*, Paris, Gallimard, 1970 ; et, plus récemment, R. C. Simons et C. C. Hughes, *The Culture-Bound Syndrome. Folk Illness of Psychiatriy and Anthropological Interest*, Dordrecht, D. Reidel Publishing Company, 1985.

37. Nina Salouâ Studer a parlé à ce propos de « *Gendered Procesesses of Pathologisation* ». Voir N. S. Studer, *The Hidden Patients : North African Women in French Colonial Psychiatry*, Cologne, Böhlau Verlag GmbH & Cie, 2016.

38. R. Keller, « Madness and Colonization, Psychiatry in the British and French Empires, 1800-1962 », *Journal of Social History*, vol. 35, n° 2, 2001, p. 295-326.

39. S. Taïeb, *Les idées d'influence dans la pathologie mentale de l'indigène nord africain. Le rôle des superstitions*, Alger, Université d'Alger, 1939.

Comme psychiatre, et ce tant qu'il exerça en Algérie et en Tunisie, Frantz Fanon ne pouvait pas ne pas s'interroger devant ces malades qui se rendaient systématiquement sur la tombe d'un saint après chaque piqûre à l'hôpital. D'où aussi sa volonté d'explorer ces autres univers thérapeutiques. Le fait même qu'il ait recouru à des infirmiers-traducteurs quand il travaillait à l'hôpital psychiatrique de Blida, afin de pouvoir parler et de permettre aux patients algériens musulmans de parler arabe, est le témoignage le plus éloquent de ses hypothèses théoriques sur une rencontre possible et un monde psychique accessible à certaines conditions. La langue devient pour Fanon le lieu par excellence où se révèle le contexte politique qui permet (ou empêche) la rencontre. Or, parler arabe ou kabyle dans l'Algérie coloniale, c'est mettre en scène un puissant dispositif mnémonique de lutte et de contestation, effectif aussi bien pour le patient que pour le médecin. En même temps, ces traductions quotidiennes du kabyle à l'arabe et de l'arabe au français ne pouvaient que reproduire les hiérarchies sociales légitimées par le régime, de sorte que les différents types de relations coloniales (intimes et publiques, externes et internes) se matérialisaient au sein de l'espace de la cure.

Par ailleurs, il savait parfaitement que Blida n'était qu'un hôpital de « troisième ligne[40] », où échouaient uniquement les malades que les médecins de l'hôpital Mustapha d'Alger ou les marabouts et guérisseurs de village n'avaient pas réussi à soigner. Les 220 musulmans hospitalisés là-bas arrivaient toujours trop « tard[41] » et toujours « après » d'autres types de soins, d'autres diagnostics et interprétations du mal. Au fond, Blida se retrouvait tout au bout d'une chaîne de cure, bien avant l'arrivée de Fanon – et encore longtemps après son départ. Les thérapeutes, y compris traditionnels, se contentaient donc d'examiner et de tenter de soigner des malades déjà examinés et soignés par d'autres. En outre, les malades souffraient simultanément de « maladies différentes » – j'y reviendrai.

La réaction de Fanon aux références dites « traditionnelles » des malades change inexorablement au cours de ces années-là, évolution inévitable car plus la guerre de libération nationale se rapprochait du cœur de la lutte, plus la réaction française se faisait scandaleusement violente, plus impérieuse devenait pour Fanon la responsabilité de tout acte de cure : *a posteriori*, pour reprendre son expression, il eut l'impression que s'attarder à discuter

40. N. Murard, « Psychothérapie institutionnelle à Blida », art. cité, p. 42.

41. « Pendant des dizaines d'années, malgré les exhortations du médecin, l'Algérien fuit l'hospitalisation. [...] C'est toujours à la dernière minute, quand il n'y a presque plus d'espoir que l'accord est donné. Même alors, l'homme qui prend la décision, la prend contre le groupe ; et comme le cas est désespéré, comme la décision a été trop retardée, la mort survient la plupart du temps ». Voir F. Fanon, « Médicine et colonialisme », *in L'an V de la révolution…*, *op. cit.*, p. 358.

avec eux des rites de possession et de dépossession favorisait de nouveaux rapports de dépendance psychique (des paysans avec leurs Legba et leurs djinns) ; *a posteriori*, il lui sembla que la « volonté d'histoire » des opprimés attachés à leurs habitudes culturelles, thérapeutiques et spirituelles n'en était que plus mortifère. Et il est en ce sens significatif que les endroits où il exerce comme médecin changent peu à peu : centres hospitaliers, campement aux frontières tunisiennes et marocaines, visites privées ou dans les formations sanitaires de l'Armée de libération nationale, autant de lieux tout sauf interchangeables ou neutres. L'atmosphère thérapeutique est affectée différemment par le sentiment d'insécurité permanente et de mort incomplète, proche et contagieuse, lorsqu'on aborde une certaine profondeur de l'abandon et du désespoir.

Entre le Fanon de 1961 et les écrits publiés avant (avec Jacques Azoulay et François Sanchez[42]), le contraste est tel que l'on risque par inadvertance de passer à côté de la complexité de ses changements de registres et de position. C'est en effet cette période passée à Blida, à coup sûr essentielle pour la formation de sa conscience politique, qui le poussera, dans *Les damnés de la terre*, à aiguiser encore sa critique des génies malfaisants, figures imaginaires inutiles à la révolution : « les vieilles superstitions commencent à s'écrouler[43] », écrivait-il en toute confiance en 1959, avant, dès 1961, d'adopter un style plus incisif contre ce monde cauchemardesque.

Mais si toutes ces croyances sont encore vivantes et vigoureuses aujourd'hui, à quoi ont-elles bien pu être utiles, puisqu'elles n'ont nullement servi l'action révolutionnaire ?

Pour une ethnopsychiatrie à contrecœur

Dans cette dernière partie, j'aimerais m'écarter de l'œuvre de Fanon, et ce pour deux raisons. D'une part, plus que des descriptions fidèles d'une clinique ethno-psychiatrie avant la lettre, ce dernier nous a surtout laissé des indications pratiques sur un dispositif prometteur (le recours à l'arabe et au kabyle dans la description de la souffrance, la mise en place de lieux de socialisation et l'élaboration de techniques du soi familières au patient, etc.). Or cette esquisse de pratique ethnopsychiatrique ne se concrétise dans aucun récit

42. Voir F. Fanon et J. Azoulay, « La socialthéraphie dans un service d'hommes musulmans : difficultés méthodologiques », *L'Information psychiatrique*, vol. 30, n° 9, 1954, p. 349-361 ; et F. Fanon et F. Sanchez, « Attitude du musulman maghrébin devant la folie », *Revue pratique de psychologie de la vie sociale et d'hygiène mentale*, n °1, 1956, p. 24-27.
43. F. Fanon, *L'an V de la révolution…*, *op. cit.*, p. 133-134.

de vie. Autrement dit, ce qui manque, ce sont des cas cliniques. Le dernier chapitre des *Damnés de la terre* en contient, et en contient même beaucoup, et de très intéressants, mais toute trace culturelle est gommée. L'on comprend donc qu'à ce moment-là, cela ne l'intéresse pas, ou plus. Le renversement est désormais achevé, et sa position vis-à-vis des patients prend une autre direction. D'autre part, j'aimerais, en m'éloignant de ses écrits, tenter d'instaurer un dialogue avec des cliniques du réel plus actuelles et proches de nous, comme celles qui concernent les immigrés et les réfugiés.

Je partirai de l'analyse critique d'une étude qui, selon moi, pose mal la question de la différence culturelle dans l'espace de la cure. Dans un article de 1998, Ursula Streit, Jean Leblanc et Abdelwahed Mekki-Barrada relatent la prise en charge d'une femme de 46 ans immigrée au Canada en 1993, qu'ils décrivent en ces termes : « B. était une Marocaine moderne, au sens où elle connaissait bien les idées occidentales », tout en ayant néanmoins *(however)* une vaste connaissance des « aspects traditionnels de la culture marocaine, surtout pour tout ce qui concernait la santé, la maladie et la malchance » ; elle faisait preuve en outre *(furthermore)* d'une fervente spiritualité. Sans reprendre en détail tous les aspects de la mémoire familiale, de l'histoire migratoire et tous les symptômes de cette patiente, et sans reprendre les innombrables travaux d'anthropologues de premier plan cités dans l'article (notamment les recherches menées par Vincent Crapanzano entre 1967 et 1968[44]), ce que j'aimerais souligner, c'est la façon dont certains traits sont ici hypertrophiés, et d'autres sur-interprétés – ce que traduit la succession de deux adverbes pour le moins significatifs – sans que jamais soit effleuré ce qui est vraiment en jeu dans la vie de cette femme souffrante, qui semble préférer la dépression à la sorcellerie : son travail incessant de réinterprétation de la réalité reste ainsi totalement dans l'ombre. En indiquant que cette femme a voulu fuir et se soustraire aux effets nocifs de la sorcellerie – catégorie nosographique et étiologique qui chez eux comprend, en vrac et sans distinction, la possession de *jnun*, le recours à des formules magiques, à des potions empoisonnées, malédictions et autres sortilèges – ils ne semblent pas saisir combien le prix payé par cette femme pour cette migration est élevé. Tout cela aboutit au bout du compte à proposer une identification commode, en l'occurrence une dépression majeure, qui est tout sauf une forme originale d'exister[45]. L'« identité biculturelle » de la patiente – « être un Marocain moderne n'exclut pas, par conséquent *(therefore)*, la possibilité d'être profondément ancré dans la

44. V. Crapanzano, *Les Hamadcha. Une étude d'ethnopsychiatrie marocaine*, Paris, Institut d'édition Sanofi-Synthélabo, 2000.
45. F. Fanon, « Racisme et culture », art. cité, p. 127.

tradition» – est décrite dans les termes d'un véritable défi pour les médecins traitants: «Son apparente identité occidentale, rendue manifeste par la maîtrise courante du français, par son style vestimentaire et par l'identité professionnelle qui était la sienne avant même d'émigrer, faisait qu'il était difficile de mesurer l'importance de son identité marocaine traditionnelle pour tout ce qui touchait la santé et la maladie[46]». Or, même sans passer par des diagnostics primitivisants, on retrouve encore et toujours un classement binaire et dichotomique, de même qu'une nosographie typique du modèle dominant (celui de la santé mentale globale). Quoique cruciales, les questions continuent donc d'être mal posées utilisant l'expression molle d'hybridité ou de biculturalisme – partant, on reste condamné à manquer l'essentiel[47].

Stefania Pandolfo propose une autre approche et un autre mode d'interprétation: chez Reda, un jeune Marocain interné à l'hôpital psychiatrique Arrazi de Salé qu'elle évoque dans un article publié en 2008, se multiplient, sans solution de continuité, les modes ontologiques de la maladie et du mal (ce que je qualifiais plus faut de «maladies différentes»). La mère du jeune homme utilise ainsi l'expression *the Knout of the Soul* pour désigner aussi bien le lien sorcellaire *(ma'aqqad)* que le traumatisme *(sadama)* résultant des violences conjugales dont elle était victime chez elle, et dont son fils avait été le témoin impuissant des années durant. Dans la topographie de l'invivable établie par Pandolfo, Reda souffre donc de plusieurs maladies et met sur le même plan *djinns*, attaques de sorcellerie, empoisonnements au couscous, apparitions démoniaques, chômage, mais aussi ses études de mathématiques et ses lectures de Miguel de Cervantes: un véritable défi ontologique – dans *Tuhami*, Crapanzano avait déjà parlé de «suppositions ontologiques implicites du langage[48]» – où, faute de «néanmoins» ou d'«en outre», on n'a affaire qu'à une *imbrication temporelle* trop vite réduite au «même» par le psychiatre et son diagnostic de trouble obsessionnel-compulsif. Chez Reda, on assiste donc à une énième rencontre manquée, comme si le médecin traitant ne savait

46. U. Streit, J. Leblanc et A. Mekki-Barrada, «A Moroccan Woman Suffering from Depression: Migration as an Attempt to Escape Sorcellerie», *Culture, Medicine and Psychiatry*, n° 22, 1998, p. 445-463.

47. Or, si l'attitude des psychiatres peut parfaitement continuer de se conformer – tant dans le processus thérapeutique que dans la description des cas cliniques – à certaines vulgarisations de la culture, le récent débat entre Eduardo Viveiros de Castro et David Graeber sur la «réalité» du pouvoir magique chez les Merina révèle toute l'ambivalence et les déchirements internes de l'anthropologie, dans sa rencontre avec certaines formes originales d'exister. Voir E. Viveiros de Castro, «Who is Afraid of the Ontological Wolf? Some Comments on an Ongoing Anthropological Debate», *Cusas*, 30 mai 2014; D. Graeber, «Radical Alterity is Just Another Way of Saying Reality», *Hau*, vol. 5, n° 2, p. 1-41.

48. V. Crapanzano, *Tuhami. Portrait of a Moroccan*, Chicago/Londres, University of Chicago Press, 1980, p. 22.

répondre aux « provocations » d'un jeune patient inventant des histoires de *djinns* que par soustraction, effacement, refoulement. Le diagnostic médico-psychiatrique n'est alors qu'une relation aliénée au sujet souffrant, soit un dispositif de réaffirmation de la distance et des frontières bien définies, ce à quoi Fanon se serait, selon moi, opposé farouchement. Il semble que les psychiatres – autochtones ou étrangers[49] – ne savent « réagir » qu'en niant toute réalité à la vie culturelle (laquelle est toujours déjà une vie psychique) du patient qui, dans ces conditions, en devient impénétrable. Pour Pandolfo, c'est là qu'apparaissent le risque et la violence de tout processus de traduction, « quand la traduction ne manifeste plus le caractère étranger de la langue, mais se transforme en dispositif d'appropriation et de réduction du même[50] ».

Pour autant, le sujet ne se laisse pas totalement désenchanter. Deux brefs exemples cliniques tirés de mon expérience de recherche devraient permettre de mettre en résonance les expériences d'autres immigrés et réfugiés avec celles de ceux qui, restés « chez eux », rêvent comme Reda d'émigrer.

> Anas, un jeune homme d'origine marocaine, est suivi au Centre de santé mentale d'un service d'urgences de la région de Turin. Arrivé en Italie à l'âge de 12 ans pour rejoindre son père *via* le regroupement familial, il travaille comme saisonnier dans la campagne du Piémont depuis ses 18 ans. Son dernier emploi consistait en la récolte et l'emballage de pommes et de kiwi dans la région de Cuneo, puis il n'a plus trouvé de travail. C'est alors qu'il a commencé à avoir ce qu'il appelle des « visions », convaincu, d'un côté, d'être possédé par 'A'isha Qandisha, une *Jinniyya* ou, comme il l'appelait parfois, un « démon » au corps de femme et aux pieds de chameau, capable de se métamorphoser en serpent, et de l'autre d'entendre des voix, en l'occurrence celle du rat Splinter, l'un des personnages des *Tortues Ninja*, dessin animé japonais très populaire auprès des enfants et adolescents jusqu'au début des années 1990. Ces histoires d'enfance et de cauchemar avaient fini par se cristalliser en de profondes angoisses qui remettaient en cause la limite entre ce qui était réel ou non et donnaient forme à une souffrance psychique bien présente, puisque faisant le lien entre le monde magico-religieux des *djinns* et le monde technologique de la télévision et des dessins animés. En attendant, le jeune homme, au chômage depuis deux ans, attend un avenir qui ne vient pas et continue d'entendre le rat lui murmurer qu'il sait « qui a mis le feu au moulin », référence à un incendie survenu le 16 juillet 2007 à Fossano, ayant provoqué la mort de cinq ouvriers et le licenciement de tous les autres suite à la faillite de l'entreprise.

49. Je pense ici au paragraphe « Le colonisé et le médecin autochtone » où Fanon écrivait : « Le médecin autochtone se sent psychologiquement obligé d'indiquer fermement sa nouvelle appartenance à un univers rationnel. D'où l'allure heurtée avec laquelle il se départage des pratiques magiques de son peuple ». Voir F. Fanon, « Médicine et colonialisme », *in L'an V de la révolution…*, *op. cit.*, p. 365.

50. S. Pandolfo, « The Knot of the Soul : Postcolonial Conundrums, Madness, and the Imagination », *in* M.-J. Del Vecchio Good, S. T. Hyde, S. Pinto et B. J. Good (dir.), *Postcolonial Disorders*, Berkeley/Los Angeles, University of California Press, 2008, p. 345.

Boubacar, un jeune Malien, vit depuis quatre ans en Italie, où il a obtenu une carte de séjour pour motif humanitaire et bénéficié de différents traitements suite à une grave blessure sur le côté droit du crâne. Quelques jours après son arrivée à Lampedusa, Boubacar a commencé à sentir ses membres se raidir, comme s'il n'arrivait plus à les commander (il sera hospitalisé pendant deux semaines en état catatonique). Il a toujours avec lui, dans son sac à dos, son dossier médical et achève toutes ses phrases par un « si Dieu le veut ». Il souffre depuis quatre ans de très forts maux de tête et de saignements de nez abondants depuis quelques mois.
Il est persuadé que, parce qu'il est Noir, les médecins ne lui ont pas délivré tous les certificats dont il a besoin, ce qui ne l'empêche pas de prendre toutes les pilules qu'ils lui ont prescrites et qui, dit-il, lui font quand même un peu de bien. Pour autant, il a entrepris de s'auto-médiquer en s'aspergeant la tête d'eau et de jus de citron et en se coupant les cheveux très courts, car la douleur augmente à mesure qu'ils poussent. Il pense que ses maux de tête et saignements de nez sont dus à un traumatisme crânien remontant à une agression dont il aurait été victime à Gao (lors d'affrontements avec des islamistes, mais dont les circonstances ne sont pas claires), et que la sensation de raidissement de ses membres est le résultat d'un *sòn* qu'on lui aurait jeté au Mali pour l'empêcher de réussir en Europe – terme qu'il traduit en français par celui de « lapidation » mais qui, d'ordinaire, signifie « aspersion » ou « immolation ». Matin et soir, dans chacune de ses prières, il remercie sa mère de l'avoir protégé lorsqu'il était enfant et de lui avoir sauvé la vie contre les attaques mystiques plus récentes. « Une mère, ça ne dit pas ce qu'elle fait ; ça le fait, un point c'est tout », dit-il à la fin d'une rencontre.

Au risque d'être maladroite, il m'apparaît stratégique et utile de conclure par des questions. Ainsi, comment construire un champ de recherche à la fois clinique et politique, permettant d'embrasser toutes ces temporalités imbriquées les unes dans les autres sans les réduire au même ? Comment entretenir ce sentiment d'appartenance problématique et permettre à chacun de se réaliser dans un monde plus vaste et plus englobant, sans réduire l'hétérogénéité des symptômes, des visions et des interprétations aux seuls biculturalisme, métissage ou hybridité ? Car le véritable enjeu est d'une tout autre portée. Comment, dans cette souffrance qui traduit aussi la recherche d'une topographie du vivable, mesurer le défi lancé à tous ces régimes d'existence (et de réalité) ? Je conçois l'ethnopsychiatrie, terme qu'on emploie désormais à contrecœur et avec la crainte d'être mal compris[51], comme un champ d'action permettant de ne pas reculer face à l'exigence de réaction que le patient réclame haut et fort en défiant l'ordre normal des choses, et de vivre une vraie rencontre.

51. « J'emploie ce mot "culture" à contrecœur, avec la crainte d'être mal compris », écrivait Éric De Rosny, dont je partage les craintes. É. de Rosny, *Les yeux de ma chèvre*, *op. cit.*, p. 30.

Le vécu de la fin du monde, que Frantz Fanon avait étudié en France lors d'expériences de sociothérapie avec François Tosquelles, il devait le retrouver une fois de plus en Algérie, sous la forme d'une « lutte permanente contre une mort atmosphérique. Cette mort à bout touchant, est matérialisée par... l'absence de portes sur l'avenir ». Et il retrouverait encore aujourd'hui, dans la « clinique postcoloniale », ce corps-à-corps avec la mort, qui est également un corps-à-corps avec les cultures, le temps, l'avenir, dans la recherche désespérée d'un sens et d'une possibilité réelle d'exister. Je me plais à l'imaginer tout occupé à penser, une fois encore, à ce que serait une *rencontre supportable*, c'est-à-dire capable de ne pas manquer l'essentiel ■

Simona Taliani
Université de Turin,
Département de cultures, politique et société

Abstract

In and around 1956

Frantz Fanon and his Hand-To-Hand Struggle with Cultures

In 1956 Fanon resigns from his French mission in Algeria. His conscience had become the « seat of unpardonable debates », since – as he wrote in his letter of resignation – « the doctrinal foundations [of psychiatry] are a daily defiance of an authentically human outlook ». This article aims to follow Fanon's conundrum on the ethnopsychiatric posture of his time. I suggest that Fanon's writing concerning the role of cultures inside the therapeutic atmosphere is anything but coherent, because he irreducibly belongs to a time fascinated with the insanity of colonized people but full of antinomies and pseudo-scientific theories and the increasing violence of colonial society. His mode of reasoning on the realms of healing is nevertheless essential, because it forces us to leave any attempt to vulgarize cultures and it pushes us to rethink the relation between alienation and alterity.

Le Dossier

Joseph Tonda

Fanon au Gabon : sexe onirique et afrodystopie

Cet article étudie un phénomène de colonisation intérieure par le sexe onirique, appelé maris de nuit. Publicisé par les Églises de réveil, celui-ci est placé, depuis plus d'une décennie au Gabon, sous le signe de la violence de la Bête. Le propos consiste en une mise en perspective des analyses de Fanon sur les rapports entre matériel onirique, libido de groupe et colonisation intérieure, au sens précis où il s'agit d'une colonisation de l'inconscient des individus et des groupes par la Bête. Une colonisation qui, en définitive, est sans rupture avec les pratiques, les pensées, les idées qui constituent la trame de la vie quotidienne des familles dans leur rapport au pouvoir et à l'État au Gabon. Cette mise en perspective est faite sur la base d'enquêtes de terrain à Libreville et sur les apports des auteurs qui ont, après Fanon, étudié les imaginaires de la colonisation.

Ce 8 août 2016, Schanael vient de commencer un travail spirituel. Elle se sent fatiguée et demande que nous nous revoyions le lendemain dans l'après-midi. Rendez-vous est pris pour le mardi 9 août à 16 heures. Quand elle arrive, le lendemain, à l'heure précise à notre rendez-vous, la première chose qu'elle me dit est qu'elle a rompu son travail spirituel, car elle n'a pas pu s'empêcher de déjeuner après avoir fait le ménage chez elle. La proximité du frigidaire et la faim ont brisé son jeûne. Il lui faut tout reprendre. Le temps du travail spirituel est de 21 jours et elle tient à relever le défi. Car Schanael doit définitivement rompre avec le mari de nuit qui l'a tourmentée pendant plusieurs années.

Schanael est une jeune femme de 28 ans, élevée par sa mère dans une fratrie de quatre enfants. Caissière dans un supermarché de Libreville, elle a arrêté ses études en troisième par manque de soutiens, car sa mère est une technicienne de surface, jamais mariée, qui élève seule ses enfants. Dans sa fratrie, Schanael a un frère de même mère et de même père. Les autres ont leur père. Son père est un retraité de la garde républicaine de 58 ans qu'elle ne fréquente presque pas. Elle n'a jamais vécu avec lui. Elle a commencé à être fréquentée par le mari de nuit quand elle était au collège. Dans sa fratrie, son petit frère et sa cousine sont atteints de ce mal. Le petit frère reçoit les visites d'une femme, et les deux filles celles d'un homme qu'elle dit « sans visage » ou « masqué ». Depuis qu'elle est allée à l'église, le mari de nuit est vaincu. Mais d'où vient-il, ce mari sans visage ou masqué ?

Schanael dit qu'il s'agit de Moghoulou, un génie de la famille. Il choisit aussi bien les femmes que les hommes, et elle le dit « jaloux » et « sans sexe » puisqu'il a des relations sexuelles avec les deux sexes. Ce choix implique, pour ces hommes et ces femmes du génie, la difficulté de trouver un mari ou une épouse. Dans la famille de Schanael, en effet, plusieurs femmes n'arrivent pas à se marier, à l'instar de sa mère, mais aussi de sa grand-mère. De plus, lorsqu'on est choisi par Moghoulou, la solution, pour ne plus être tourmenté, est de s'initier à son culte et de l'installer définitivement en soi. Précisons que Schanael appartient à un groupe ethnique matrilinéaire dans lequel la figure de l'oncle maternel occupe une place centrale dans les relations de parenté. Ceci explique sans doute pourquoi c'est le mari de sa tante maternelle qui, dans un rêve, lui apprend qu'elle ne se mariera jamais. Dans ce rêve, elle donnait un bain à quelqu'un et son oncle par alliance s'est fâché : « Depuis quand tu fais des bains aux gens ? Toi Schanael, sache que tu vas tourner, tourner cadeau. Tu ne trouveras pas un homme pour t'épouser. Parce que, dans ta famille, il y a un génie qui empêche les mariages. Le nom du génie est Moghoulou. » À son réveil, Schanael se met à prier. Après deux jours de réflexion, elle parle de son rêve à sa grand-mère et lui demande si ce génie existe bien. Sa grand-mère lui apprend que ce génie existe depuis longtemps et qu'elle ne savait pas que ses enfants ne se marieraient pas. En fait, lui dit-elle, le génie choisit des personnes qui doivent l'honorer. Mais Schanael, qui, très tôt dans sa jeunesse, avait élaboré des grands projets, à savoir construire sa maison, « faire beaucoup d'autres choses », et bien sûr se marier et avoir des enfants, ne veut pas être la propriété du génie. C'est dans cette perspective qu'elle a toujours refusé de sortir avec des gens de sa « génération qui n'ont rien à lui apporter ». Malheureusement, à 25 ans, elle était encore dans la maison familiale. Paradoxalement, d'après sa grand-mère, elle devrait s'initier au culte du génie pour que les choses changent. Or, constate-t-elle, rien n'a changé du « côté matériel » chez les premières femmes initiées, car le génie ne disparaît jamais par l'initiation ; c'est par la conversion qu'il disparaît. Voilà pourquoi elle s'est convertie et entreprend d'affermir sa foi chrétienne avec le travail spirituel. Selon Schanael, « le génie n'a pas de sexe, et il ne doit pas être seul, il a ses agents autour de lui ». En résumé, nous pouvons considérer que le génie est un grand despote familial ou clanique, sans sexe, sans visage et sans nombre.

Indices d'agencements

Dans tous les entretiens que j'ai avec les femmes obsédées par les maris de nuit, le problème qui se pose est invariablement celui du mariage lié à la réussite matérielle. Dans plusieurs cas, cette impossibilité de se marier se conjugue avec l'absence de figure du père. Comme dans le cas de Schanael, le mari est le substitut du père qu'elle n'a pas eu, mais aussi qui est absent. Or, encore de nos jours au Gabon, le mari est celui qui doit « apporter quelque chose », notamment de l'argent ou du « matériel », faire ce qu'un père fait à ses enfants. Schanael dit que, pour les femmes de sa famille possédées par le génie, c'est-à-dire célibataires, il n'y a « aucun changement du côté du matériel ». Mais le célibat, comme catégorie générale, n'est pas exclusivement connecté à la catégorie du manque, puisque les énoncés qui circulent font valoir sa relation avec la richesse matérielle ou l'argent, qui sont la contrepartie soit de l'instabilité conjugale, soit de l'absence de progéniture, ou encore de ce qu'on appelle ici la « consécration ». Comme nous le verrons plus loin, la consécration familiale consiste à « fabriquer » des femmes qui ne se marient pas, qui sont très belles et qui sont destinées à rapporter des biens matériels (les « marchandises ») à la famille. Ce genre de femmes est la « propriété » des génies claniques ou familiaux.

Au cœur de ces énoncés, se trouve cette abstraction, cette figure de la Bête qu'est le génie, une figure souvent représentée par le *mbumba*, un serpent mythique clanique. Mais la figure du serpent peut également relever du champ social plus large, celui des « magies » en circulation dans la société. Le serpent mari de nuit, familial ou non, figure ainsi le serpent-pénis qui, à Libreville, est censé avoir des relations sexuelles avec de belles femmes riches à qui il vomirait de l'argent en échange. Sexe onirique associé à l'argent et aux biens matériels, le serpent-pénis est le substitut du mari que les femmes n'ont pas. Mais il est également le mari défunt dont il faut se protéger, en situation de veuvage. L'homme qui perd sa femme doit aussi se protéger des assauts sexuels de sa défunte épouse. Les figures de la possédée ou du possédé du mari ou de la femme de nuit sont donc le célibataire ou la célibataire, le stérile ou la stérile, le veuf ou la veuve. Elles entretiennent des rapports étroits avec le désir sur plusieurs plans : la sexualité, le « matériel » comme le dit Schanael, la reproduction familiale et la mort.

Schanael nous dit par ailleurs que c'est à l'église qu'elle a vaincu, depuis trois ans, son génie sexuel. Or à l'église, le génie est un démon, comme le serpent. Ce dernier, la Bête, a deux faces : l'argent et le sexe. Ce n'est pas tout. Le Diable, c'est-à-dire la Bête dans l'interprétation freudienne, c'est la dégradation de l'image du père, ou encore le substitut du père. Or, le contexte historique dans lequel Schanael et d'autres jeunes femmes que je rencontre vivent cette expérience physique du sexe onirique est celui où l'argent, qui relève de l'analité, tend partout à se substituer aux parents. Ce lien entre sexualité anale et argent est établi dans les discours populaires qui insistent sans se lasser sur le devenir homosexuel des émergents, c'est-à-dire l'élite politico-administrative, économique et culturelle qui dirige le pays depuis l'accession au pouvoir en 2009 d'Ali Bongo, suite au décès de son père. L'on devient homosexuel, raconte-t-on ici, pour des raisons matérielles, et donc financières. Sur le plan symbolique, ce devenir homosexuel passe par l'obligation de « ramasser la clé », c'est-à-dire s'abaisser en baissant le pantalon et se faire sodomiser. Il s'agirait de pratiques de recrutement et d'initiation dans des loges maçonnique et rosicrucienne, qui seraient la voie royale de la mobilité sociale ascendante dans tous les secteurs.

Problématique

Je me propose, ici, d'étudier ce phénomène de colonisation intérieure par le sexe onirique. Publicisé par les Églises de réveil, il est placé, depuis plus d'une décennie au Gabon, sous le signe de la violence de la Bête par ces nouvelles entreprises de la foi[1], entreprises de « capture du désir d'être et de penser[2] », entreprises aussi qui capitalisent le matériel onirique. Mon propos consiste en une mise en perspective des analyses de Fanon sur les rapports entre matériel onirique, libido de groupe et colonisation intérieure, au sens précis où il s'agit d'une colonisation de l'inconscient[3] des individus et des groupes par la Bête. Une colonisation qui, en définitive, est sans rupture avec les pratiques, les pensées, les idées qui constituent la trame de la vie quotidienne des familles au Gabon. Cette mise en perspective se fera en m'appuyant sur mes enquêtes de terrain et sur les apports des auteurs qui ont, après Fanon, étudié les imaginaires de la colonisation, de ceux dont les analyses ont porté sur la question de la libido de groupe, et d'autres (ou les mêmes) qui ont conceptualisé le rapport de l'argent à la libido. Sur la fin de l'article, je mettrai en exergue comment cet organe sexuel « émergent » au Gabon qu'est l'anus est lié, dans l'imaginaire collectif, à la puissance

1. Je fais ici allusion à l'ouvrage de A. Corten, J.-P. Dozon et A. P. Oro (dir.), *Les nouveaux conquérants de la foi. L'Église universelle du royaume de Dieu (Brésil)*, Paris, Karthala, 2003.
2. A. Tosel, « Remarques de méthode sur l'imaginaire néolibéral », *in* F. Cusset, T. Labica et V. Rauline (dir.), *Imaginaires du néolibéralisme*, Paris, La Dispute, 2016, p. 45.
3. « L'inconscient n'est pas seulement ce qui, d'un lieu ou espace social, régule les échanges entre les hommes à leur insu. C'est aussi ce qui doit rester ignoré ou méconnu pour que le système puisse fonctionner », M. Bertrand, « L'inconscient du social », *Actuel Marx*, n° 15, 1994, p. 14.

matérielle, à la domination politique et économique d'une classe d'« hommes-femmes », dite des « émergents », décrits dans le discours populaire comme des despotes cruels, violeurs, anthropophages, incestueux et homosexuels. Un discours qui les qualifie aussi comme des gens « sans âme » et « sans limites[4] », des personnes qui « n'ont pas de cœur », qui « n'ont pas de conscience » et qui « n'ont pas d'empreinte », bref, des « fantômes », des « zombies » ou des « fous ». Ce qui est le portrait précis de l'homme « néolibéral[5] ». Je conclurai en mettant en parallèle cette dramaturgie du suicide collectif avec ce que dit Fanon sur la conduite autodestructrice du colonisé en « situation coloniale » (un concept que Fanon utilise[6]).

Fanon et le sexe onirique de la Bête en situation coloniale

Dans ses analyses du matériel onirique colonial, Fanon met en exergue le fait que le violeur colonialiste ne s'attaquait jamais qu'à des groupes de femmes colonisées : « L'Européen ne rêve jamais d'une femme algérienne prise isolément[7] ». Ceci dans la mesure où les « rapports colon-colonisé sont des rapports de masse[8] ». Ainsi, « chaque fois que l'Européen, dans ses rêves à contenu érotique, rencontre la femme algérienne, se manifestent les particularités de ses relations avec la société colonisée[9] ». De l'autre côté, il souligne comment le rêve de la colonisée voulant sortir de son état de bête produite par le colonisateur, passait par un usage de sa libido associé au désir de « sauver la race[10] ». Pour une Noire ou une Mulâtresse, séduire un Blanc, vivre avec lui, avoir un enfant de lui, afin de « sauver la race », traduisait un fantasme collectif (il n'y a pas de fantasme individuel disent Deleuze et Guattari[11]) renvoyant à l'idée d'une libido de groupe, inséparable du fantasme de découverte d'un sérum de lactification[12]. Le roman d'Abdoulaye Sadji, *Nini*,

4. À l'instar du génie clanique.
5. F. Cusset, T. Labica et V. Rauline (dir.), *Imaginaires…*, *op. cit.*
6. Par exemple, à la page 376 de ses *Œuvres* que j'utilise dans ce travail. Voir F. Fanon, *Œuvres*, Paris, La Découverte, 2011, p. 376.
7. F. Fanon, *Œuvres*, *op. cit.*, p. 283.
8. *Ibid.*, p. 465.
9. *Ibid.*, p. 283.
10. *Ibid.*, p. 101.
11. G. Deleuze et F. Guattari, *Capitalisme et schizophrénie 1. L'anti-Œdipe*, Paris, Éditions de Minuit, 1972-1973, p. 75.
12. F. Fanon, *Peau noire, masques blancs*, Paris, Seuil, 1952.

Mulâtresse du Sénégal[13], est à ce titre un matériau particulièrement productif pour Fanon. Il écrit :

> « Analysant quelques passages du roman de M. Abdoulaye Sadji, nous essaierons de saisir sur le vif les réactions de la femme de couleur en face de l'Européen. D'abord il y a la Négresse et la Mulâtresse. La première n'a qu'une possibilité et un souci : blanchir. La deuxième non seulement veut blanchir, mais éviter de régresser. Qu'y a-t-il de plus illogique, en effet, qu'une Mulâtresse qui épouse un Noir ? Car, il faut le comprendre une fois pour toutes, il s'agit de sauver la race[14] ».

La Mulâtresse, qui vit ainsi dans un effroi dystopique un commerce sexuel avec le Noir, n'est ainsi oppressée que parce que le cauchemar qui l'horrifie signifie la peur d'une régression dans l'état de bête, tant son combat consiste à sauver ce grand ensemble, cette masse statistique qu'est la race à laquelle elle s'identifie. La colonisée bestialisée, conquise comme femme-groupe ou femme-troupeau, retrouvait, par ce désir, le trait de la libido dans les « sociétés sous-développées[15] » où, dit Fanon, elle est une « affaire de groupe[16] ».

S'agissant du Noir, Fanon montre que sa libido orientée vers la Blanche le précipite dans l'impasse d'une relation sexuelle avec un individu incarnant toute la race qui l'opprime. Une race dont on peut dire que l'image du Noir colonise l'inconscient, sans qu'il le sache, car :

> « Il s'est élaboré au plus profond de l'inconscient européen un croissant excessivement noir, où sommeillent les pulsions les plus immorales, les désirs les moins avouables. Et comme tout homme monte vers la blancheur et la lumière, l'Européen a voulu rejeter ce non-civilisé qui tentait de se défendre. Quand la civilisation européenne se trouva en contact avec le monde noir, avec ces peuples de sauvages, tout le monde fut d'accord : ces nègres étaient le principe du mal[17]. »

Cette citation atteste non seulement l'idée de la colonisation de l'inconscient européen par le Nègre, principe du mal, et donc principe de la Bête[18], mais encore celle de l'impasse d'une montée du Noir « vers la blancheur et la lumière[19] » par l'instrumentalisation de son sexe « hallucinant », car irréductiblement producteur et reproducteur du noir intérieur de l'inconscient qu'il hante.

13. A. Sadji, *Nini, Mulâtresse du Sénégal*, Paris, Présence africaine, 1954.
14. F. Fanon, *Peau noire, masques blancs, in Œuvres, op. cit.*, p. 101.
15. *Ibid.*, p. 466.
16. *Ibid.*
17. F. Fanon, *Œuvres, op. cit.*, p. 215.
18. J. Tonda, *L'impérialisme postcolonial…, op. cit.*
19. F. Fanon, *Œuvres, op. cit.*, p. 215.

Ainsi, qu'il s'agisse des rêves de la Noire ou de la Mulâtresse désireuses de s'arracher à leurs conditions par l'instrumentalisation de leurs sexes, qu'il s'agisse du Noir ou encore du Blanc colonial, ce que les analyses de Fanon montrent, c'est le fait que leurs sexes particuliers sont en réalité des sexes collectifs colonisés par le spectre de la Bête. Le Blanc retrouve l'état de la Bête qui colonise son inconscient dès qu'il est en face de la femme colonisée qu'il voit comme un corps de troupeaux de femmes, ou encore lorsqu'il est castré par sa conscience de la puissance « hallucinante » du sexe noir, cette « épée du Noir » qui creuse des gouffres dans la Blanche parce que :

> « Quand elle a passé ta femme à son fil, elle a senti quelque chose. C'est une révélation. Dans le gouffre qu'ils ont laissé, ta breloque est perdue. À force de ramer, mettrais-tu ta chambre en nage, c'est comme si tu chantais. On se dit Adieu… Quatre Noirs membre au clair combleraient une cathédrale[20]. »

Ces corps de masse ou de race rappellent ce que disent Deleuze et Guattari lorsqu'ils écrivent : « la sexualité est l'investissement inconscient des grands ensembles molaires… ».

> « […] C'est toujours avec des mondes que nous faisons l'amour. Et cet amour s'adresse à cette propriété libidinale de l'être aimé, de se refermer ou de s'ouvrir sur des mondes plus vastes, masses et grands ensembles. Il y a toujours quelque chose de statistique dans nos amours, et des lois de grand nombre[21] ».

En colonie, cette « loi des grands ensembles » se manifeste pour le colonisateur sous la forme du viol collectif qu'il opère sur un vaste monde singulier : celui constitué par les terres, les bêtes, les hommes et les femmes. Car l'occupation coloniale, dit Fanon, est différente de celle qui a été donnée à voir en Occident. Il écrit :

> « Il faut se souvenir en tout cas qu'un peuple colonisé n'est pas seulement un peuple dominé. Sous l'occupation allemande les Français étaient demeurés des hommes. Sous l'occupation française, les Allemands sont demeurés des hommes. En Algérie, il n'y a pas seulement domination, mais à la lettre décision de n'occuper somme toute qu'un terrain. Les Algériens, les femmes en *"haïk"*, les palmeraies et les chameaux forment le panorama, la toile de fond naturelle de la présence humaine française[22] ».

20. M. Cournot, *Martinique*, Paris, Gallimard (coll. « Métamorphoses »), 1949, p. 13-14 cité *in* F. Fanon, *Œuvres*, *op. cit.*, p. 199-200.
21. F. Fanon, *Œuvres*, *op. cit.*, p. 349.
22. *Ibid.*, p. 626.

L'on comprend alors que cette relation à un terrain qu'il s'agit d'occuper, cette terre qu'il importait de posséder comme l'on possède un corps, ait été placée sous le régime de la possession sexuelle. Autrement dit, possession d'une terre considérée comme corps, d'un corps considéré comme femme, d'une femme considérée comme sexe : un corps-sexe donc, image du vaste monde colonisé, nature sauvage et sexe, continent noir de la sexualité. Le corps-sexe onirique est alors cette abstraction qui, en tant que telle, peut prendre toutes les figures de l'investissement libidinal de masse : l'argent, les hommes, les femmes, les animaux, les plantes, bref, tout ce qui constitue un vaste ensemble ; tout ce qui le particularise, l'incarne, le spécifie. Ceci explique que la libido coloniale se déploie sur la scène onirique sans solution de continuité avec le réel, mais aussi que ce réel soit lui-même sans solution de continuité avec l'imaginaire. Elle traduit le fait que l'intelligence supérieure du colonialiste, qui confond un être humain à un troupeau de bêtes et se comporte à son égard conformément à cette hallucination, par le viol, est une intelligence de la Bête. L'intelligence du colonialiste est ainsi un territoire colonial possédé par la pensée magique.

C'est dans ce sens que si, pour Fanon, les sociétés sous-développées sont un monde colonisé par une « superstructure magique[23] », on voit bien que la société coloniale, supposée société développée, est également une colonie d'une « superstructure magique » qui l'« imprègne » comme la première imprègne la société sous-développée et « remplit, dans son dynamisme de l'économie libidinale, des fonctions précises[24] ». La colonie est, de ce fait, le territoire d'une grande hallucination caractérisée par cette colonisation intérieure des intelligences par la Bête ou ses images. Autrement dit, les vastes mondes de la colonie sont des mondes dont les intelligences hallucinées sont sexualisées par la Bête sous la triple figure de l'image, de la libido et de la valeur.

La différence entre cette hallucination et celle du monde d'avant la colonisation réside dans le fait que la « libido de groupe », dans l'ancienne hallucination, était une affaire de groupes d'humains travaillant à soumettre la Bête intérieure au code du territoire d'où elle les déterritorialisera sous

23. À « travers les mythes terrifiants », dans lesquels le « colonisé va puiser des inhibitions à son agressivité : génies malfaisants qui interviennent chaque fois que l'on bouge de travers, hommes-léopards, hommes-serpents, chiens à six pattes, zombies, toute une gamme inépuisable d'animalcules ou de géants dispose autour du colonisé un monde de prohibitions, de barrages, d'inhibitions beaucoup plus terrifiant que le monde colonialiste », F. Fanon, *Œuvres*, *op. cit.*, p. 626.
24. G. Deleuze et F. Guattari, *Capitalisme et schizophrénie 1…*, *op. cit.*, p. 350.

la figure de la puissance coloniale blanche, une puissance que des auteurs coloniaux qualifieront eux-mêmes de « despotique[25] » et de « cruelle[26] ».

Cette remarque implique ceci : le despote à la cruauté primitive, qui viole des femmes-troupeaux dans ses rêves en situation coloniale ou postcoloniale, retombe sous le colonialisme intérieur de la Bête dont le territoire est son inconscient de groupe européen où elle porte les figures du Sexe, de l'Argent et du Noir (comme Image mais aussi comme inconscient). La même régression frappe celui qui viole une femme dans la réalité en s'imaginant violer une race animale. L'un et l'autre agissent en Bête prédatrice et despotique, coryphée indifférent au code de l'inceste et de l'anthropophagie en tant que principe de consommations du même[27]. D'un autre point de vue, l'imaginaire colonialiste des colonisés comme « peuple-enfant[28] », et celui du colonisateur comme « père » ou, comme on le dit dans les deux Congo, *noko* ou « oncle », c'est-à-dire le dévoreur symbolique attitré et légitime des enfants de sa sœur (enfants reproducteurs de sa lignée, dans le système de filiation matrilinéaire), corroborent la réalité du colonialiste despote anthropophage et incestueux[29]. De plus, ce « père » ou cet « oncle » colonialiste figurait également l'ancêtre clanique revenu, comme tout revenant, posséder et hanter les territoires physiques et mentaux de son « peuple-enfant ». La figure du génie clanique que nous avons vue avec Schanael s'inscrit dans ce registre. Dès lors, ce

25. Dans son *Histoire de l'État indépendant du Congo*, F. Masoin écrit, parlant des Européens présents dans l'État indépendant du Congo : « Alors que vouliez-vous faire dans ce milieu de dépression épouvantable ? Les forts sont restés debout, les faibles sont tombés. N'ayant pas de foyer dont la chaude atmosphère pouvait les réconforter, ils sont allés à la femme indigène et, au lieu de l'élever à eux, ils se sont abaissés à elle. […] des vents de folie ont soufflé sur des fronts fiévreux […]. Ils se sont érigés en despote et ils ont fait craquer dans leurs doigts les os de leurs esclaves et les chairs de leurs femmes ». Voir F. Masoin, Namur, Imprimerie Picard-Balon,1913, cité par A. Lauro, *Coloniaux, ménagères et prostituées. Au Congo belge (1885-1930)*, Loverval (Belgique), Labor, 2005, p. 103

26. *Ibid.*, p. 102.

27. M. Augé, *La construction du monde. Religion/représentations/idéologie*, Paris, Maspero, 1974, p. 112-134. L'auteur rappelle à la page 127 comment, en Basse Côte d'Ivoire, l'imaginaire de l'anthropophagie relève d'un constat universel qu'établit C. Lévi-Strauss, à savoir, « l'analogie très profonde que, partout dans le monde, la pensée humaine semble concevoir entre l'acte de manger et celui de copuler ». De son côté, G. Durand écrit à propos de cette analogie : « Depuis Freud, l'on sait explicitement que la gourmandise se trouve liée à la sexualité, le buccal étant l'emblème régressé du sexuel. Nous décelons, dans l'anecdote d'Ève croquant la pomme, des images qui renvoient aux symboles de l'animal dévorant, mais également nous interprétons l'anecdote en tenant compte de la liaison freudienne entre ventre sexuel et ventre digestif », G. Durand, *Les structures anthropologiques de l'imaginaire*, Paris, Dunod, 1992, p. 129.

28. J.-F. Bayart, « Hégémonie et coercition en Afrique subsaharienne. La "politique de la chicotte" », *Politique africaine*, 110, 2008, p. 123-152.

29. J. Tonda, « La politique avunculaire de la chicotte », *in* La bande à Bayart (dir.), *À bas les fonctionnaires apathiques et ventripotents ! Pour un fonctionnaire intellectuellement fécond et physiquement disponible, en avant !*, Paris, Karthala, 2015, p. 195-209.

despote prenait également la figure de l'*Evus*, la Bête gabonaise sortie des profondeurs de la forêt dans le sexe féminin qui, comme l'Afrique, est, dans l'imaginaire européen, ce continent noir de la sexualité. L'*Evus* franchit, dans le mythe, le seuil qui le séparait de l'humanité villageoise pour en prendre possession comme un troupeau de bêtes humaines offert à sa faim et à sa libido dévorantes. Il fut rejoint, dans l'histoire, par la Bête de la tradition européenne, sous la figure du despote cruel. Cette rencontre, qui impliqua la domination, l'exploitation et le meurtre des hommes et des femmes, permit à la Bête despotique, sortie du sexe de la forêt et qui les colonisait de l'intérieur, de poursuivre son œuvre en nouant des liens avec la Bête sortie du ventre de l'océan Atlantique. Ces liens de complicité ont pour seuil critique aujourd'hui, comme je vais essayer de le montrer sur la fin de ce texte, l'émergence de l'anus comme organe sexuel lié à la puissance capitaliste de la valeur. À ce magma déjà saturé, où l'onirique, le mythe, la libido et la valeur conjuguent à l'infini les fantasmes collectifs qui les caractérisent, il importe d'ajouter la représentation du Noir en Bête disposant d'une « puissance sexuelle hallucinante[30] ». Vivant en « brousse » (lieu de résidence primordial de la Bête africaine), les Noirs ont une liberté sexuelle infinie : « Il paraît qu'ils couchent partout, et à tout moment. Ce sont des génitaux[31] ».

On peut ainsi dire que le colonialisme s'est institué sous le colonialisme impensé de la Bête sexuelle, figure de la cruauté primitive du despote, dévoreur cannibale et incestueux. Ce qui fait que la mission civilisatrice dont il s'était prévalu était colonisée par le sexe onirique de la Bête, puissance à la fois chrétienne et capitaliste entrée dans des complicités perverses avec la Bête sortie du continent noir de la sexualité : la forêt ou le sexe féminin. Tel est le magma constitutif du rapport entre la violence de l'imaginaire du sexe onirique de la Bête et l'afrodystopie : l'utopie négative africaine. C'est à ce titre que je considère que la Bête est à la fois Image (elle est une image mentale), Sexe (elle symbolise le Sexe), mais aussi Argent (elle est la figure biblique et capitaliste de l'Argent). S'agissant de l'identité de la Bête et du capital, elle est attestée par ce qu'en dit par exemple André Tosel quand il rappelle qu'avec la mondialisation, le capitalisme a retrouvé « ses esprits animaux, ceux de la bête sauvage qui avait épouvanté Hegel et frappé d'admiration Marx[32] ». Elle est encore attestée, à la fois dans le capitalisme et dans le christianisme, quand, à propos de l'or et de l'argent, Étienne Balibar écrit (s'agissant d'abord

30. F. Fanon, *Œuvres*, *op. cit.*, p. 191.
31. *Ibid.*
32. A. Tosel, « Communautés d'exils et exils communautaristes. À propos de Zygmunt Bauman », *La pensée*, n° 345, 2006, p. 107.

de l'or) « [...] il est recherché pour lui-même, thésaurisé, considéré comme l'objet d'un besoin universel qui s'accompagne de crainte et de respect, de désir et de dégoût (*auri sacra fames* : "la maudite soif de l'or", disait le poète Virgile dans un vers célèbre que cite Marx) », et (s'agissant de l'Argent) : « l'Apocalypse identifie clairement l'argent à la Bête, c'est-à-dire au diable[33] ».

Colonie intérieure du sexe onirique des maris de nuit

Le mari de nuit, sexe onirique, est, comme nous l'avons vu, l'esprit despotique de la Bête du clan et du champ social plus large[34] auquel le corps des possédés s'abandonne dans le sommeil. Dans l'« espace onirique[35] » de ces rapports sexuels, lieu des « transformations[36] » qui en font « le lieu même des mouvements imaginés[37] », le corps des femmes, qui se transforme en leur propre ennemi intime, incarne tout le clan ou toute la famille. Ce qui signifie que, dans cet espace, les rapports sexuels se font entre membres de la famille (le génie est un despote sexuel membre de la famille de Schanael), et que cette dernière est ouverte sur le champ social. De ce point de vue, le sexe onirique est un sexe collectif (le génie qui choisit les femmes du clan qui doivent l'honorer et qu'il possède sexuellement incarne le sexe onirique de toute la famille) fonctionnant comme en situation coloniale, où le sexe du colonisateur et celui du colonisé étaient des sexes collectifs incarnant les deux races en présence. Ainsi, entre la colonie historique des XIXe et XXe siècles, et la colonie mystique ou onirique des maris de nuit, il n'y a guère, s'agissant du sexe fantasmé ou onirique, de solution de continuité. Par exemple, lorsque Schanael dit qu'il arrive généralement que la « jalousie » du mari de nuit précipite le mari « réel » sur le sol, on voit bien que, par cet acte de substitution de l'imaginaire[38] au réel qui est le propre de la logique mythologique[39], le mari de nuit occupe la place du mari réel sur son lit conjugal, à l'instar du Blanc imaginé comme

33. E. Balibar, *La philosophie de Marx*, Paris, La Découverte, 2001, p. 57.

34. L'esprit despotique du clan ou du champ social signifie en fait la part de despotisme sexuel présente dans le clan ou dans la société plus large, une part ou une dimension dont l'hallucination du sexe onirique rend compte.

35. G. Bachelard, *Le droit de rêver*, Paris, PUF (coll. « Quadrige »), 2013 (1er édition : 1970), p. 195.

36. *Ibid.*

37. *Ibid.*

38. Notons ici que cet imaginaire est « vécu » selon la définition de ce concept par G. Deleuze, à savoir que l'« imaginaire, ce n'est pas l'irréel, mais l'indiscernabilité du réel et de l'irréel » tant il agit, G. Deleuze, *Pourparlers*, Paris, Les Éditions de Minuit, 2003 [1990], p. 93.

39. R. Barthes, *Mythologies*, Paris, Seuil, 1957. Pour cet auteur, en effet, « la fonction du mythe est d'évacuer le réel : il est, à la lettre, un écoulement incessant, une hémorragie, ou, si l'on préfère, une évaporation, bref une absence sensible » (p. 253).

revenant qui occupa la terre des ancêtres noirs en en faisant sa possession non seulement économique, mais aussi sexuelle[40]. Le mari de nuit, suivant cette comparaison, transforme non seulement le corps de celles qu'il « choisit » en leur propre ennemi intime, mais transforme simultanément la relation de couple (entre le mari réel et son épouse) en relation dystopique. Au-delà, c'est le corps familial et l'esprit de famille qui sont transformés, par la même occasion, en possessions coloniales du mari de nuit[41]. Comme lors de la situation coloniale des XIXe et XXe siècles, la situation coloniale créée par le sexe onirique engendre des conflits à l'intérieur non seulement des sujets[42], mais aussi à l'intérieur des familles et, au-delà, dans l'ensemble des relations qui unissent celles-ci et l'extérieur. Par ces processus, la totalité du champ social se transforme en colonie intérieure d'un sexe onirique, despotique et afrodystopique. La question est alors de savoir par quelles machines culturelles, cultuelles, sociales, politiques ou économiques, la puissance du sexe onirique produit cette dystopie africaine ? Mon expérience de terrain m'autorise à proposer quatre machines : la machine de la sorcellerie, la machine familiale, la machine de l'Église et la machine du capitalisme.

Machine de la sorcellerie

La machine de la sorcellerie apparaît dans le rôle joué par la puissance agressive du masque, très présent dans l'expérience onirique des maris de nuit. Schanael et tous les possédés des maris de nuit, même lorsqu'ils déclarent avoir le souvenir précis du visage de leurs partenaires sexuels oniriques, ont toujours affaire à des « masques ». Car le mari de nuit, en plus de n'avoir pas de sexe, d'être sans nombre, est sans visage, et, dans les représentations, l'action sans visage, masquée, est l'action des sorciers. Or, dit Bachelard, qu'« on retourne le problème de toutes les manières, il faut toujours en arriver à la même conclusion : le masque est un outil d'agression ; et toute agression est une prise sur l'avenir[43] ». La colonisation intérieure du mari de nuit, mari mystique qui agit par les masques, est toujours une prise sur l'avenir : le discours quotidien parle à son sujet de « blocage ». Par cette action qui consiste à tout « bloquer » dans la vie des individus, la machine de la sorcellerie, très présente dans tout le champ social dans les sociétés d'Afrique centrale,

40. A. Lauro, *Coloniaux, ménagères…*, *op. cit.*, p. 29.
41. Ce qui se comprend aisément si l'on se rappelle que le génie est le despote, membre de la famille que les plus belles femmes qu'il choisit comme épouses doivent honorer.
42. Il transforme l'hétérogénéité ordinaire et donc normale du moi en hétérogénéité pathologique.
43. G. Bachelard, *Le droit de rêver*, *op. cit.*, p. 208.

transforme l'ensemble de ce champ en espace afrodystopique, espace des « blocages ». De plus, cette machine qui bloque est liée, partout, à la violence de l'intimité dont le cadre paradigmatique est la maison[44]. C'est donc la maison qui, dans sa symbolique, devient l'espace dystopique ou de blocage. Ainsi, ce n'est pas un hasard si, en situation coloniale, cette réalité de la maison colonisée fit naître, au Gabon et au Congo, un terrible culte d'anti-sorcellerie appelé Ndjobi, qui signifie littéralement « Mauvaise maison ». Si Ndjobi est la mauvaise maison alors qu'il est censé lutter contre la sorcellerie, c'est parce que la maison est un rouage de la machine. On peut alors comprendre pourquoi les relations sexuelles dans la maison sont hantées par le spectre du sexe onirique. Décrites en effet par les possédées elles-mêmes comme « irrésistibles » ou « inévitables », ces relations, qui ont, en plus, la faculté de procurer une jouissance semble-t-il intense dans l'espace onirique, se révèlent socialement mauvaises, dans la mesure où elles ont pour contrepartie l'instabilité émotionnelle, psychique et professionnelle, l'infécondité, le célibat et l'infortune dans tous les domaines du champ social. C'est par ce mécanisme que la machine de la sorcellerie transforme le champ social investi par le sexe onirique en mauvaise maison, matérialisation de l'afrodystopie. Mais cette machine qui bloque ne fonctionne pas sans connexion dynamique avec les trois autres : la machine clanique ou de la parenté, la machine cultuelle de l'Église et la machine capitaliste.

Machine de la parenté

Comme le suggèrent les développements qui précèdent, la colonisation intérieure des maris de nuit a pour territoire la parenté. Le mari de nuit est le parent ou la parente masculinisée dont le sexe onirique prend sexuellement possession de sa parente, apparemment contre l'ordre symbolique lignager ou clanique. Dans mes enquêtes, il apparaît que l'un des corps féminins masculinisé est celui de la tante paternelle, qui a le statut de femme-père, et qui tire de ce statut une autorité d'autant plus forte qu'elle est, dans le code de la filiation matrilinéaire, celle par qui se reproduit la lignée de son frère, lignée du frère de leur mère. Il s'ensuit que la violence de l'imaginaire traditionnel de la Bête dévoreuse, qui institue la tante paternelle en femme-

44. P. Geschiere, *Witchcraft, Intimacy and Trust. Africa in Comparison*, Chicago, University of Chicago Press, 2013. Lire aussi les développements consacrés à cette thématique de la maison en rapport avec le ventre, dans le bassin du Congo, par P. Yengo dans *Les mutations sorcières dans le bassin du Congo. Du ventre et de sa politique*, Paris, Karthala, 2016.

mari des épouses de son frère, est la même qui la transforme en mari entendu comme classe ou groupe des maris dotées d'une libido négative ou dystopique[45]. C'est cependant dans le cadre de ce même ordre symbolique lignager que cette anomalie sexuelle est pensable et possible, par conséquent normale, d'un point de vue sociologique. Le plus intéressant est par contre l'homologie qui apparaît entre le mari de nuit lignager et l'oncle colonial, le *noko* national, l'homme-mère des Congolais des deux rives du fleuve Congo, dont la place a été occupée par la classe dirigeante nationale qui pense la nation dans le registre de la parenté. La « communauté nationale », avec ses « pères », ses « mères », ses « fils », ses « frères » qui se marient entre eux, comme dans la communauté des « frères » et « sœurs » en Christ, s'impose comme communauté incestueuse de fait. Comme nous l'avons déjà suggéré, cette réalité se manifeste également dans la possession des maris de nuit. En effet, elle est à la fois incestueuse et homosexuelle, parce que le mari de nuit, esprit sans sexe, sans visage et sans nombre, est indifféremment le père, la mère, le frère de la mère, le frère du père, la sœur du père, la sœur de la mère, le frère ou la sœur. Par exemple, la sœur de la mère peut être accusée d'avoir des relations sexuelles avec la fille de sa sœur aînée ou cadette, et le frère aîné du père peut avoir des relations sexuelles avec la fille de son frère cadet. Ce qui signifie que les relations sexuelles définissant ce phénomène onirique s'inscrivent dans le registre du viol des corps et de la violation de l'ordre symbolique (le code) lignager ou familial, à la faveur de la nuit, moment où « tous les chats sont gris », comme on dit.

Cette confusion des genres, la machinerie des pasteurs et des devins-guérisseurs (les *nganga)* la révèle lorsqu'elle signifie que la personne « vue » par la victime, et considérée comme son despote sexuel, a en réalité « porté » ou « pris » le visage d'une autre pour dissimuler sa « vraie » identité[46] afin d'exposer un « innocent » à la vindicte familiale. Par exemple, la sœur du père qui a des relations sexuelles (oniriques) avec la fille de son frère peut prendre non seulement le visage d'un voisin de quartier, en transformant son organe génital féminin en organe masculin. En réalité, dans un système symbolique où ce genre de phénomène est accepté, l'innocence est un faux-semblant, dans la mesure où l'arbitraire, qui fonde le système et qui fait que tout le monde peut être vu comme mari de nuit, fait de chaque croyant le complice de cet

45. Comme l'écrit Mambou Aimée Gnali concernant la société matrilinéaire vili : « C'est au clan maternel qu'appartient l'enfant, et l'oncle maternel en est le chef. Mais c'est le père qui élève et protège l'enfant. Et la tante, qui est la sœur du père, a le pouvoir de rendre stérile une union qui n'aurait pas reçu la caution du clan paternel ». M. A. Gnali, *L'Or des femmes*, Paris, Gallimard (coll. « Continents noirs NRF »), 2016, p. 70-71.
46. Encore un processus de substitution de l'imaginaire au réel.

arbitraire. Tel est le principe de la violence de l'imaginaire, une violence qui repose sur la conscience de la réalité de l'intentionnalité, et donc de l'action physique des figures de l'imaginaire que sont les génies, les mauvais esprits, le Diable, les serpents mystiques.

Les maris de nuit sont dès lors des hommes, mais aussi des femmes masculinisées, fonctionnant suivant le schéma de la déparentélisation. En d'autres termes, la machine sociale de la parenté intègre des mécanismes ou des forces qui contredisent ses normes de fonctionnement qui en font un lieu fondé sur l'exogamie, le rejet de l'inceste et la négation de l'homosexualité. Elle est, à ce titre aussi, une machine désirante, « limite intérieure des machines sociales...[47] ». De plus, elle s'inscrit dans la logique de l'indiscernabilité du vrai et du faux, du réel et de l'irréel, logique caractéristique de l'imaginaire[48]. Elles sont donc une « affaire de groupe[49] », impliquant les figures représentatives des différentes parentèles constitutives de la parenté. Dès lors, le problème que posent les mariages de nuit est celui du pouvoir possessif, pouvoir de possession et d'exploitation du corps-sexe familial par la classe ou le groupe des hommes, qui comprend les femmes-hommes et les hommes-femmes incarnant les maris. Il s'agit donc de leur droit à faire mourir et à laisser vivre[50], dans un contexte où l'argent déparentélise et travaille, par le processus qu'il induit, à la rupture des limites imposées par l'ordre symbolique.

Pour aller plus avant dans la compréhension du despotisme de cette machine, il importe de décrire l'un des phénomènes emblématiques des familles gabonaises ayant partie liée avec les maris de nuit : la consécration des enfants. Consacrer un enfant, une fille notamment, c'est le « préparer » (par des pratiques magiques) à servir la famille, autrement dit à se mettre toute sa vie sous l'autorité de ceux qui dirigent la famille. Cette mise à disposition implique, s'agissant des filles, que leur corps-sexe, qui est une propriété collective de la famille (et donc partie constitutive du corps-sexe familial), serve à soumettre les hommes qui tombent sous leurs charmes (dans tous les sens de ce mot), à des fins d'acquisition de l'argent et des biens matériels : terrains, maisons, voitures devant enrichir la famille. La fille consacrée est ainsi cette partie du corps-sexe familial qui use de la libido de groupe pour soumettre au désir familial d'argent et de biens matériels les hommes qu'elle séduit. Un tel usage utilitariste du corps-sexe collectif incarné par la femme consacrée signifie que celui-ci entre en contradiction

47. G. Deleuze et F. Guattari, *Capitalisme et schizophrénie 1..., op. cit.*, p. 483 ; pour en savoir davantage sur la différence entre machine sociale et machine désirante, voir les pages 483-487.
48. G. Deleuze, *Pourparlers, op. cit.*, p. 93.
49. F. Fanon, *Œuvres, op. cit.*, p. 466.
50. M. Foucault, *Histoire de la sexualité I. La volonté de savoir*, Paris, Gallimard, 1976, p. 181-182.

avec la logique capitaliste qui veut que des « personnes privées » soient des « centres individuels d'organes et fonctions dérivées de la quantité abstraite[51] » qu'est le capital ou la force de travail. De plus, la femme consacrée est condamnée à une vie de célibataire et d'infécondité. Tout se passe donc comme si elle était sacrifiée, au même titre que ses enfants, au profit des biens matériels, et donc de l'argent.

S'il arrive malgré tout que la consacrée se marie contre la norme symbolique qui la produit comme corps-sexe familial, il se dit que sa progéniture sera frappée de tares mentales ou physiques, et qu'elle-même encourt une maladie grave ou la folie. Dans un autre cas de figure, la femme consacrée, figure de la Bête sous son triple visage symbolique, matériel et sexuel (c'est une beauté fatale), peut être destinée à se marier, mais il se dit que, dans son foyer, elle féminise le mari : « C'est elle qui commande ». Elle a le pouvoir de décision dans la maison : « Elle a en elle un esprit d'homme ». Si la première figure de la femme consacrée est considérée par les Gabonais comme une « femme tiroir », la seconde ne l'est pas, car, dit-on, la « femme tiroir est malheureuse ». Les figures de la domination traditionnelle, à savoir l'oncle, le père et le frère, voient en cette femme la « femme de nuit » : « Chacun viendra puiser l'énergie chez cette femme et, ce faisant, ces figures de l'autorité familiale deviennent des maris de nuit[52] ». Cette logique est la même qui veut que des hommes

> « se cachent dans le sexe des mères et des tantes dès lors qu'ils commettent des crimes. Des assassins qui ne seront jamais atteints puisqu'ils sont dans le sexe d'une tante ou d'une mère. Or, celui qui se cache dans le sexe de sa mère ou de sa tante devient le mari de sa mère ou de sa tante : ils sont monsieur et madame. Dans ce cas-là, elle est consciente. Là, il ne s'agit pas d'un mari de nuit que l'on vous colle[53] ».

L'image de la femme consacrée est donc celle d'une femme-homme. Femme puissante, la femme-homme est « visitée » la nuit par les hommes de la famille désireux de capter et de capitaliser son « énergie ». Son corps-sexe, partie concentrée de la puissance du corps-sexe familial, est alors une mine d'énergie à exploiter. Mais ce corps-sexe-mine est également crédité d'être un mari de nuit, dès lors qu'il tient à « recharger » sa puissance. Dans les deux cas, la femme consacrée, « heureuse » ou « malheureuse », est impliquée dans la sexualité dystopique des maris de nuit comme figure de la femme-homme. Une figure qui, dans le répertoire sémantique lignager au Gabon, est celle de l'oncle maternel, l'homme-femme de ses beaux-frères, l'homme-mère de ses

51. G. Deleuze et F. Guattari, *Capitalisme et schizophrénie 1…*, *op. cit.*, p. 167.
52. Propos de Martine M., une de mes interlocutrices.
53. Propos de Martine M.

neveux (les enfants de sa sœur), bref, le despote qui a droit de vie et de mort sur les enfants de sa sœur. Un droit de vie et de mort qui, sous la figure du mari de nuit, se réalise sous la double figure de l'inceste et de l'impensé homosexuel. La figure du mari de nuit, femme-homme ou homme-femme, se présente dès lors comme figures du despotisme lignager ou clanique centré sur l'autodestruction, la consommation-consumation du même, et donc figure afrodystopique.

Machine de l'Église

Schanael, et d'autres objets du sexe onirique, disent de l'église qu'elle est le lieu, et donc la « maison » (de Dieu) par excellence, de la rupture (matrimoniale) avec les maris de nuit. Or, le champ social, transformé par le sexe onirique et sa machine en une vaste mauvaise maison, comprend la machine des Églises, notamment celles de la mouvance pentecôtiste-charismatique qui, par leur lutte acharnée contre les génies, les esprits de la sorcellerie, des coutumes, des traditions, de la fornication, de la jalousie, etc., occupent la place structurale des cultes anti-sorcellaires et des Églises prophétiques ou indépendantes africaines[54]. Cette machine a en effet comme rouage la délivrance, un puissant dispositif de production de l'Église comme espace onirique qui redouble sa force par l'exploitation des rêves, des visions et des prophéties qu'elle produit sans discontinuer. Les pratiques de délivrance associées aux visions, aux rêves et aux prophéties travaillent alors à faire voir la présence de la Bête, en particulier celle de son corps spirituel dont l'intégralité est un corps-sexe illimité qui pénètre et envahit les corps de ceux ou de celles qu'il transforme en sa (mauvaise) maison, ou en ses possessions coloniales, d'où la nécessité de la délivrance.

Dans les médias, sur les scènes des prêches et de la délivrance, la machine cultuelle des Églises travaille alors sans relâche au recodage, et donc à la conversion du sexe onirique des machines sorcellaires, claniques, lignagères ou familiales en sexe onirique de la Bête chrétienne : le Diable. L'indexation des figures de la parenté (y compris les enfants), du voisinage, du milieu familial ou de l'univers professionnel comme origines ou sources des infortunes causées par le sexe maudit fait partie de ce recodage dont le point culminant est la séance de délivrance. Une séance qui se fait dans les éblouissements d'un spectacle hypersensuel de corps à corps entre possédées en

54. Un seul exemple, suffira : C. Piault (dir.), *Prophétisme et thérapeutique. Albert Atcho et la communauté de Bregbo*, Paris, Hermann, 1975.

transe et jeunes gens musclés du service de délivrance. Ces derniers, chargés de soulever les corps dès qu'ils se laissent choir sur le sol en gesticulant, hurlant ou en silence, doivent ensuite les emmener jusqu'à l'autel où ils s'abandonnent, sans souci de pudeur, à un autre corps à corps avec les pasteurs travaillant à sortir la Bête. Cris, exhibitions spectaculaires et sensuelles des corps, chants, danses et prières du public d'où tombent d'autres corps pénétrés et colonisés par la Bête, voix caverneuses ou stridentes de la Bête auxquelles répondent celles, fortes et éraillées, des pasteurs ordonnant, dans les micros, la sortie de la Bête et de ses mauvais esprits de leurs possessions rythment la séance de délivrance. Une séance dont l'effervescence transforme l'Église en un espace onirique réel où l'on voit et l'on entend effectivement la Bête dans le corps des possédées. Ainsi, de l'espace privée de la mauvaise maison familiale où le sexe onirique de la Bête exerce sa colonisation intérieure dans le rêve, on passe à l'espace onirique de la maison de Dieu, où le même sexe exerce son despotisme dans les éblouissements de la délivrance.

Machine du capitalisme

La machine du capitalisme est manœuvrée par le spectre du capital[55]. Nous avons vu plus haut que la Bête, sous la figure du serpent-pénis, a des rapports sexuels avec des femmes à qui il offre l'argent qu'il vomit. Cette contextualisation hallucinée du serpent monétaire est intéressante en ce qu'elle montre comment la machine capitaliste génère des imaginaires qui font de la Bête la condensation de l'argent et du sexe. L'argent, comme nous l'avons vu avec Balibar, c'est la Bête, mais la Bête, c'est aussi le sexe. Une réalité attestée par les imaginaires de Mami Wata, tels que les exploite, par exemple, le cinéma ghanéen étudié par Birgit Meyer[56]. Ce qui est intéressant dans la symbolique de Mami Wata, c'est effectivement qu'elle est la matérialisation de la machine capitaliste dont le principe du décodage lui permet de franchir tous les seuils : elle est à fois sexe et argent, libido et valeur, humaine et animale. Mais Mami Wata est encore plus intéressante en ce qu'elle est à la fois femme et pénis. En suivant Freud, en effet : « Parmi les symboles sexuels masculins moins compréhensibles, nous citerons les reptiles et les poissons, mais surtout le fameux symbole du serpent[57] ». Ainsi, ce n'est pas seulement dans la

55. J. Vogl, *Le spectre du capital*, Bienne/Paris, Diaphanes, 2013.
56. B. Meyer, *Sensational Movies. Video, Vision, and Christianity in Ghana*, Berkeley, University of California Press, 2015. Voir aussi J. Tonda, *L'impérialisme postcolonial…*, *op. cit.*
57. S. Freud, *Totem et tabou*, cité par D. Stafford-Clark, *Ce que Freud a vraiment dit*, Paris, Marabout, 1967, p. 77.

peinture urbaine de Kinshasa que Mami Wata peut prendre la figure de Mobutu[58], faisant ainsi du dictateur zaïrois une figure composite du souverain moderne[59], à la fois femme et homme, bête et humain, sexe et argent, mais aussi et surtout dans l'interprétation freudienne du serpent et du poisson. Dans les récits des maris de nuit produits par la machine de l'Église, Mami Wata apparaît comme la femme de nuit, sous le nom de sirène des eaux. Nous avons vu que le mari de nuit est sans visage, parce qu'il porte un masque, et qu'il est sans sexe (fixe). Mami Wata peut être considérée comme un être sans visage – parce que son visage de femme est le masque du visage de l'homme qu'elle est aussi – et sans sexe – parce que le bas de son corps est une queue de serpent qui symbolise le pénis. Nous avons également vu que le mari de nuit est sans nombre. Mami Wata, figure multiple, est l'exemple même de l'abstraction capitaliste[60]. En effet, elle figure, dans son apparence, la récapitulation sexuelle du capital. À ce titre, elle est le symbole du sexe onirique du capitalisme qui transforme tout le champ social en sa possession.

On peut donc dire que, par le mécanisme de fonctionnement de cette machine, le sexe onirique s'impose comme une abstraction immanente à l'inconscient des sociétés. Elle est alors machine des machines. Par son pouvoir qui se veut illimité, elle capture le désir, produit un espace onirique illimité, « lieu des mouvements imaginés[61] » qui deviennent réels et dont le principe de gouvernement est inséparable de la puissance de la Bête. Cette dernière, qui a pour nom l'Argent (ou l'Or) est caractérisée par Marx, à la suite de Shakespeare, de la manière suivante : « 1- [il] est la divinité manifestée, la transformation de toutes les qualités humaines et naturelles en leur contraire, l'universelle confusion et perversion des choses ; il harmonise les incompatibilités ; 2- il est la prostituée universelle, l'universel entremetteur des hommes et des peuples[62] ». C'est ce même Marx qui, parlant du capital, dit qu'il est « le travail mort qui, semblable au vampire, ne s'anime qu'en suçant le travail vivant, et sa vie est d'autant plus allègre qu'il en pompe davantage[63] ». Dans le français parlé au Gabon, le vampire est le mot pour dire l'esprit du sorcier. On peut dès lors comprendre pourquoi la violence de la Bête, en tant qu'imaginaire des maris de nuit, inclut l'argent, dont le capital est l'abstraction. Ses caractéristiques sont identiques à celles du despote familial incestueux

58. B. Jewsiewicki, *Mami Wata. La peinture urbaine au Congo*, Paris, Gallimard, 2003.

59. J. Tonda, *Le Souverain moderne. Le corps du pouvoir en Afrique centrale (Congo, Gabon)*, Paris, Karthala, 2005.

60. G. Deleuze et F. Guattari, *Capitalisme et schizophrénie 1…*, *op. cit.*, p. 270.

61. G. Bachelard, *Le droit de rêver*, *op. cit.*

62. K. Marx, *Philosophie*, Paris, Gallimard, 1982 [1re éd. 1965], p. 191.

63. K. Marx, cité par G. Deleuze et F. Guattari, *Capitalisme et schizophrénie 1…*, *op. cit.*, p. 270.

et cannibale qu'est le mari de nuit, opérateur, sur la scène onirique, de l'« universelle confusion et perversion des choses[64] », une universelle confusion, source de l'hallucination « d'une terre féminisée tout d'abord, celle des femmes "indigènes" comme objets premiers et symboliques de la conquête et de la colonisation ensuite[65] ». Au-delà, c'est toute la terre africaine, et plus encore l'Afrique centrale, qui fut, aux yeux des Européens, « habitée d'un "esprit de fornication" qui fascine et attire au moins autant qu'il est redouté[66] ». Bref, la machine capitaliste, machine des machines, est de ce point de vue, une machine dont la pièce déterminante est le sexe onirique de la Bête. Une machine qui, de nos jours au Gabon, a pour rouage des hommes-femmes émergents qu'elle produit par ce puissant dispositif du sexe onirique.

Émergence gabonaise du despote devenu anus et vampire

Le sexe onirique du mari de nuit est à l'origine celui des machines de la sorcellerie et de la parenté, sexe du despote consommant la puissance du corps-sexe familial selon une logique de libido de groupe. Le problème qu'il pose, de nos jours dans la famille élargie gabonaise, est celui de l'émergence, depuis moins d'une décennie, de l'anus comme organe sexuel investi par l'imaginaire collectif comme dispositif d'enrichissement individuel. À ce titre, il participe de la logique du devenir homosexuel de ce sexe. Un devenir homosexuel lié aux logiques de fonctionnement de la machine capitaliste dont le principe est le décodage des flux des machines anciennes[67]. Cette sexualisation de l'anus à des fins d'enrichissement individuel a fait éclater l'impensé de l'homosexualité, dans lequel le mari de nuit traditionnel était inscrit, et rappelle ce que disent Deleuze et Guattari sur les rapports entre le despotisme, l'anus et le vampire[68].

En effet, si l'impensé de l'homosexualité, ou son absence de verbalisation, caractérise les discours sur le mari de nuit des machines sorcellaire et clanique, cet impensé disparaît lorsqu'il s'agit des discours portant sur les élites de l'État et de l'économie modernes. Rappelons que la tante censée avoir des relations sexuelles avec sa nièce n'est jamais considérée comme homosexuelle. De plus, il me semble, dans la logique des discours, que la femme de nuit n'existe pas, car celle qui est mise en scène dans la posture de femme

64. K. Marx, *Philosophie…*, *op. cit.*, p. 191.
65. A. Lauro, *Coloniaux, ménagères…*, *op. cit.*, p. 29.
66. *Ibid.*
67. G. Deleuze et F. Guattari, *Capitalisme et schizophrénie 1…*, *op. cit.*, p. 265-267.
68. *Ibid.*, p. 270.

est toujours passive, et celle qui prend possession d'elle est toujours dans la posture active d'un homme, dont elle peut emprunter le visage, mais aussi le pénis, à l'instar de la fameuse « pine diabolique » très présente dans la communauté de Bregbo en Côte d'Ivoire[69]. Cependant, l'impensé de l'homosexualité chez les maris de nuit disparaît dès lors qu'il s'agit de l'accusation discursive des élites, homosexuelles par nécessité semble-t-il, car elles sont censées appartenir à des loges où la capture des « énergies » et des « étoiles » des autres, y compris dans la sphère exo-familiale, passe par la sexualité homosexuelle. C'est par cette voie que l'homosexualité prend possession des maris de nuit : une homosexualité utilitariste portée par le désir de l'argent et du pouvoir.

Selon Deleuze et Guattari en effet, les sociétés capitalistes se caractérisent par une vaste privatisation des organes, dont le premier fut l'anus. C'est l'anus, soulignent-ils, qui « donna son modèle à la privatisation, en même temps que l'argent exprimait le nouvel état d'abstraction des flux[70] ». Cette situation remplaçait celle de la « cruauté primitive » et de la « terreur d'une vie contre une autre[71] ». Le despotisme de l'anus, c'est donc le despotisme *post-mortem* du despote devenu vampire. Au Gabon, et notamment à Libreville, des rumeurs d'épouses horrifiées par les anus ensanglantés de leurs maris sont légion depuis au moins cinq ans. Il s'agit donc d'anus impliqués dans des relations homosexuelles, caractéristiques, raconte-t-on, du monde politique, social et économique dit des « émergents ». Cette sexualité, dont l'anus est l'organe de référence, est considérée comme une nouvelle sexualité servant à capturer les « énergies » de ceux dont les anus sont violemment pénétrés par les « chefs émergents », figures de despotes capitalisant à leur avantage le stock de puissances constituées par ces « énergies », par les « étoiles » ou par les « forces » de la vie des autres, en échange des biens matériels, de l'argent et du prestige des fonctions auxquelles ils sont nommés[72].

Mais la figure du despote « émergent », pénétrant les anus des autres, s'impose, à l'examen, comme la figure de l'homme-femme, l'oncle maternel qui a pour équivalent structural ou symbolique la tante paternelle, à ceci près que l'homme-femme ou la femme-homme incarnant la classe ou le groupe des maris de nuit, qui n'était pas pensé comme homosexuel, présente des caractéristiques de l'impuissance d'une classe symbolisant un corps-sexe de

69. C. Piault (dir.), *Prophétisme et thérapeutique…, op. cit.*
70. *Ibid.*, p. 167.
71. *Ibid.*, p. 270.
72. Pour une analyse détaillée de ces imaginaires, voir J. Tonda, « L'impérialisme postcolonial du corps-sexe à Libreville », *in* G. Esseng Aba'a et J. Tonda (dir.), *Le féminin, le masculin et les rapports sociaux de sexe au Gabon*, Paris, L'Harmattan, 2015, p. 39-71.

classe et improductif. Certes, cette figure de l'homme-femme instrumentalisant son anus comme organe sexuel introduit une rupture avec la classe ou le groupe des despotes traditionnels. Cependant, si nous prenons les symboles pour ce qu'ils sont, à savoir des concepts de l'imaginaire, l'analyse du symbolisme de la classe des hommes-femmes despotes modernes conduit à penser que la société postcoloniale court vers l'impasse et sombre dans l'impuissance de la colonie intérieure, suivant la même logique d'autodestruction caractéristique à la fois de la société traditionnelle et de la société colonisée. En effet, instrumentalisant son anus à des fins d'enrichissement de groupe ou de classe, le despote postcolonial institue la réalité de l'homosexualité dans l'imaginaire des maris de nuit sous le signe de la soumission à l'économie de la consommation-consumation[73], dont la symbolique de la loge, dans l'imaginaire collectif à Libreville, est le centre. Par rapport à la figure du territoire colonial de l'Afrique centrale symbolisant la « soumission, y compris sexuelle, face à la virilité des conquérants[74] », l'émergence de l'anus comme source de puissance matérielle et politique de la classe des hommes féminisés fait des élites dirigeantes ou dominantes une classe de consommateurs-consumateurs vidée de son « énergie », de ses « étoiles », de sa « force » par les « loges » occidentales, symboles de la puissance ou de la virilité blanches. L'on retrouve ici le schème de pensée qui faisait de tout Européen négrophobe un « homosexuel refoulé[75] », selon Fanon, et des jungles africaines, constituées en corps-sexes féminins, des territoires virginaux que seule « la virilité naturelle des Occidentaux pouvait transformer[76] ». De ce point de vue, l'émergence de l'anus capitaliste au Gabon, depuis environ cinq ans, reproduit le schème colonial de l'impuissance des Noirs incapables de « développer » leurs sociétés, tant ils sont sous la tyrannie d'une libido destructrice, qui menace d'ailleurs de dégénérescence ou de régression tout Européen en commerce sexuel avec ceux-ci[77].

Dans mes enquêtes librevilloises, la sexualisation de l'anus est liée à ce qu'une de mes interlocutrices exprime dans la langue gisir en ces termes : « *A sane mu rime* », une expression qu'elle traduit par : « Il n'a pas de cœur » ; « Il n'a pas de conscience », « Il ne vaut rien ». Et ajoute, s'agissant donc des partisans de la sexualité anale : « Ce sont des fantômes, ils n'ont pas de limites. » En effet, le fantôme sans cœur, sans conscience, ne « valant rien », franchit tous les seuils, passe à travers tous les murs. Mais Martine, qui

73. Sur cette notion, voir J. Tonda, *Le Souverain moderne…*, *op. cit.*, p. 157-236.
74. A. Lauro, *Coloniaux, ménagères…*, *op. cit.*, p. 30.
75. F. Fanon, *Œuvres*, *op. cit.*, p. 190.
76. *Ibid.*
77. A. Lauro, *Coloniaux, ménagères…*, *op. cit.*, p. 107 par exemple.

formule ainsi sa critique de l'émergence de l'anus, ajoute que cette dernière correspond à une « perte d'empreinte ». Dans le vocabulaire deleuzo-guattarien, cette « perte d'empreinte » peut se traduire comme « déterritorialisation », « abstraction » caractéristiques de la machine capitaliste. De ce point de vue, le despote urbain usant de son anus comme source d'enrichissement est à la fois femme de nuit et mari de nuit. Comme femme de nuit, il est l'individu qui se « vide de son étoile » et de son « énergie » en échange de l'argent et des biens matériels. Il pourrait être comparé à la femme consacrée disposant du corps-sexe collectif, sauf que, en ce qui le concerne, l'investissement de son anus comme dispositif sexuel d'enrichissement relève de sa décision personnelle. C'est à ce titre qu'il relève de la logique capitaliste de la « privatisation » de l'anus selon Deleuze et Guattari, une privatisation qui le fantomalise ou le zombifie, résumant ainsi la logique capitaliste de l'abstraction, mais dans un mouvement signifiant l'impuissance et l'autodestruction. Le fantôme comme le zombie sont ainsi les figures de la Bête capitaliste dans sa pénétration en profondeur de l'imaginaire gabonais, mais sous le signe de l'impuissance et de la consommation-consumation.

La manière dont la famille vit ce drame de l'intérieur, suivant la logique de la sorcellerie qui veut que le sorcier soit toujours un « parent », quelqu'un de la « maison[78] », rappelle ce que dit Fanon sur le retournement par le colonisé, mais aussi par le colonialiste[79], de la violence coloniale contre soi. Le fait que la dramaturgie des maris de nuit soit placée sous le signe de la Bête par les Églises de réveil permet d'établir une comparaison entre le rôle de la religion en situation coloniale et en situation postcoloniale. L'on pourrait en effet appliquer au néocolonisé les mots suivants de Fanon :

> « Le colonisé réussit [...], par l'intermédiaire de la religion, à ne pas tenir compte du colon. Par le fatalisme, toute initiative est enlevée à l'oppresseur, la cause des maux, de la misère, du destin revenant à Dieu. L'individu accepte ainsi la dissolution décidée par Dieu, s'aplatit devant le colon et devant le sort et, par une sorte de rééquilibration intérieure, accède à une sérénité de pierre[80] ».

Tel est le funeste effet de la violence de l'imaginaire du sexe onirique de la Bête de nos jours au Gabon. Un effet pour lequel conspirent les fonctionnements

78. P. Geschiere, *Witchcraft, Intimacy...*, *op. cit.*
79. F. Fanon, *Œuvres*, *op. cit.*, p. 638-640 : « Cas n° 5 : Un inspecteur européen torture sa femme et ses enfants ».
80. *Ibid.*, p. 465-466.

combinés des machines de la sorcellerie, de la parenté, des Églises et du capitalisme, la dernière des machines étant, dans le contexte de la globalisation du capital, la machine des machines qui, à travers la dramaturgie du sexe onirique au Gabon, est un révélateur de la réalité de ce que j'ai suggéré de conceptualiser avec la notion d'afrodystopie ■

Joseph Tonda
Université Omar Bongo, Libreville (Gabon)

Abstract
Fanon in Gabon: Oniric Sex and Afrodystopia
This article focuses on a case of inner colonization through oniric sex, called night husbands. This phenomenon, which has been publicized by charismatic churches for the past ten years, is seen here as an expression of the violence of the Beast. My argument draws on Fanon's analysis on the relations between oniric material, group libido and inner colonization as an example of colonization of individual and group subconscious by the Beast. A colonization which, ultimately, is directly linked to the practices, thoughts and ideas that shape the everyday life of families in their relations to state power in contemporary Gabon. The paper is based on fieldwork in Libreville as well as on authors who, in Fanon's footsteps, have studied the imaginaries of colonization.

Jean-François Bayart

Relire Fanon

À la mémoire de Fanny Colonna, grande dame
de l'anthropologie de la société algérienne

Relire Fanon revient à le replacer dans son temps et sa position de psychiatre en situation coloniale, lui-même issu de l'empire en sa qualité de Martiniquais, et engagé dans le renversement de celui-ci au nom d'un universalisme révolutionnaire. Son œuvre demeure stimulante en ce qu'elle récuse toute interprétation culturaliste et identitaire du politique, comprend le rôle de la guerre dans le changement social, saisit l'importance de la culture matérielle et de ses techniques du corps, identifie le compromis entre « élites colonisées » et « bourgeoisie métropolitaine » sous-jacent à la colonisation et à la décolonisation. En revanche, Fanon ne se départit pas d'une appréhension essentialiste et anhistorique de la situation coloniale, ainsi que d'une vision assez pauvre de la subalternité sociale.

Le colloque organisé par l'Associazone Frantz Fanon, à Turin, les 13 et 14 octobre 2011, la réédition de l'œuvre de celui-ci par La Découverte, à l'occasion du cinquantième anniversaire de sa mort[1], la publication, chez ce même éditeur, de la traduction en langue française de la biographie que lui a consacrée David Macey[2], la Semaine de la recherche de l'École de gouvernance et d'économie de Rabat consacrée à un « retour sur Frantz Fanon » (26 au 27 mai 2016) m'ont fourni une bonne opportunité de relire cet auteur, en ces temps de « Printemps arabe » et de vogue des « études postcoloniales » en France, alors même – avouons-le sans ambages – que je ne l'ai jamais utilisé dans mes propres travaux, sinon pour marquer mes distances à l'encontre de son interprétation de l'aliénation culturelle des colonisés en situation coloniale.

1. F. Fanon, *Œuvres*, Paris, La Découverte, coll. « Cahiers libres », 2011.
2. D. Macey, *Frantz Fanon. Une vie*, Paris, La Découverte, coll. « Cahiers libres », 2011.

Frantz Fanon a été un homme de son temps. C'est comme tel que le sociologue du politique doit d'abord le reconsidérer. En tant que psychiatre novateur, dans le double contexte de l'après-guerre, en France, et de la guerre, en Algérie, un psychiatre dont les études cliniques font encore autorité et procurent une extraordinaire sociologie des colons. En tant que révolutionnaire et militant, un « type d'homme » *(Menschentum)*, comme dirait Max Weber, auquel le Printemps arabe a redonné toute son actualité, singulièrement en Tunisie, où cette figure a resurgi de la « longue nuit » de la dictature à la faveur des événements du 14 janvier 2011. Rappelons-le, ces derniers sont issus non pas, ou pas seulement, de la bouteille magique de Facebook, comme veut nous le faire croire *Plus jamais peur*, le film très décevant de Mourad Ben Cheikh[3], mais de longues années de travail politique de la part de syndicalistes, d'avocats, d'ouvriers, d'intellectuels et même de paysans, notamment dans ce que Fanon nommait « l'intérieur, l'arrière-pays », dans *Les damnés de la terre*, et dont il comprenait toute l'importance, bien que sa vision anthropomorphique de la « révolution », du « peuple », des « masses » soit évidemment très datée[4]. Ce qui frappe alors, à la relecture de ses textes, c'est son humanisme révolutionnaire et internationaliste. Fanon adhère à la définition sartrienne et constructiviste de l'identité[5]. Il est étranger à l'antisémitisme et à la stigmatisation générale du colon, derrière lequel il faut « découvrir l'homme [...] cet homme à la fois ordonnateur et victime d'un système qui l'avait étouffé et réduit au silence[6] ». Il est hostile à toute élaboration racialiste ou ethno-confessionnelle de la culture, fût-elle africaine ou arabe[7].

En tant qu'auteur des années 1950, Frantz Fanon relève de ce que l'on nomme, en Grande-Bretagne, les *cultural studies*. Mais il a par la suite fait l'objet d'une appropriation, voire d'une captation, par les *postcolonial studies*, alors qu'il s'en distingue à bien des égards. D'abord, parce que son œuvre est indissociable d'une praxis, à la fois psychiatrique et révolutionnaire, ce en quoi il se rapproche bien des hérauts des *cultural studies* (à commencer par Richard Hoggart), mais diffère des théoriciens des *postcolonial studies*, plus préoccupés par leur carrière universitaire que par leur engagement concret aux côtés des « subalternes » (sauf à considérer que le théâtral jet de pierre d'Edward Saïd sur des soldats palestiniens vaut une *intifada* effective). Fanon s'est mis au service d'un mouvement de libération qui combattait son pays d'origine, d'autres en portaient les valises. Que l'on sache, les adeptes des

3. M. Ben Cheikh, *Plus jamais peur*, KMBO, Tunisie, 2001, 72 min.
4. F. Fanon, *Les damnés de la terre*, Paris, François Maspero, 1961, p. 139.
5. F. Fanon, *L'an V de la révolution algérienne*, Paris, François Maspero, 1959, p. 34.
6. *Ibid.*, p. 19.
7. F. Fanon, *Les damnés de la terre*, *op. cit.*, p. 162-163.

postcolonial studies ne se préoccupent pas de celles du Hamas, d'Al Qaida ou des Talibans, et se contentent de signer des pétitions. Ensuite, parce que Fanon privilégie l'analyse des pratiques sociales plutôt que les discours et les représentations, et parce qu'il réfute tout déterminisme en matière de legs colonial et est un penseur de la rupture plutôt que de la continuité. « Il y a une nouvelle nature de l'homme algérien, une nouvelle dimension à son existence[8] », « La mort du colonialisme est à la fois mort du colonisé et mort du colonisateur[9] », « [...] la décolonisation est très simplement le remplacement d'une "espèce" d'hommes par une autre "espèce" d'hommes », « Sans transition, il y a substitution totale, complète, absolue », « Cette sorte de table rase qui définit au départ toute décolonisation[10] », écrit-il, par exemple, dans *L'an V de la révolution algérienne* et dans *Les damnés de la terre,* sans même parler de la conclusion de *Peau noire, masques blancs* que devraient tout de même relire les thuriféraires hexagonaux des « études postcoloniales ».

Frantz Fanon a aussi été une figure impériale, fût-ce sur le mode anticolonial. Il ne s'agit naturellement pas d'oblitérer la radicalité de son engagement de nationaliste algérien, mais d'identifier en lui l'enfant, martiniquais en l'occurrence, d'un empire colonial dont il a assumé le périmètre tout en en rejetant la domination, selon une orientation révolutionnaire, exaltant le panafricanisme et la solidarité anti-impérialiste et rejetant les différentes formes de « chauvinisme » qu'il voyait, avec beaucoup de lucidité, s'imposer dans les nouveaux États africains. À ce titre, Fanon, dans ses contradictions, signale le passage progressif, après la Première, puis la Seconde Guerre mondiale, d'un monde d'empires à un monde d'États-nations, basculement sur lequel insiste à juste titre Frederick Cooper. En outre, il est sur ce plan assez proche, sociologiquement, des auteurs des *postcolonial studies,* pour la plupart originaires des *Dominions* ou du Raj de l'Empire britannique – les Antilles, grandes pourvoyeuses de fonctionnaires coloniaux et d'intellectuels critiques du colonialisme, étant l'équivalent fonctionnel au petit pied de ce type de possessions (et de « sous-impérialismes ») dans le contexte de l'Empire français, de pair avec l'Algérie, le Sénégal et le Dahomey.

Enfin, Frantz Fanon a été un critique précoce de l'État postcolonial et de sa classe dominante, exploiteuse de la paysannerie. Ses pages féroces sur la « bourgeoisie nationale », dans *Les damnés de la terre,* annoncent d'une certaine manière *L'Afrique noire est mal partie* de René Dumont, qui sera publié un an plus tard, en 1962, aux éditions du Seuil, même si l'inspiration politique ou philosophique des deux ouvrages est dissemblable.

8. F. Fanon, *L'an V..., op. cit.,* p. 16.
9. *Ibid.,* p. 19.
10. F. Fanon, *Les damnés de la terre, op. cit.,* p. 29.

Sous tous ces angles, le personnage de Fanon donne beaucoup à penser à la sociologie historique du politique. Mais que peut-elle garder de ses analyses ou de ses interprétations ? Celles-ci sont souvent fulgurantes et conservent parfois une grande validité. Fanon récuse le culturalisme et préfigure la critique saïdienne de l'orientalisme en plaidant en faveur de l'« historicisation des hommes » et en dénonçant la « substantification des attitudes[11] ». Il comprend le rôle de la guerre dans le changement social, par exemple en analysant l'usage de la radio ou les transformations de la condition féminine en Algérie, notamment dans *L'an V de la révolution algérienne*. Il est sensible à l'importance de la culture matérielle et des techniques du corps inhérentes à ces changements sociaux, ainsi que l'illustre le premier chapitre, éblouissant, de ce recueil, « L'Algérie se dévoile », dans lequel l'étude des « dynamiques historiques du voile » démontre que le dévoilement des militantes nationalistes devient, paradoxalement, une ruse de dissimulation aux dépens de l'armée française et suppose la mise en branle d'un schéma corporel, donc son apprentissage procédural. Il identifie bien le compromis entre « élites colonisées » et « bourgeoisie métropolitaine », sous-jacent à la décolonisation en Afrique subsaharienne, et la plupart des phénomènes – parti unique, nationalisme et intermédiation économiques, problématiques politiques de l'autochtonie, réification orientaliste de la culture – liés à la préemption de l'indépendance par une classe dominante issue de la situation coloniale, même si la caractérisation de celle-ci en « bourgeoisie nationale » prête à discussion.

En revanche, la pensée de Frantz Fanon est décevante, toujours du point de vue de la sociologie historique du politique, sur un double plan. En premier lieu, celui-ci est prisonnier d'une appréhension essentialiste et anhistorique de la situation coloniale. Il n'en comprend pas l'hétérogénéité. Il ne saisit pas même de « là où il parle », comme l'on disait à l'époque en France, *i.e.* d'une colonie anciennement esclavagiste devenue département de la République française (la Martinique), et d'une colonie de peuplement en guerre de libération nationale (l'Algérie) : deux cas de figure dotés d'une forte spécificité par rapport à d'autres situations coloniales, notamment subsahariennes (auxquelles les trajectoires du Kenya et du Cameroun, souvent citées, ne font pas entièrement exception, malgré les luttes armées qu'elles ont connues). Par ailleurs, Fanon réduit la situation coloniale à un antagonisme binaire, conformément à la pensée anticoloniale dichotomique qui prévalait à l'époque, par exemple sous la plume d'Albert Memmi : « Le monde colonisé

11. F. Fanon, *Les damnés de la terre, op. cit.*, p. 162 et 165-167. Voir aussi F. Fanon, *Pour la révolution africaine. Écrits politiques*, Paris, François Maspero, 1964, p. 42 et suivantes.

est un monde coupé en deux», «Le contexte colonial [...] se caractérise par la dichotomie qu'il inflige au monde», affirme-t-il par exemple[12].

Ce faisant, et bien qu'il admette la part de l'ambivalence du colonisé, il s'empêche de saisir que la situation coloniale n'a pas été seulement une expérience d'occupation, de coercition, d'exploitation, de dépossession et d'aliénation, mais aussi d'appropriation, au sens marxien du terme, en particulier sous la forme de transactions hégémoniques ou d'alliances interpersonnelles qui ont dépassé le seul cercle des «élites[13]». De même, il réduit l'action des colonisés, y compris leur mobilisation anticoloniale, à des pratiques «réactionnelles», à ce que l'historien Edward P. Thompson qualifie d'*agency, et* il ne prend pas en compte leur autonomie par rapport à l'État colonial, y compris dans leur relation à celui-ci[14]. Au fond, Fanon demeure tributaire de Jean-Paul Sartre, quitte à ne pas entièrement se reconnaître dans la préface que celui-ci écrira pour *Les damnés de la terre*, si l'on en croit le témoignage d'Alice Cherki[15]. Et l'on se prend à rêver d'un Fanon qui aurait lu les textes alors disponibles de Gilles Deleuze ou de Michel Foucault... Faute de cela, son œuvre reste très en deçà du débat qui agitera plus tard les *subaltern studies* indianistes, au sujet de l'hégémonie, ou de l'absence d'hégémonie, en situation coloniale[16].

En second lieu, Frantz Fanon, englué dans sa représentation anthropomorphique de la révolution, du peuple, de la paysannerie, des masses, ne parvient pas à analyser en profondeur la subalternité sociale, sinon celle du colonisé conceptualisé de manière générique, en dépit de l'intérêt de ses études de cas cliniques. Son acception de la sexualité semble très hétéronormée. La question de l'esclavage en Afrique occidentale, qui a été le grand refoulé des mouvements nationalistes, est occultée, alors que son euphémisation a été l'un des rouages de la domination de la «bourgeoisie nationale». La question berbère en Afrique du Nord est également à peu près passée sous silence. Et le très beau chapitre «L'Algérie se dévoile», dans *L'an V*, est incapable de percevoir l'autonomie de l'engagement des femmes dans la lutte nationaliste. Fanon se montre en définitive d'un machisme révolutionnaire assez convenu, pour ne pas dire effrayant quand on lit ces pages en ce début de nouveau millénaire[17].

12. F. Fanon, *Les damnés de la terre*, *op. cit.*, p. 31 et 36.

13. Voir, à propos de l'Algérie, F. Colonna, *Le meunier, les moines et le bandit. Des vies quotidiennes dans l'Aurès (Algérie) du XXe* siècle, Arles, Actes Sud/Sindbad, 2010.

14. Voir, par exemple, F. Fanon, *L'an V...*, *op. cit.*, p. 34.

15. A. Cherki, *Frantz Fanon. Portrait*, Paris, Seuil, 2000, p. 259.

16. Par une autre voie, Achille Mbembe parvient à une appréciation similaire: à ses yeux, Fanon «fait peu cas» du «petit secret» de la colonie, à savoir l'«assujettissement de l'indigène par son désir», et «c'est peut-être ce qui explique son incapacité à anticiper la postcolonie». Voir A. Mbembe, «De la scène coloniale chez Frantz Fanon», *Rue Descartes*, n° 58, 2004, p. 54.

17. F. Fanon, *L'an V...*, *op. cit.*, p. 35-36.

Il en résulte un curieux mélange d'extraordinaire lucidité, quasi prophétique dans certaines pages de son œuvre, et de conformisme révolutionnaire de l'époque dont il accepte le kit militant, par exemple quand il cite sans sourciller Sékou Touré en dépit du caractère coercitif du Parti démocratique de Guinée, patent dès les années 1950 ; une contradiction, aussi, entre sa présentation de la décolonisation en termes de discontinuité radicale et de « table rase », et son insistance sur la reproduction des « élites colonisées » en « bourgeoisie nationale », du fait du mélange des genres entre le répertoire du théoricien presque messianique, en tout cas utopique, de la révolution et le répertoire du sociologue de cette dernière ; une disjonction, de nouveau, entre son internationalisme ou son cosmopolitisme révolutionnaire et son acceptation militante de l'orientation ethnoconfessionnelle du nationalisme du FLN en Algérie même.

Frantz Fanon a vécu dans sa chair ces tensions. Sa radicalité politique continue de nous parler, quel que soit le malaise que peut susciter en nous la sympathie ou l'attirance qu'il éprouva à la fin de sa vie pour la ligne Boumediene au sein du mouvement nationaliste algérien. Son souci d'articuler son propos à une praxis est roboratif en ces temps de consensus. Son anti-culturalisme constitue un antidote de l'ethnopsychiatrie[18], et une source d'inspiration pour l'accompagnement thérapeutique que le Centre Frantz Fanon de Turin prodigue aux migrants. Son universalisme généreux, aux antipodes de toute rétraction identitaire et de toute rancœur postcoloniale, annonce la « déprovincialisation » de l'Europe à laquelle se livrera Dipesh Chakrabarty dans un « esprit anticolonial de gratitude » à l'égard de la pensée occidentale[19]. Sociologiquement, force est néanmoins de reconnaître que l'œuvre de Fanon a vieilli à l'aune des avancées des sciences sociales depuis cinquante ans. Ce qui ne doit absolument pas nous dissuader de la relire, car ainsi va la vraie pensée ■

Jean-François Bayart
Chaire d'études africaines comparées
Centre de recherche économie, société, culture (CRESC)
Université Mohamed VI Polytechnique, Rabat
Chaire Yves Oltramare « Religion et politique dans le monde contemporain »
Institut de hautes études internationales et du développement (IHEID), Genève

18. A. Cherki, *Frantz Fanon. Portrait*, *op. cit.*, p. 298.
19. D. Chakrabarty, *Provincializing Europe. Postcolonial Thought and Historical Difference*, Princeton, Princeton University Press, 2000, p. 255.

Abstract

Re-reading Fanon

Re-reading Fanon means placing him back in his time and in his position as psychiatrist during the colonial situation, himself a product of the empire as a Martiniquais, engaged in the overthrow of the empire in the name of a revolutionary universalism. His works remain stimulating in that they refuse any culturalist and identitarian interpretation of the political, they understand the role of war in social change, they grasp the importance of material culture and its techniques of the body, and they identify the compromise between "colonised elites" and "metropolitan bourgeoisie" underlying colonisation and decolonisation. However, Fanon does not stray away from an essentialist and ahistorical apprehension of the colonial situation, as well as of a rather poor vision of social subalternity.

ALICE CHERKI

FANON AU TEMPS PRÉSENT L'ASSIGNATION AU REGARD

À l'ère de la mondialisation néolibérale, des guerres réduisant les hommes à des objets, où la parole subjective dérange, la pensée de Frantz Fanon – qui analyse les effets de la domination de l'homme par l'homme dans tous les registres du réel, politique, sociologique, anthropologique et subjectif, et trace une voie vers une véritable décolonisation de l'« être » – est d'une étrange actualité. Et ce d'autant plus que Fanon, indissociablement psychiatre, penseur du racisme et des luttes de libération, a mis en garde contre les régressions ethniques, les replis identitaires, et, plus encore, contre les conséquences psychiques, sur plusieurs générations, des traumatismes de guerre, des tortures et autres violences déshumanisantes.

Les hasards de l'histoire ont fait qu'à l'âge de 19 ans, j'ai été élève de Frantz Fanon à l'hôpital psychiatrique de Blida-Joinville en Algérie en 1955-1956, puis une de ses assistantes dès l'ouverture du centre psychiatrique de jour à l'hôpital Charles Nicolle de Tunis. J'ai également participé dans le même temps à la lutte de libération nationale de l'Algérie. Ceci implique que nos destins se sont croisés et que je garde, comme tous ceux qui l'ont côtoyé, un souvenir de l'homme Fanon. Mais surtout j'ai découvert et pratiqué à ses côtés la socialthérapie et assisté à l'élaboration de l'analyse des ressorts de l'aliénation politique, culturelle et subjective. Ceci fait trace.

Plus tard, devenue moi-même psychiatre et psychanalyste, j'ai pris conscience que mon obstination à parler et écrire sur le lien entre aliénation politique et incidences subjectives sur les sujets en souffrance, à défendre une conception de la psychiatrie opposée à l'objectivation des différents DSM (*Diagnostic and Statistical Manual of Mental Disorders,* manuel diagnostique et statistique des troubles mentaux) et du triomphe de la molécule chimique, à alerter sur le devenir des démunis écrasés par une nouvelle idéologie dominante, voulant faire des sujets des objets et vidant de son sens la citoyenneté, était en grande partie liée à ce que Fanon m'avait transmis. J'ai coutume de dire : « La transmission n'est jamais un héritage direct ». Appelons cela « transmission brisée ».

Évoquer l'actualité de la pensée de Fanon donne l'embarras du choix. Dans ce texte, j'ai choisi de revenir sur les effets du regard de l'autre, de l'aliénation au regard de l'autre qui vous assigne à l'exclusion, de la violence que cela provoque et des conséquences psychiques que ce regard peut engendrer sur plusieurs générations.

Conception de la culture

La conception de la culture de Frantz Fanon obéit à un double mouvement : d'une part, mettre en évidence et développer les conséquences de l'écrasement des référents culturels des dominés (Fanon parle de colonisés, ce qui l'inscrit dans son époque) par la culture des dominants qui, non seulement, veut assurer sa suprématie mais encore méprise, dévalorise, rejette sous forme de déni la langue, l'histoire, la couleur de peau, bref, tous les référents culturels des dominés. Mais dans le même temps, Fanon promeut avec force la rencontre des cultures qui s'enrichiront vers un nouvel universalisme. C'est une avancée d'une grande actualité à l'ère du repli identitaire. Fanon manifeste une aversion pour toutes les formes d'incarcération culturaliste des sujets. Il se départit rapidement d'une logique risquant de devenir binaire « négritude-blanchitude » et situe les cultures en mouvement comme repères d'accès à l'universel. Il promeut le travail de la culture sur elle-même, avant même sa communication, au deuxième colloque des écrivains et artistes noirs à Rome en 1959 sur la culture nationale. De nombreux chapitres de *L'an V de la révolution algérienne* en témoignent[1].

Certes, il lui importait et il importe de repérer l'impasse de la culture dans le cadre de la domination coloniale entre deux voies : la rigidification de la culture ancestrale en traditions stéréotypées et peu productives ou l'acquisition forcenée de celle de l'occupant. Mais sortir de la domination coloniale et postcoloniale, c'est rendre possible que les deux cultures s'enrichissent réciproquement vers l'universel. Il le martèle déjà, dès 1956, dans la conclusion de sa communication au premier colloque des écrivains et artistes noirs à la Sorbonne, en pleine guerre d'Algérie, une intervention écrite à Blida pendant l'été : « "la culture spasmée" et rigide de l'occupant, libérée, s'ouvre enfin à la culture du peuple devenu réellement frère. Les deux cultures peuvent s'affronter, s'enrichir. L'universalité réside dans cette décision de prise en charge du relativisme réciproque de cultures différentes une fois exclu irréversiblement le statut colonial[2] ». Cette citation est toujours à reprendre et

1. F. Fanon, *L'an V de la révolution algérienne*, Paris, François Maspero, 1959. Cet ouvrage est également connu sous le titre *Sociologie d'une révolution*.
2. F. Fanon, « Pour la révolution africaine », Paris, François Maspero, 1964 ; F. Fanon, « Racisme et culture », conférence présentée au premier congrès des écrivains et artistes noirs à Paris, septembre 1956, publiée dans le numéro spécial de *Présence Africaine*, n° 8-9-10, 1956, p. 122-131.

à méditer. Dans le même mouvement, s'est imposée à moi cette citation d'Achille Mbembe datant de 2010 :

> « Qu'est-ce être soi à l'âge de la globalisation, sinon de pouvoir revendiquer librement telle ou telle particularité – la reconnaissance de ce qui dans la nation qui nous est commune, voire le monde qui nous est commun, me rend différent des autres ? Et de fait l'on pourrait suggérer que la reconnaissance de cette différence par les autres est précisément la médiation par laquelle je me fais leur semblable. Il s'agit bien d'un semblable et non d'un identique. Le partage des singularités est le préalable à une politique de l'en commun[3] ».

Ainsi, pour Fanon, une culture est toujours altérée par le rapport à l'Autre et le nouvel universalisme humaniste qu'il promeut d'une façon anticipatrice – on retrouvera cette conception chez Edward Saïd, Édouard Glissant, Achille Mbembe – est issu non d'une hiérarchie mais d'une transversalité. On voit combien cette position est très loin de celle qui fonde les replis identitaires sur une culture Une, une origine Une et même une histoire écrite à partir d'un point zéro d'une origine proclamée, dont on ne sait si elle est fantasmée, sans parler de la langue Une. Certes Fanon a, en s'engageant dans cette époque des luttes de libération des peuples colonisés, soutenu le fait que les peuples avaient à se libérer et que cette libération était une libération nationale, d'où le reproche qui lui fut fait, vers la fin de sa vie, de soutenir les nationalismes en oubliant qu'il avait écrit de façon prémonitoire aussi « les mésaventures de la conscience nationale[4] ».

L'aliénation au regard

Mais venons-en au cœur du propos ici, à savoir l'importance du regard de l'autre, la violence qui en découle et ses conséquences psychiques sur le long terme. Dans le dernier chapitre des *Damnés de la terre*, « guerre coloniale et troubles mentaux », texte resté longtemps méconnu, Fanon s'était déjà inquiété des conséquences qu'aurait, des années après, la guerre de décolonisation[5]. Ces trois aspects – aliénation au regard de l'autre, violence, conséquences psychiques – sont en fait liés et non sans rapport avec mon apparente digression sur les cultures.

3. A. Mbembe, *Sortir de la grande nuit. Essai sur l'Afrique décolonisée*, Paris, La Découverte, coll. « Cahiers libres », 2010, p. 117.
4. F. Fanon, *Œuvres*, Paris, La Découverte, coll. « Cahiers libres », 2011. p. 541.
5. *Ibid*, p. 625-628.

Il faut se rappeler les avancées de Fanon sur le regard de l'autre, sur les effets d'aliénation à l'autre qui vous assigne à être exclu, étranger, quel que soit votre parcours. Un regard qui vous stigmatise et vous rejette dans un corps indifférencié et, dans le meilleur des cas – celui où il consent à vous voir –, vous somme d'être du côté de l'identique, du même et non un semblable. C'est le « regard qui brûle », selon l'expression d'Imre Hermann[6], psychanalyste hongrois longtemps méconnu. Frantz Fanon avait fait l'expérience de l'effet de sidération qu'induit le regard de l'autre, un regard qui assigne, qui vous dénie toute image positive de vous-même, ou encore qui glisse sur vous comme si vous étiez radicalement étranger, parfois même pas tout à fait humain et où, dans tous les cas, vous êtes nié comme autre. On en retrouve les traces aujourd'hui. Fanon en fait lui-même l'expérience, comme il le rapporte dans *Peau noire, masques blancs*. Lorsqu'un enfant, dans la rue à Lyon, le regarde et dit à sa mère : « Tiens, un Nègre[7] ». Alors jeune étudiant en médecine, Fanon note un premier temps de sidération sous ce regard, avec comme seul affect la honte. Puis à la sidération et à la honte, succède la colère : « le Nègre vous emmerde ». À partir de là, il créera une scène, écrit-il. Ainsi Fanon est un enfant de notre monde actuel par l'importance qu'il attachait au regard et à la honte. La honte, affect ou plutôt expérience à la jonction du privé et du social, du psychique et du culturel, du plus intime et du public, fige le corps qui veut rentrer sous terre et devenir transparent. Elle atteint l'intégrité de l'image du corps et coupe de toute parole.

En France, le « j'ai la honte » des jeunes des années 1980 a précédé le « j'ai la haine » des années 1990, transformant en objet appropriable et surtout en objet de jouissance cet affect collé au corps, compagnon de leur vie publique sous le regard de certains autres. Dans tous les cas, s'inscrit le rapport au regard, s'affirme l'importance de ce regard qui inhibe et qui brûle… Que disent certains jeunes des cités aujourd'hui ? « Je regarde comment il me regarde. Me voit-il comme moi, un autre différent mais semblable, français aussi, ou comme un faciès suspect, une graine de délinquant, une particule d'un corps indifférencié ? »

Être assigné dans le regard du Blanc européen à une image noircie ou délavée, mais circonscrite à la couleur de la peau, vient alors troubler le rapport à leur propre image même si leur Je s'est déjà constitué avec l'assentiment d'un premier Autre les détournant d'un destin psychotique. C'est la raison pour laquelle je dis que ces jeunes ne sont pas psychotiques. C'est au niveau de ce trouble de l'image spéculaire, par la figure imposée du dominant faisant rupture dans l'image de soi, de cette rencontre seconde

6. I. Hermann, *L'instinct filial*, Paris, Denöel, 1972.

7. F. Fanon, *Œuvres*, *op. cit.*, p. 153.

avec l'identification tyrannique, que s'inscrit l'arrêt de la subjectivation. Car, dans l'instant, le regard sur l'apparence, sur le trait physique, arrête toute possibilité de nomination. Il précipite dans un réel dénué de tout espace de parole. C'est soit la pétrification qui file vers la mort, soit la montée de violence dont le destin est alors indécidable.

Je dirai en passant qu'une des issues possibles est la scène de création dont Fanon témoigne : créer une scène à partir de la perception qu'il en a, tenter d'organiser cette perception – et les indices émotionnels qui l'accompagnent – sur la scène de l'écriture, de donner forme à ce réel irreprésentable dans une liaison et une combinaison de représentations, les plus dénudées soient-elles. L'écriture devient la scène où réinscrire le drame de son rapport au monde. Fanon est, de ce fait, un exemple très actuel du lieu d'où procèdent psychiquement l'écriture ou toute création : d'un bout de réel, que signale une trace perceptive, un indice émotionnel et qui insiste pour une forme représentable, ouverte alors au lien avec d'autres.

On peut le dire en d'autres termes : quel espace de langue accueillerait les différences pour faire des représentations communes ? Je pense ici à tous les jeunes artistes, écrivains et écrivaines francophones, français ou non. Cette expérience du regard qui vous pétrifie vous cloue de honte ou encore glisse sur vous, vous déniant toute altérité, Frantz Fanon en reparle longuement dans les *Damnés de la terre*. Il importe de relire ces pages dans lesquelles il décrit comment, dans un monde coupé en deux, sans espace de dialogue possible, c'est soit l'assujettissement et l'identification à l'agresseur, surtout quand les systèmes de représentations dominants (couleur de peau, langue) exigent de devenir le même et non plus le semblable (c'est toute l'aliénation déjà décrite dans *Peau noire et masques blancs*), soit la pétrification[8]. Et le plus souvent, cette pétrification conduit à une douleur du corps, à des pulsions erratiques d'où émerge une infinie violence, violence elle-même erratique qui peut conduire à attaquer le plus proche ou soi-même, à moins que ce ne soit se prendre pour des zombies.

> « C'est pourquoi les rêves de l'indigène sont des rêves musculaires, des rêves d'action, des rêves agressifs. Je rêve que je saute, que je cours, que je grimpe. Je rêve que j'éclate de rire, que je franchis le pont d'une enjambée. Que je suis poursuivi par une meute de voitures qui ne me rattrapent jamais. Tout est permis car, en réalité, l'on ne se réunit que pour laisser la libido accumulée, l'agressivité empêchée, sourdre volcaniquement. Mises à mort symboliques, chevauchées figuratives, meurtres multiples imaginaires, il faut que tout cela sorte[9] ».

8. *Ibid.*, p. 458-461.
9. *Ibid.*, p. 467-468.

En décrivant également le regard que les Européens, y compris les psychiatres, portaient sur lesdits indigènes – et je pense là particulièrement à la construction de la théorie du primitivisme –, Fanon fait la démonstration parfaite de la violence, non seulement économique, juridique, culturelles mais sur le sujet même, un sujet de langue et d'histoire. Il affine sa description de l'état psychologique du colonisé. Sa culpabilité n'est pas une culpabilité intériorisée mais vécue comme une malédiction. Il est infériorisé et se montre tel sans être convaincu de son infériorité. On est là dans la schize, le clivage profond de la personnalité. Comment peut-il échapper à cet état ? Par le rêve certes, mais surtout par une tension permanente de son corps, comme l'illustrent les quelques mots que j'ai rappelés plus haut.

C'est quelque chose que l'on entend de nos jours, ces corps affectés ne pouvant recourir à d'autres expressions que les décharges musculaires, décharges motrices impulsives, « tuer un autre colonisé », écrit Fanon, accomplir un meurtre erratique ou encore « revenir à des luttes tribales, aux vieilles rancunes enfoncées dans les mémoires[10] ».

Ceci ne peut qu'évoquer les règlements de compte des clans dans les cités, si opaques et si médiatisés, et plus encore les guerres meurtrières au nom de l'ethnicité qui ne cessent de traverser tous les continents. De ces désastres profitent largement les intérêts des tenants du capitalisme financier, à moins qu'ils n'en soient les instigateurs. Nous ne sommes plus explicitement dans une période coloniale, mais dans ces temps de grande inégalité, qu'en est-il du renouvellement incessant de l'humiliation et de l'écrasement subjectif de tous ceux désignés comme les « sans » : sans travail, sans domicile, sans-papiers, sans terre d'accueil, sans droit à un espace de parole ? Et plus encore, quand ce regard actuel est redoublé du silence sur le même regard porté sur les générations antérieures. Il se trouve que cette situation du monde, déjà alarmante en 2000, n'a fait que s'accroître. Inégalité Sud-Nord mais également à l'intérieur de chaque pays, la multiplication des laissés-pour-compte, le renouvellement incessant de leur humiliation et de leur écrasement subjectif.

Cela a des conséquences graves sur les individus, dans leur développement psychique. Soumis à un double diktat, celui de devenir des objets et non plus des sujets, à la fois sommés de jouir des biens de consommation proposés par l'idéologie du marché et du capitalisme financier et, en même temps, de subir les discriminations à l'embauche, au logement et même dans les boîtes de nuit, en raison de leur nom, de leur type physique, ils ont du mal – plus que d'autres – à construire une image de soi positive. Ils sont alors en butte avec l'errance psychique qui conduit à des déflagrations violentes

10. *Ibid.*, p. 465.

des identifications ou à des recours imaginaires à une origine et une identité prescrites, subies, et pourtant glorifiées.

On est là au plus près dans les termes mêmes de tout ce qui fait l'interminable du traumatisme, l'enkystement, l'impossible de s'absenter, de donner une sépulture aux ancêtres. J'ai évoqué plus haut « Guerre coloniale et troubles mentaux », chapitre peu commenté des *Damnés de la terre* qu'il suffit pourtant de relire. Frantz Fanon, à partir entre autres de son expérience de clinicien, y invite de façon quasi prophétique à prévoir dans l'après-guerre les séquelles à long terme de part et d'autre, chez les tortionnaires et chez les torturés, dit-il. Déjà dans l'introduction non publiée des deux premières éditions de *L'an V de la révolution algérienne,* Fanon signalait que les conséquences psychoaffectives de cette guerre d'Algérie seraient l'héritage humain de la France en Algérie et, disait-il en voix *off*, en France. Dans ce même chapitre, il évoque le cas d'un militant d'un pays nouvellement indépendant qui, sur instruction de son réseau pendant la lutte, avait déposé une bombe dans un café. Constatant qu'il présentait à une date régulière, tous les ans, crises d'angoisse, insomnies, contractures musculaires invalidantes, il ajoute en note :

> « Les circonstances d'apparition de ces troubles sont intéressantes à plus d'un titre. Plusieurs mois après l'indépendance de son pays, il avait fait la connaissance de ressortissants de l'ancienne nation occupante. Il les avait trouvés sympathiques. Ces hommes et ces femmes saluaient l'indépendance acquise et rendaient hommage sans réserve au courage des patriotes dans la lutte de libération nationale. Ce militant eut alors une sorte de vertige. Il se demanda avec angoisse si, parmi les victimes de la bombe, il aurait pu se trouver des gens semblables à ses interlocuteurs. Certes, le café visé était un repaire de racistes notoire, mais rien n'interdisait à un quelconque passant d'y rentrer et de consommer. À partir du jour où il eut ce premier vertige, l'homme essaya d'éviter de penser aux événements anciens. Or, paradoxalement, quelques jours avant la date critique, les premiers troubles apparaissaient. Depuis, ils se répètent très régulièrement. Autrement dit, nos actes ne cessent jamais de nous poursuivre. Leur arrangement, leur mise en ordre, leur motivation peuvent parfaitement *a posteriori* se trouver profondément modifiés. Ce n'est pas l'un des moindres pièges que nous tend [*sic*] l'Histoire et ses multiples déterminations. Mais pouvons-nous échapper au vertige ? Qui oserait prétendre que le vertige ne hante pas toute existence ?[11] ».

Cette note saisit quelques bribes du style de Fanon qui se constitue comme Je en s'adressant constamment à l'autre, un style qui ne s'exprimait pas seulement dans son écriture mais aussi dans sa parole, dans ses relations avec amis, patients, soignants, collègues.

---

11. *Ibid.*, p. 628.

Il faut interroger les incidences subjectives du politique et de l'Histoire sur la dimension inconsciente de ce qui se passe d'une génération à l'autre. Cela sera, dit Fanon, « l'héritage humain de la France et de l'Algérie ». Après plusieurs années de silence, les acteurs de ce drame, le plus souvent sous la pression de leurs descendants, contaminés par ces traumatismes et le secret qui les entoure, disent, écrivent, filment parfois leur souffrance, leurs troubles somatiques ou psychiques, l'altération profonde de leur personnalité, souvent dans les termes même des descriptions cliniques de Fanon dans les années 1950. Il cherchait les outils qui peuvent rendre compte de cette sidération subjective et de ce trouble de l'image du corps. Nous sommes les héritiers de ces silences : l'élaboration barrée, l'arrêt sur image et sur un corps en excès. Nos enfants de l'actuel – et pas seulement en France – tournent en rond entre la honte de soi et la haine de tout, disant que les mots ne disent rien, marqués au corps d'insignes, de hiéroglyphes en quête d'être déchiffrés. Ce sont les héritiers d'hommes et de femmes marqués par le traumatisme historique. Héritent-ils de ces violences ou plutôt de leur non-élaboration ? À l'adolescence, dans l'actuel de la cité, ils tentent de nouer ces fragments d'histoire, ces objets de mémoire trouée ou méconnue, ces colères rentrées ou ces apathies anonymes à des multiplicités de représentations qui pourraient dire comment l'Autre est affecté par la reconnaissance de ce passé et par ses traces, comment la langue d'accueil pourrait les traduire et les faire circuler en représentations partageables par tous, sans honte ni gloire, de façon à vivre pleinement le présent ■

Alice Cherki
Psychiatre, psychanalyste, biographe de Frantz Fanon[12]

Abstract

Fanon today. The summoning glance

In the era of neoliberal globalization, at a time when wars reduce men and women to objects, when subjective voices are seen as disruptive, Frantz Fanon's thought – which analyzes the effects of domination of men by men in the political, social, anthropological and subjective realms and which paves the way towards a true decolonization of the "being" – is uncannily topical. Even more so as Fanon, who was inseparably a psychiatrist and a thinker of racism and liberation struggles, warned us against ethnic regressions, reductive assertions of individual and group identities, and, even more so, against the psychological consequences, over several generations, of war traumas, torture and other forms of dehumanizing violence.

12. A. Cherki, *Frantz Fanon. Portrait*, Paris, Seuil, 2000 (Postface de 2011, Paris, Point, coll. « Documents », 2016).

Idriss Terranti

Un espoir contrarié, un destin à réaliser. Que reste-t-il de Fanon en Algérie ?

Figure éminente de la révolution algérienne, Frantz Fanon a largement contribué à son internationalisation et à la mise en valeur de son contenu libérateur. Paradoxalement, alors que sa pensée partout dans le monde est mobilisée pour éclairer et impulser les luttes économiques, politiques et idéologiques pour l'affranchissement de toute forme de domination, elle subit en Algérie, depuis l'indépendance, une marginalisation et une « silenciation ». Cette contribution présente notre perception des circonstances historiques, politiques et idéologiques à l'origine de la marginalisation de l'œuvre de Fanon, à la fois dans le champ politique et psychiatrique, tout en mettant en évidence le mouvement de réappropriation de sa pensée par des élites d'horizons idéologiques divers. Elle vise à comprendre et à offrir des perspectives à la crise durable dans laquelle se trouve l'Algérie depuis le début des années 1990.

Poser la question de l'héritage de Frantz Fanon aujourd'hui en Algérie revient à poser la question du devenir du projet de l'État démocratique et social porté par la guerre de libération nationale. Nous le faisons en interrogeant les conditions idéologiques, politiques et historiques particulières de l'Algérie qui, en articulation avec les changements dans le mouvement de libération des peuples dominés, ont contribué à la marginalisation des idées de Fanon.

L'Algérie est en train de vivre, comme de nombreux pays d'Afrique ayant accédé à l'indépendance dans les années 1960, ce que Frantz Fanon avait qualifié de « mésaventure de la conscience nationale[1] ». La radicalité du mouvement de libération nationale en Algérie et les transformations profondes nées de la dynamique de ce mouvement n'ont pu résister aux effets conjugués de ses propres contradictions internes et des pressions du capital international, en particulier de la part de l'ancienne puissance occupante, pour le maintien d'une économie algérienne de consommation non productive. La rente pétrolière fait de l'Algérie un grand marché de consommation des produits

1. A. Mbembe, « Cinquante ans de décolonisation africaine », *NAQD*, n° 30, 2013, p. 137-144.

manufacturés alors que la France a été le premier fournisseur de l'Algérie en biens de consommation et d'équipements jusqu'en 2012[2].

La question du devenir de l'État national indépendant démocratique et social, né de la guerre de libération nationale, constitue encore plus aujourd'hui l'enjeu de luttes sociales, politiques et économiques, même si elles sont souvent voilées par des thématiques idéologiques à caractère identitaire, telles les langues et la religion. La pensée libératrice de Fanon est d'autant plus nécessaire qu'elle nous propose des éléments pour dévoiler les mystifications qui masquent les véritables contradictions, opposant les intérêts des peuples et ceux des pouvoirs rentiers et despotiques qui se sont constitués en sous-traitants du capitalisme international. Ce texte expose ma perception de l'évolution de ces luttes autour de la pensée de Fanon, dans le domaine politique et social mais aussi, de par ma profession de psychiatre, dans celui de la santé mentale. De ce fait, je commencerai par ma propre expérience et ma tardive rencontre avec Fanon en ce qu'elle révèle du processus de mise à l'écart de ses idées.

Né un an avant le déclenchement de la guerre de libération nationale, je garde des souvenirs très vifs de la guerre et de la terreur qu'engendraient chez nous les opérations de l'armée française d'occupation. L'indépendance a été pour nous et nos parents un moment de bonheur incroyable, celui de tous les possibles. Pour la première fois, j'ai vu ma mère et mes tantes s'habiller de jupes et de chemises aux couleurs du drapeau et sortir sans voile pour participer aux festivités.

J'ai suivi l'école primaire à Alger. À l'époque, il n'y avait pas encore de manuel sur l'histoire de la guerre. C'est dans les veillées familiales que nous en écoutions les récits. Comme la très grande majorité des enfants algériens, à aucun moment de ma scolarité, je n'avais entendu parler, dans aucun média ou lieu, de Frantz Fanon. Je connaissais le boulevard Frantz-Fanon qui était à deux kilomètres de mon domicile et le lycée Frantz-Fanon situé à côté du mien, sans savoir qui était le personnage dont ils portaient le nom. À aucun moment, nous n'avions eu un cours, une présentation, une commémoration, un texte, une recherche sur Fanon.

Une fois à l'université, j'ai adhéré au Parti communiste, qui soutenait à l'époque la politique de développement dite « socialiste » du pouvoir. Frantz Fanon était parfois évoqué dans certaines discussions comme un intellectuel

2. « Note sur les échanges extérieurs de l'Algérie en 2013, par région et par partenaire. Analyse comparative sur la période 2010-2013 » [en ligne], Direction générale des Relations économiques et de la Coopération internationale, mai 2014, <www.mae.gov.dz/images/sce/documents/Note%20sur%20les%20%C3%A9changes%20ext%C3%A9rieurs%20de%20l%E2%80%99Alg%C3%A9rie%20en%202013.pdf>, consulté le 15 septembre 2016.

révolutionnaire dont les thèses étaient peu scientifiques. J'avais, à ce moment-là, fait ma première lecture des *Damnés de la terre*[3]. Si sa conception de la violence révolutionnaire m'enthousiasmait à l'époque, notre grille de lecture de militant marxiste nous tenait à distance de sa vision quant à la conduite du processus révolutionnaire.

J'ai commencé mes études de psychiatrie en 1980 à Alger. Le moins que l'on puisse dire de cette période, c'est que le souffle de Frantz Fanon n'avait pas animé la pratique psychiatrique algérienne post-indépendance. J'ai exercé ensuite pendant 12 ans à l'hôpital psychiatrique de Blida qui avait accueilli Fanon en 1953 et où il avait mis en application ses conceptions du travail psychiatrique. La première manifestation scientifique consacrée à Fanon, dans l'enceinte de cet hôpital, s'est déroulée en 1999 seulement. C'est notre actualité tragique (le terrorisme islamiste des années 1990) qui nous a fait relire Fanon. Cette lecture m'a fait découvrir toute la richesse de sa pensée mise à l'écart pendant plusieurs décennies, et surtout, sa brûlante actualité. Il constitue pour moi actuellement une référence majeure d'un point de vue éthique (l'homme au centre de sa pensée et de son action), politique (par la persistance des logiques néocoloniales dans notre pays et dans le monde) et enfin scientifique, par sa contribution majeure et originale à la psychiatrie sociale.

L'indépendance : Du Fanonisme sans Fanon

Il est déjà bien établi que le pouvoir algérien a une reconnaissance « iconique » envers Frantz Fanon, combattant du Front de libération nationale (FLN) et martyr, mais une méfiance et un rejet violent du Fanon théoricien de la révolution sociale. Il est vrai que le pouvoir post-indépendance n'a pas fait de référence officielle à Fanon dans tout ce qu'il a entrepris. Pourtant, tout observateur averti pouvait reconnaître, dans la politique officielle des années 1960 et 1970, l'influence de Fanon dans le processus de développement économique et social de cette période. Elle était perceptible dans le développement au service de la population, dans la lutte pour un ordre économique mondial plus juste et surtout dans l'engagement sans réserve aux côtés des peuples et mouvements en lutte pour leur libération, particulièrement en Afrique. Elle transparaissait également dans l'intérêt que portait le président Houari Boumediène aux transformations du monde rural à travers la « révolution agraire », même si les moyens et les méthodes mis en œuvre étaient critiquables.

3. F. Fanon, *Les damnés de la terre*, Paris, François Maspero, 1961.

L'esprit de Fanon a profondément marqué l'organisation et le déroulement du premier festival panafricain en 1969 à Alger, en s'inscrivant résolument dans le refus de la « négritude » en dehors du processus de libération de tout le continent africain de la domination coloniale et néocoloniale[4]. La sixième session extraordinaire de l'assemblée des Nations unies concernant l'instauration d'un nouvel ordre économique international s'est tenue en 1974, à la demande de l'Algérie, et ses résolutions ont été un véritable manifeste pour la fin des rapports de domination économiques dans le monde. On peut y voir, à mon sens, une certaine influence des idées de Fanon sur une partie des dirigeants algériens[5]. Cependant, ces derniers, parmi les plus favorables à l'option du développement social, évitaient soigneusement les références à Fanon ou au marxisme et se tournaient plutôt vers les solidarités traditionnelles, qu'elles soient séculières ou religieuses, pour justifier leurs choix.

L'histoire officielle : une mémoire mythique

Bien que Fanon ne soit pas aussi largement connu et médiatisé que les autres martyrs de la révolution d'origine algérienne, il reste présent dans la liste de la martyrologie officielle. Cette marginalisation au sein de l'histoire officielle est partagée par de nombreux combattants et martyrs d'origine européenne, tels Maurice Audin[6] et Fernand Iveton[7], qui ne sont jamais cités dans les commémorations officielles ni dans les médias accessibles au grand public (radio et télévision). L'organisation des Anciens combattants, soutien puissant du pouvoir jouissant de privilèges particuliers, n'a jamais évoqué ces martyrs, même si une place au centre d'Alger porte le nom de Maurice Audin[8].

---

4. A. Kessab, « Festival culturel panafricain d'Alger *vs* Festival mondial des arts nègres. Au-delà du spectacle : enjeux idéologiques et géopolitiques », *Quotidien d'Oran*, 10 mai 2009.
5. A. Cherki, *Frantz Fanon. Portrait*, Paris, Seuil, 2000 ; D. Macey, *Frantz Fanon, une vie*, Paris, La Découverte, 2011 [2007].
6. Mathématicien et chercheur, militant du Parti communiste Algérien (PCA) ayant rejoint le FLN, il est fait prisonnier par les parachutistes à l'âge de 25 ans. Il sera assassiné en prison après avoir été sauvagement torturé. L'armée ne restituera jamais le corps à sa famille, en soutenant qu'il s'était évadé dix jours après l'arrestation. Son cas fait l'objet de controverses judiciaires récentes. Voir M. Bussone, « L'affaire Maurice Audin devant la justice marseillaise » [en ligne], *L'Humanité*, 23 septembre 2015, <www.humanite.fr/laffaire-maurice-audin-devant-la-justice-marseillaise-584665>, consulté le 10 juin 2016.
7. Militant syndical et communiste, membre du PCA, Il rejoint le FLN en 1956. Il sera condamné à mort et guillotiné par les autorités coloniales en 1957, après le rejet de la demande de grâce présentée par son avocat.
8. La place Maurice Audin (anciennement place du maréchal Lyautey) au centre d'Alger a été baptisée à l'indépendance (le 3 juillet 1962), dans le feu de l'action, par le président Ben Bella, à l'issue d'un entretien avec Madame Josette Audin.

À l'université, Frantz Fanon n'a été enseigné que partiellement et uniquement au niveau du département de littérature française et, de fait, les travaux de recherche et les publications lui étant consacrés étaient rares[9]. À tous les paliers de l'enseignement, aucun programme ne fait référence à Fanon ou à un autre martyr ou combattant dont le nom est à consonance occidentale, aucun texte de Frantz Fanon n'a été proposé aux élèves des écoles et lycées. Cette exclusion de l'espace public, de la mémoire et de sa transmission est une politique délibérée du FLN, dès les premières années de l'indépendance. L'écriture de l'histoire officielle était soumise au filtre idéologique et politique du moment qui avait pour seul souci la présentation mythifiée de la parfaite unité du peuple algérien « arabe et musulman » et de sa représentation politique. Cette obsession de l'unité et du parti unique a également conduit à l'éviction du champ de l'expression officielle de voix aussi différentes que Messali Hadj, fondateur du Parti du peuple algérien (PPA)[10], le libéral Ferhat Abbas[11], des communistes et même des fondateurs du FLN comme Hocine Aït Ahmed et Mohammed Boudiaf[12]. Elle a aussi occulté et réprimé, durant des décennies, la dimension amazighe de l'identité algérienne. La dimension religieuse de l'opposition au colonialisme a été tellement mise en valeur auprès des jeunes générations que les jeunes d'aujourd'hui sont surpris d'apprendre que des non-musulmans avaient participé à la guerre de libération nationale.

La première rencontre en Algérie sur l'héritage de Frantz Fanon n'a pu se tenir qu'en 1987, 25 ans après l'indépendance. Elle survient quelques années après celles qui se sont déroulées en Martinique (1982) et à Brazzaville (1984), dans un contexte de montée des luttes démocratiques qui devaient aboutir à la révolte d'octobre 1988 en Algérie. C'est autour d'anciens responsables et militants de la révolution algérienne, des compagnons de Frantz Fanon (dont Pierre Chaulet et Salah Louanchi), et à l'occasion du vingt-cinquième anniversaire de l'indépendance que ce premier colloque a pu avoir

9. Voir l'inventaire systématique des travaux réalisés depuis l'indépendance jusqu'à l'année 2011 par C. Chaulet Achour, « L'Algérie et Fanon », *in* Cercle Frantz Fanon (dir.), *Frantz Fanon, un héritage à partager*, L'Harmattan, 2013, p. 115-130.

10. Président du premier parti nationaliste algérien (le Parti du peuple algérien) à avoir revendiqué ouvertement l'indépendance.

11. Pharmacien influencé par les idées de la révolution française, il avait créé un parti pour la promotion des droits des Algériens musulmans victimes de ségrégation. Il défendait l'émancipation des musulmans par leur assimilation dans l'Algérie française, puis a finalement rejoint la lutte armée pour devenir le premier président du Gouvernement provisoire algérien (GPRA).

12. Hocine Aït Ahmed et Mohamed Boudiaf sont parmi les fondateurs du FLN et parmi ceux qui ont pris la décision de déclencher la lutte armée. Dès l'indépendance, ils vont s'opposer au nouveau pouvoir qui s'est imposé par la force. Ils connaîtront tous les deux près de vingt ans d'exil.

lieu. Le premier des trois thèmes abordés, « Fanon, militant algérien », laisse supposer une réaction de réappropriation de la mémoire de Fanon devant ce qui apparaissait comme une dépossession.

Il a fallu toutefois attendre le début des années 2000 et le passage par une décennie de guerre civile avec tous les traumatismes induits, pour voir la communauté universitaire, incluant cette fois les universitaires arabophones[13], s'intéresser timidement à l'œuvre de Frantz Fanon.

La libéralisation économique ou les raisons profondes de l'oubli de Fanon

Au début des années 1980, les options de développement économique se sont considérablement transformées : la dynamique de développement du secteur public a été stoppée pour faire place à un démembrement de toute l'infrastructure industrielle mise en place jusqu'alors. Aucun autre système productif de remplacement n'a été mis en place. Toute l'opération a consisté en un détournement de la rente pétrolière au profit d'une caste de marchands, à travers l'importation de l'ensemble des biens de consommation nationale[14].

Des résistances à ces politiques se sont exprimées. Mais dans un contexte où le religieux et la langue s'affirmaient comme référents identitaires principaux, les luttes économiques et sociales prirent un caractère de plus en plus identitaire et culturel, s'exprimant à travers des oppositions « manichéennes » (occident/orient, islam/laïcité, langue arabe/langue française, arabité/amazighité[15]). Les conflits ont culminé avec les révoltes des jeunes

13. Pendant l'occupation coloniale, les Algériens avaient très peu accès à l'enseignement. La langue arabe était enseignée dans les écoles traditionnelles et ne permettait pas d'obtenir un emploi. À l'inverse, la langue française offrant cette possibilité, était plus recherchée. À l'indépendance, la différence entre francophones et arabophones est devenue une opposition idéologique pour la prise du pouvoir. Voir, pour plus d'informations, l'article de G. Grandguillaume, « Arabophones, francophones, les enjeux de la question des langues en Algérie », *in* R. Bistolfi (dir.), *Les langues de la Méditerranée*, Paris, L'Harmattan, 2002 (Cahiers de confluences), p. 141-165.

14. S. Bellal, « Une approche régulationniste de la désindustrialisation en Algérie », *Les Cahiers du CREAD*, 2011, n° 95, p. 27- 51. Sur la crise économique et sociale en Algérie, voir aussi le dossier de *Politique africaine* : T. Dahou et N. Sidi Moussa (dir.), « L'Algérie aux marges de l'État », *Politique africaine*, n° 137, 2015, p. 7-128.

15. Le terme « amazighité » vient de tamazight, la langue la plus ancienne des peuples d'Afrique du Nord. La conquête musulmane de l'Afrique du Nord n'a pas entrainé l'extinction de cette langue même si elle n'était plus utilisée pour l'écrit, le culte et l'administration. Elle a continué à être parlée dans ses variantes locales et régionales par près de la moitié des populations algériennes et marocaines et, à un degré moindre, en Libye. La revendication des populations amazighophones à réhabiliter la langue et la culture amazigh a existé dès la création des partis nationalistes et a pris une dimension importante après l'indépendance.

en 1986 et surtout en 1988, avec comme conséquence la libéralisation du système politique et économique algérien.

Ce qui a été considéré au début comme un progrès a servi, en réalité, à consacrer deux options lourdes : d'une part, le caractère ultralibéral du système économique dont la finalité principale est le transfert des richesses nationales vers les multinationales, par le biais de la bourgeoisie issue du pouvoir ; de l'autre l'islamisme, y compris dans sa version la plus radicale et la plus violente, comme acteur politique officiel et dominant dans la société. Deux années plus tard, l'Algérie a été soumise à une terrible guerre civile qui a duré dix ans et dont les enjeux portaient sur la remise en question de l'État national à caractère social, issu d'une guerre de libération contre le colonialisme.

L'héritage de Frantz Fanon en Algérie est nécessairement inscrit dans cette évolution générale, de même que sa mise à l'écart en tant que penseur éclairant les pièges auxquels seront soumis les pays nouvellement libérés dans leur entreprise de développement. Parmi les dirigeants issus de la guerre de libération – qui se sont retrouvés à la tête d'un pays aux richesses naturelles considérables, certains n'aspiraient qu'à remplacer les colons. Pour ceux-là, la mise à l'écart de Fanon et de ses idées était une exigence politique. Les clivages idéologiques autour des questions d'identité, de religion et de langue étaient les vecteurs principaux qui permettaient de masquer les vrais enjeux du développement économique.

Le mouvement national Algérien et la question de l'identité

Les questions identitaires ont marqué le mouvement de libération nationale algérien dès sa naissance – avec notamment l'Étoile nord-africaine (ÉNA) et le Parti du peuple algérien (PPA)[16] – et ont constitué, du fait même du processus de colonisation (négation de la langue, de la religion, de la culture du colonisé), un point extrêmement sensible. La plupart des élites modernistes à l'origine de la naissance du mouvement ont toujours eu de la difficulté à

16. L'ÉNA (Étoile nord-africaine) est la première organisation crée dans le but d'obtenir l'indépendance des pays de l'Afrique du Nord. Elle a été fondée en 1926 en France par des ouvriers algériens militants de la Confédération générale des travailleurs (CGT) et du Parti communiste français. Les désaccords avec le PCF sur la revendication de l'indépendance et sur la place de la religion ont conduit, après son interdiction par les autorités françaises, à la création d'un parti plus centré sur l'identité et l'indépendance, avec des positions politiques de gauche sur le plan social et économique. Il s'agit du PPA dirigé par Messali Hadj, très imprégné par le modèle du nationalisme arabe moyen-oriental (langue, religion et indépendance).

se dégager du fait religieux comme constituant fondamental de l'identité, et la déclaration du FLN au déclenchement de la révolution fixe, comme objectifs, l'indépendance nationale et l'édification d'un État démocratique et social, dans le respect des principes islamiques.

Ce mode de pensée repose sur un fond commun nationaliste et religieux mythifié (en raison de l'agression coloniale) par la majorité du peuple algérien et de ses représentants. Il est une des variations du nationalisme arabe moderne né dans les années 1920 en Syrie, en Irak et en Égypte après le démembrement de l'empire Ottoman.

L'Algérie présente cependant une situation particulière au regard de ces pays, qui la rend plus vulnérable. L'occupation française s'est faite dans le but de s'accaparer le territoire, ce qui a eu pour conséquence notable l'élimination de populations entières ainsi que la destruction du système administratif, social et éducatif traditionnel. La crispation et le repli identitaire dans des valeurs refuges constituaient alors une forme de résistance. De ce fait, l'ensemble du passé musulman était un refuge assumé, sans critique, et affirmé, par opposition aux valeurs charriées par la colonisation. Fanon décrit assez bien ce processus dans *Les damnés de la terre* au chapitre premier qui traite de la violence du système colonial. La grande majorité des dirigeants politiques algériens du PPA et ensuite du FLN, qu'ils soient francophones ou arabophones, resteront fortement imprégnés de cette vision absolutisée, pure et figée de l'identité. Bien sûr, nous retrouvons, chez de nombreux dirigeants du FLN, la volonté de donner un contenu moderniste et progressiste à la révolution algérienne, comme chez Abbane Ramdane et Larbi Ben Mhidi[17]. Il y avait également des militants et des leaders politiques issus de partis libéraux, comme Ferhat Abbas, ou du Parti communiste algérien, mais ils étaient peu nombreux.

Les dirigeants du Parti communiste algérien, tout en reconnaissant l'apport de Fanon, restent réservés quant à ses positions sur le rôle de la paysannerie comme guide du processus révolutionnaire[18]. Ils lui reprochent surtout son alignement sur les positions hégémoniques du FLN, ou son absence de réaction quant aux exactions et purges contre les combattants de la révolution issus du Parti communiste. Cela relève de leur incompréhension vis-à-vis

17. Abbane Ramdane et Larbi Ben Mhidi étaient des dirigeants parmi les plus éclairés et les plus ouverts à tous ceux qui voulaient rejoindre le mouvement de libération national. Abbane Ramdane a été le plus proche de Frantz Fanon. Ben Mhidi et Abbane ont été les organisateurs du premier congrès du FLN après le déclenchement de la lutte armée, pour mettre en place toute l'organisation et le fonctionnement pendant la révolution. Abbane Ramdane sera assassiné au Maroc en 1957 au cours des luttes internes au FLN.

18. S. Hadjeres, « FANON violence et paysannerie » [en ligne], *Socialgérie*, 30 mai 2009, <www.socialgerie.net/spip.php?article7>, consulté le 9 septembre 2016.

de la pensée de Fanon, marquée par sa profession de psychiatre, et donc en décalage avec leurs préoccupations militantes. L'intégration, dans son approche politique de la dimension subjective de la compréhension d'autrui, est considérée dans les milieux marxistes habitués aux grilles d'analyses « objectives et concrètes » comme une faiblesse.

Fanon applique ces approches psychologiques à une population particulière et part du principe que l'engagement total du peuple algérien dans la guerre de libération nationale amènera nécessairement des transformations sociales majeures qui lui permettront de continuer son chemin vers une libération et une modernisation de plus en plus affirmées. Comme il le décrit dans *L'an V de la révolution*[19], la guerre a profondément modifié la société algérienne, les relations familiales, le statut de la femme. À l'indépendance, le peuple algérien était prêt pour des avancées décisives vers la modernité malgré les pesanteurs de la tradition. Les exemples sont nombreux, comme celui du rôle que les femmes et les jeunes filles avaient joué durant la guerre. Celles-ci avaient opté résolument et spontanément à l'indépendance pour sortir sans se voiler, et surtout s'instruire massivement. C'est également le cas des ouvriers agricoles qui avaient spontanément occupé les domaines des colons et en avaient proclamé l'autogestion, bien avant l'officialisation par le gouvernement de l'indépendance.

L'indépendance en Algérie a porté au pouvoir les dirigeants du FLN parmi les plus marqués par le nationalisme panarabe, très fortement influencés par Gamal Abdel Nasser (Ahmed Ben Bella et Houari Boumediène). L'Algérie se retrouvait d'autant plus fragilisée que ce groupe hétéroclite qui avait pris le pouvoir à l'indépendance s'est constitué sur des bases d'allégeance et de fidélités personnelles et claniques plutôt que sur des bases doctrinaires. Le processus de construction nationale, incarné à l'époque par les différentes réformes appelées les « tâches d'édification nationale », était donc tributaire de rapports de forces conjoncturels locaux, régionaux et internationaux.

Dès le début des années 1980, ces orientations ont, sous l'influence de la nouvelle bourgeoisie bureaucratique et militaire, tourné en faveur du libéralisme et de la dérégulation économique. Elles vont culminer avec le recours au FMI et la mise en œuvre d'un plan d'ajustement structurel en 1994. Ces réorientations n'ont ramené aucune amélioration et n'ont fait qu'aggraver la dépendance[20].

19. F. Fanon, *L'an V de la révolution algérienne*, Paris, François Maspero, 1959.

20. A. Rebah, « Contribution à la réflexion sur les problèmes cruciaux de l'économie algérienne » [en ligne], *Algérie-infos*, 3 octobre 2012, <www.algerieinfos-saoudi.com/article-abdelatif-rebah-contribution-a-la-reflexion-sur-des-problemes-cruciaux-de-l-economie-algerienne-110824777.html>, consulté le 18 septembre 2016. Pour plus d'informations, voir A. Rebah, *Économie algérienne, le développement national contrarié*, Alger, INAS, 2011.

L'échec des élites nationalistes, dans tous les pays arabes, à conduire des processus de développement démocratiques et leur inscription dans les logiques néocoloniales repose avec force la problématique de la libération selon Fanon. Ces leaders, en refusant par étroitesse idéologique l'accès de leurs populations à la modernité, ont peu à peu créé les conditions de retour vers des conflits à contenu identitaire et religieux qui masquent les contradictions fondamentales entre le capital impérialiste et les populations.

Fanon et la psychiatrie algérienne. Une décolonisation qui reste à faire

La psychiatrie algérienne actuelle, particulièrement dans son système de formation, est en rupture complète avec la psychiatrie de Frantz Fanon, telle que développée de 1953 à 1957 à l'hôpital psychiatrique de Blida. Si la première rencontre sur Fanon en Algérie ne s'est tenue qu'en 1987, comme nous l'avons vu, il a fallu attendre encore 12 ans (1999) pour que les psychiatres algériens tiennent enfin une première rencontre consacrée à Fanon, dans l'enceinte même de l'hôpital qui l'a accueilli en 1953. Pourtant, ses traces à l'hôpital psychiatrique de Blida étaient encore visibles jusqu'à la fin des années 1980 par la présence de réalisations concrètes telles que le café maure, la mosquée, le stade construit avec la participation des malades et surtout, la présence jusqu'au début des années 1980, du personnel l'ayant côtoyé et ayant travaillé avec lui.

Les jeunes psychiatres algériens ont parfois entendu parler de Fanon à l'occasion d'une rencontre scientifique mais il est extrêmement rare de trouver quelqu'un qui a lu ses écrits. Le premier article écrit par un psychiatre algérien sur Fanon est celui de Mahfoud Boucebci en 1987, où l'apport de Fanon est réduit à une théorie de la violence, comme en témoigne cet extrait[21] :

> « En effet, après 1962, l'Algérie est redevenue un État et le droit prend peut-être lentement mais sûrement sa place. Citoyen de son pays, même devant les pires injustices, le psychiatre ne peut plus prôner la violence. [...] Ce qu'il faut retenir de sa démarche de présentation des troubles mentaux, c'est le choix délibéré et appuyé de la politisation de la psychiatrie. Et c'est peut-être là que réside l'une des premières causes du long silence qui a entouré ses écrits et du non-dit depuis des années ».

21. M. Boucebci, « Fanon, la psychiatrie, trente ans après », *in* M. Boucebci (dir.), *La psychiatrie tourmentée. L'effet Dagma*, Alger, Bouchène, 1990, p. 119-131. Mahfoud Boucebci, en raison de son engagement sur les questions sociales, a été assassiné par les terroristes en 1993.

Boucebci fait partie de la première génération des psychiatres algériens de l'indépendance. Bien qu'il soit plus ouvert sur les dynamiques sociales (à travers son intérêt pour les pathologies de l'enfant et de la femme) et la clinique psychanalytique, il reste très préoccupé, dans sa pratique et son enseignement, par le souci de la place de la psychiatrie dans la médecine. Sa connaissance de Frantz Fanon et la lecture qu'il en fait restent très sommaires.

À l'indépendance, il n'y avait que trois psychiatres universitaires en l'Algérie. Ils avaient fait leurs études en France et en Suisse, pendant toute la durée de la guerre de libération, et sont rentrés en Algérie pour assumer une tâche de formation et mettre sur pied le dispositif de santé mentale. Ils appartenaient tous à l'école psychiatrique française classique et conservatrice. Ils étaient plus soucieux de leur affiliation à la médecine que des questions politiques, sociales et anthropologiques liées à leur pratique médicale. Ces psychiatres ont mis en place le système de formation et lui ont imprimé son contenu, qui continue à imprégner la formation des jeunes. Il était possible, dans les années 1980, de trouver encore, chez leurs étudiants, le manuel d'Antoine et Maurice Porot[22], sans que cela ne soulève de réprobation.

Ces psychiatres de la première génération post-indépendance se sont érigés en véritable tutelle, y compris sur les pratiques en dehors de l'université. Ils étaient les interlocuteurs privilégiés des autorités de santé publique pour toutes les questions d'organisation du système de santé mentale. L'orientation organiciste et « objectivante » dominait largement le contenu de la formation et déterminait ensuite le contenu des pratiques. Parmi les psychiatres de la première génération formés en Algérie, seuls quelques-uns s'inscrivaient globalement dans la perspective fanonienne. Mais de manière générale, toute approche se situant dans la prise en considération du sujet, et en particulier la psychanalyse, était marginalisée. Jusqu'à maintenant, Fanon n'est pas inscrit au programme de formation. De même, aucune thèse ou travail de recherche conséquent sur Fanon n'a été mené à ce jour par un psychiatre, hormis des communications sur des aspects de sa vie et de son travail ; il n'existe pas non plus de société psychiatrique faisant explicitement référence à Fanon. C'est donc paradoxalement dans le domaine de la psychiatrie que la rupture est la plus profonde avec Fanon et que le suivisme à l'égard de l'ancienne puissance colonisatrice est le plus évident.

---

22. A. Porot (dir.), *Manuel alphabétique de psychiatrie clinique, thérapeutique et médico-légale*, Paris, Presses universitaires de France, 1952. Antoine et Maurice Porot, Don Côme Arii, Henri Aubin, René Gutman, représentants de l'école psychiatrique coloniale d'Alger, y signent, avec d'autres, les différentes contributions.

Le mouvement de protestations sociales de 1988, la révolte subséquente des jeunes et la répression sanglante qui s'ensuivit ont annoncé la fin du régime du parti unique et le début du libéralisme, d'abord politique puis économique. La période qui sépare cet événement et le début de la guerre civile en 1992 a été d'une intensité sans précédent depuis l'indépendance pour l'expression politique, syndicale et intellectuelle. On a vu l'émergence d'expériences en santé mentale, alternatives, certes limitées en nombre, mais ouvertes sur le champ social et soucieuses d'entendre la parole du sujet souffrant. Des associations, groupes d'études et de lecture se sont constitués et ont offert des espaces pour des pratiques en prise sur la dynamique sociale[23]. La guerre civile des années 1990 et les traumatismes massifs qu'elle a engendrés ont été, pour tous ces praticiens, le point de départ pour un intérêt renouvelé pour Frantz Fanon.

Ces professionnels, brutalement confrontés aux limites de la psychiatrie classique devant l'effroi du traumatisme et des violences collectives, se sont mobilisés pour promouvoir un enseignement et des pratiques en prise sur le vécu de leurs patients. Ils se sont, pour la plupart, inscrits comme acteurs et non comme simples témoins des drames qui secouaient leur pays. Ils se sont immédiatement mis à la disposition des victimes et des associations en prenant position contre la guerre déclarée par les islamistes à la société dans son ensemble. L'atmosphère de guerre étant pourvoyeuse de souffrances majeures et massives, l'engagement des praticiens découlait de leur position éthique, se situant ainsi dans une perspective fanonienne.

Des formations en psychothérapies individuelles et collectives, en psychanalyse, en psychothérapies familiales et interventions de réseaux, se sont mises en place. Cette très grande mobilisation des professionnels de santé mentale reflétait ainsi la mobilisation de la société civile dans sa résistance au terrorisme.

Au début des années 2000, avec l'arrivée au pouvoir d'Abdelaziz Bouteflika, un tournant majeur lié à l'entente entre les militaires au pouvoir et une partie des groupes terroristes s'est opéré. Ces derniers ont renoncé alors à la lutte armée en échange d'une amnistie sans condition, comprenant même des compensations matérielles. Ce revirement a été vécu comme une trahison par les familles des victimes et tous ceux qui se sont mobilisés dans la lutte contre le terrorisme. Tous se posaient des questions sur la signification de leur engagement et de leurs sacrifices en rencontrant leurs agresseurs impunis

23. S. Bellakhdar, « Contribution à l'histoire de la psychanalyse en Algérie : une psychanalyse face à la violence extrême », *Topique*, n° 110, 2010, p. 23-32.

et protégés par les services de sécurité[24]. En associant les islamistes au pouvoir, Bouteflika leur concédait une partie du contrôle social, à travers les médias et les mosquées, et les intégrait dans le système distributif de l'économie de la rente. Cela a coïncidé avec une croissance exceptionnelle des revenus nationaux liée à l'augmentation des prix du pétrole. Les deux mandats du président Bouteflika se sont distingués par des dépenses exorbitantes dans tous les domaines, dans un contexte de d'insouciance vis-à-vis de la rentabilité des investissements consentis, laissant deviner que les dépenses servaient à acheter la paix sociale et à permettre les transferts de rentes vers les détenteurs du pouvoir et les multinationales des pays industrialisés. D'où un gaspillage énorme des ressources et un niveau de corruption jamais atteint auparavant[25].

La réconciliation du pouvoir avec les groupes terroristes, sans jugement et sans donner la parole aux victimes, a constitué également un frein pour le développement des pratiques psychiatriques alternatives. Découplés du mouvement social large qui les soutenait dans les années 1990, les groupes de professionnels ont vu leur influence s'étriquer, processus facilité par le départ de très nombreux cadres, psychothérapeutes et psychiatres à l'étranger, soit en raison de menaces reçues, soit en raison du climat de démobilisation générale consécutif à la politique de réconciliation[26].

En dépit de cela, l'évolution de la démographie médicale s'ouvre actuellement sur une diversification des pratiques qui laisse espérer une réappropriation de notre histoire. Près de huit cents psychiatres exercent actuellement en Algérie et près d'une centaine sont formés chaque année. Bien que la psychiatrie universitaire continue de s'enliser dans un biologisme stérile et dans des logiques de pouvoir, les pratiques psychologiques et psychiatriques, en dehors de ce cadre, se multiplient. Les pathologies liées à la violence et aux conduites à risque constituent depuis près d'une décennie une tendance lourde dans la société algérienne actuelle[27]. Cette situation appelle nécessairement les praticiens à un engagement social et politique qui se

24. Nous renvoyons le lecteur pour de plus amples informations sur cette période à la lecture de notre article, écrit avec M. Chakali : I. Terranti et M. Chakali, « Algerian Experience : Traumatism and Resilience », *in* U. Niaz (dir.), *Wars, Insurgencies and Terrorist Attacks. A Psychosocial Perspective from the Muslim World*, Oxford, Oxford University Press, 2011, p. 125-142.

25. T. Dahou et N. Sidi Moussa, « Introduction au thème. L'Algérie aux marges de l'État », *Politique africaine*, n° 137, 2015, p. 5-25.

26. Près du tiers des psychiatres formés en Algérie (150 sur 450 environ) sont partis s'installer en France entre 1993 et 2003. Voir F. Kacha, « La psychiatrie en Algérie », *L'information psychiatrique*, n° 81, 2005, p. 145-148.

27. I. Terranti, M. ChaKali, « Algerian experience… », art. cité.

confronte parfois violemment aux féodalités installées dans le système d'enseignement universitaire. L'exemple le plus édifiant est l'opposition de ces psychiatres à l'institution de la pédopsychiatrie en tant que discipline universitaire distincte de la psychiatrie adulte. Certains d'entre eux, parmi les plus engagés socialement, ont ouvert la discussion dans la presse nationale sur la situation de la psychiatrie algérienne et le blocage qui découle de l'emprise de la psychiatrie universitaire[28]. La question de la pédopsychiatrie a été l'occasion d'un large débat sur les questions de santé mentale au service du développement[29]. Du fait même de la démographie médicale et des pratiques alternatives hors du champ universitaire, les psychothérapies familiales, psychanalytiques, interpersonnelles, s'inscrivent de plus en plus dans le paysage de la santé mentale.

Certaines sociétés de psychiatrie s'ouvrent sur les sciences humaines en général et programment des conférences sur Frantz Fanon, qui leur fournit les concepts à même de rendre compte de la complexité des pathologies psychosociales actuelles. Elles se réapproprient l'histoire de la psychiatrie algérienne née en opposition à la psychiatrie coloniale. Ce mouvement, bien que timide et limité, s'étend à d'autres disciplines dans les sciences humaines et engage des intervenants d'horizons culturels et idéologiques divers. Si, jusqu'alors, les débats autour de la pensée et de la praxis de Fanon ont concerné presque exclusivement l'élite intellectuelle francophone, ou de rares intellectuels arabophones de gauche, les évolutions tragiques dans les pays arabes ont poussé de nombreux chercheurs et enseignants exclusivement arabophones à lire Fanon et à en faire une grille de lecture de l'actualité tournée vers l'avenir dans le combat renouvelé contre le colonialisme. Plusieurs séminaires tenus en Algérie ont généré une participation nombreuse de ces intellectuels, souvent jeunes. Même si, pour beaucoup d'entre eux, la pensée humaniste universaliste de Fanon reste difficile à appréhender en raison de leur essentialisme identitaire, il n'en reste pas moins que son appel à la remise en cause fondamentale du monde occidental, en tant que référence universelle, exerce sur eux un attrait puissant. Certains n'hésitent pas à faire appel, dans une même communication, à la fois à Fanon et à des réformistes religieux comme Malek Bennabi[30].

28. M. Boudaréne, « L'avenir de la psychiatrie algérienne, otage de la lutte des clans », *El Watan*, 4 avril 2016.
29. I. Terranti et N. Metahri, « La psychiatrie de l'enfant et de l'adolescent en Algérie, une naissance contrariée », *El Watan*, 3 mars 2015 ; A. Benouniche, « Pédopsychiatrie, le présent rattrapé par son passé », *El Watan*, 5 mai 2015.
30. Écrivain et philosophe algérien (1905-1973), réformiste religieux qui a entrepris, à travers ses écrits, de proposer une évolution originale des sociétés musulmanes vers la modernité par le renouveau de leur religion.

Ainsi, nous assistons de plus en plus à un dialogue entre des intellectuels venant de disciplines et d'horizons divers lors de ces rencontres. De tels échanges sont rendus nécessaires par la crise des États nationalistes dans les pays arabes et, en ce qui nous concerne, par le risque d'une crise économique imminente qui nous précipiterait encore une fois dans une situation tragique déjà vécue. Cette situation est inédite en Algérie où les conflits identitaires ont toujours voilé les contradictions politiques et économiques. Cette dynamique fanonienne du dévoilement des enjeux et des aliénations identitaires essentialistes est un processus fécond et porteur à la fois de ressources pour éviter l'effondrement de l'État national né de la guerre de libération. Elle représente aussi une voie pour un devenir ouvert sur les possibles, libéré des entraves idéologiques sur lesquels le néocolonialisme a pu perpétuer sa domination. Ce mouvement permettra d'éviter le piège qui a fonctionné dans les pays arabes et qui consiste à dissocier les luttes pour la démocratie et les libertés de celle à visées économiques et sociales qui s'intensifient au fur et à mesure des répercussions de la crise économique et financière sur le niveau de vie des populations ■

Idriss Terranti
Pédopsychiatre, Constantine, Algérie

Abstract

Deflected hope, destiny yet to be realized. What is left of Fanon in Algeria ?

Frantz Fanon, an important figure of the Algerian revolution, largely contributed to its internationalization as well as to the valorization of its liberating dimension. Paradoxically however, while his work is being mobilized across the globe to support economic, political and ideological struggles and to fight against any form of domination, it has been marginalized and silenced in Algeria since independence. In this contribution, I lay out my own understanding of the historical, political and ideological circumstances that account for the marginalization of Fanon's work, both in the fields of politics and psychiatry, while at the same time showing how his thinking has been appropriated by elites from diverse ideological horizons. I thereby aim to understand and offer perspectives on the sustained crisis that Algeria has been going through since the early 1990s.

Recherches

Claire Bénit-Gbaffou

Actualité de Fanon dans les mouvements étudiants sud-africains contemporains : un entretien avec Achille Mbembe

La figure tutélaire de Frantz Fanon est régulièrement brandie par les mouvements étudiants sud-africains en révolte contre l'institution universitaire et contre le gouvernement. Dans cet entretien, Achille Mbembe, qui, au-delà de son propre travail sur l'œuvre de Fanon, s'est personnellement engagé et exposé dans le débat sur la décolonisation de l'université et des savoirs en Afrique du Sud, revient sur les diverses mobilisations dont Fanon, « figure totémique » et « affect » plutôt que « concept » dans les discours des mouvements étudiants, a fait l'objet. Contre un recours simpliste à l'auteur des *Damnés de la terre* qui ne viserait qu'à légitimer le recours à la violence et contre une lecture réductrice de la décolonisation des savoirs qui ne serait que repli identitaire, il jette un regard lucide et engagé sur les transformations en cours dans la société sud-africaine.

Achille Mbembe, professeur à l'université du Witwatersrand à Johannesburg, est une des grandes figures intellectuelles à s'être activement engagée dans le débat sur la « décolonisation » des universités sud-africaines, en mobilisant explicitement la pensée de Franz Fanon. Cet entretien revient avec lui sur l'invocation mais aussi l'actualisation de Fanon dans les transformations contemporaines de l'université sud-africaine et dans les mouvements étudiants qui en sont le fer de lance depuis 2015. Il interroge aussi, plus implicitement, la position de l'intellectuel public dans le monde contemporain.

Au-delà d'un travail plus large – et considérable – de « passeur », d'exégète et d'interprète de l'œuvre de Fanon aujourd'hui, Achille Mbembe s'est en effet évertué, en réponse au mouvement étudiant, et parfois en confrontation avec lui, à faire dialoguer la pensée fanonienne avec les enjeux, questionnements et dilemmes immédiats de l'action collective. J'aimerais souligner ici certaines dimensions de cette démarche, autant du point de vue du contenu que de celui du mode d'engagement – dimensions qui restent allusives dans l'entretien, mais qui en donnent une profondeur et un écho supplémentaires.

Achille Mbembe a pris acte du point de départ du mouvement: la réappropriation de l'espace des universités par la mise à bas de la statue de Cecil Rhodes sur le campus de l'université du Cap par un groupe d'étudiants. Il a vigoureusement soutenu cette action[1], appuyé sur les écrits de Fanon, qui voit dans le colonialisme un arrangement inégal profondément ancré dans l'espace matériel et physique. Fanon est aussi invoqué pour décrypter le rapport à l'histoire, à la mémoire, à la reconnaissance du passé. Décoloniser l'université commence par la réappropriation de son espace public: dans sa matérialité (ses symboles, son iconographie, son architecture, ses noms), mais aussi dans sa dimension de «commun», de bien public, dont il faut assurer l'accessibilité économique et financière, largement compromise à l'ère néolibérale[2].

Mais Mbembe s'est aussi attaqué à des questions moins consensuelles, plus complexes, à contre-courant de la pensée dominante largement relayée dans des réseaux sociaux, dont on souligne peut-être trop rarement la «tyrannie de l'absence de structure[3]». Pour ce faire, il s'appuie sur Fanon, sur l'expérience postcoloniale des universités africaines et sur la réflexion développée dans toute son œuvre, qu'il modèle et adapte pour parler aux tensions propres à son temps – tensions structurelles comme crises immédiates. J'en citerai trois, qui me paraissent d'importance.

La première est l'insistance d'Achille Mbembe sur la différence essentielle, soulignée par Fanon, entre le concept de décolonisation (un mouvement de

1. Dans ses conférences ou séminaires publics, comme dans ses textes publiés. Voir notamment A. Mbembe, «Decolonizing Knowledge and the Question of the Archive» [en ligne], texte présenté lors d'une conférence publique, Johannesburg, université de Wits, *Wiser*, 22 avril 2015 (voir également le podcast de la présentation filmée), <wiser.wits.ac.za/content/achille-mbembe-decolonizing-knowledge-and-question-archive-12388>, consulté le 28 septembre 2016; «Rhodes Must Fall in Conversation with Achille Mbembe (Philosopher, Political Scientist and Public Intellectual)» [en ligne], *YouTube*, 29 avril 2015, <www.youtube.com/watch?v=g-lU4BCsL8w>, consulté le 28 septembre 2016; A. Mbembe, «Decolonizing the University: New directions», *Arts & Humanities in Higher Education*, vol. 15, n° 1, 2016, p. 29-45.

2. *Ibid.* Voir aussi sa contribution à la presse quotidienne en ligne: A. Mbembe, «Ground-Up Op-Ed: The Debt Machine and the Politics of 0 %» [en ligne], *Daily Maverick*, 13 novembre 2015, <www.dailymaverick.co.za/article/2015-11-13-ground-up-op-ed-the-debt-machine-and-the-politics-of-0/#.V-6Cwoh97s0>, consulté le 28 septembre 2016. Se référer également à son message (et la discussion qui en découle) sur les réseaux sociaux: A. Mbembe, «This Thoughtful Piece by Judith February» [en ligne], *Facebook*, 19 octobre 2015, <www.facebook.com/achille.mbembe/posts/10153159928801451>, consulté le 28 septembre 2016. Voir enfin sa critique d'une université «off-shore», présentée à un débat public organisé par un comité de transformation, Johannesburg, université de Wits: A. Mbembe, «Tranformation/Decolonisation at Wits» [en ligne], *Facebook post*, 26 août 2015, <www.facebook.com/achille.mbembe/posts/10153057656896451>, consulté le 28 septembre 2016.

3. J. Freeman, «The Tyranny of Structurelessness», *Berkeley Journal of Sociology*, n° 17, 1972-1973, p. 151-164.

sortie de l'aliénation coloniale) et celui d'africanisation (une poursuite de rapports de pouvoir coloniaux par la nouvelle élite africaine). Et Mbembe de souligner les dérapages xénophobes de la société sud-africaine[4] et les tentations, présentes dans le mouvement étudiant, du repli identitaire et de son cortège de violences essentialisantes. Le terme d'« africanisation » a ainsi disparu de la terminologie de la lutte étudiante, celui de « décolonisation » est devenu la langue commune, remplaçant le terme, dominant jusqu'alors en Afrique du Sud, de « transformation ».

La deuxième ligne de front (liée à la première), est de complexifier la notion de « décolonisation du savoir », ou pour emprunter les termes de Mbembe, de poser la question de « l'archive africaine[5] ». Un tel projet est complexe, répète Mbembe à des étudiants souvent dubitatifs[6] : décoloniser le savoir ne saurait se réduire à faire l'autodafé des écrits « non africains », ni à appeler à la sécession d'avec les savoirs « occidentaux », ce qui ne pourrait que conduire à un appauvrissement de la pensée, à un repli autodestructeur. Mbembe utilise ici moins les écrits de Fanon que sa trajectoire intellectuelle, ses lectures, ses inspirations, la manière dont, loin de se retirer de débats « occidentaux », il se les réapproprie comme son héritage, il contribue magistralement à une pensée planétaire, en débat avec les théoriciens de son temps. Ce deuxième argument est mal compris par une grande partie des étudiants, avides de solutions simples pour expurger rapidement les cursus et les listes de lecture de leurs auteurs « blancs ». Au point que Mbembe met en place un séminaire spécialisé sur « la bibliothèque de Fanon », ouvert « à ceux que Fanon intéresse réellement[7] », afin de créer un espace protégé où cette réflexion collective redevient possible.

Enfin, Achille Mbembe met en garde le mouvement étudiant et ses sympathisants universitaires contre une vision romantique de la violence, qui s'appuie, selon lui, sur une lecture erronée, ou en tout cas partielle, de Franz Fanon – la violence émancipatrice des *Damnés de la Terre*[8]. Il rappelle que cette violence est, chez Fanon, en constante tension avec une éthique

4. A. Mbembe, « Achille Mbembe Writes about Xenophobic South Africa » [en ligne], *Africa Is a Country*, 15 avril 2016, <africasacountry.com/2015/04/achille-mbembe-writes-about-xenophobic-south-africa/>, consulté le 28 septembre 2016.

5. A. Mbembe, « Decolonizing Knowledge… », art. cité.

6. « Rhodes Must Fall in Conversation… », art. cité.

7. A. Mbembe, « What Franz Fanon Read » [en ligne], *Facebook*, 3 juin 2016, <www.facebook.com/achille.mbembe/posts/10153618690771451>, consulté le 28 septembre 2016.

8. Achille Mbembe présente ainsi trois grandes périodes de lecture, mobilisation et interprétations de Fanon au cours de l'histoire : un premier âge, celui de la « praxis révolutionnaire », porté par les mouvements sociaux et de libération, dans les années 1960-1970, où Fanon est lu comme le théoricien de la violence émancipatrice (à partir des *Damnés de la terre*) ; un deuxième âge, dans les années 1980-1990 : celui des études postcoloniales, qui lisent Fanon au prisme de la construction identitaire

du soin; que l'espoir d'une nouvelle humanité ne peut émerger que dans l'arrachement à la violence (autant la violence subie que celle de la révolte[9]). C'est un des points-clés de l'entretien ci-dessous. Mbembe écrit aussi, face à l'urgence du réel (la face sombre de la révolte étudiante, ses tentations et ses dérives), contre la « posture doloriste » ou « l'identité victimaire[10] » comme forme dominante d'engagement avec le passé colonial et avec le futur post-colonial. Il appelle, suivant Fanon, à un processus de démystification de l'identité blanche *(whiteness)*[11], plutôt que du retournement de la violence raciale contre l'oppresseur d'hier[12] : une telle démystification est un des préalables à la construction d'une nouvelle humanité. Si l'usage tactique de la violence est souvent nécessaire face à un gouvernement qui ne semble comprendre que ce langage[13], Mbembe rappelle que le projet étudiant ne saurait être exclusivement négatif, car il court alors le risque de détruire les institutions fragiles et précieuses que sont les universités, comme ce fut le cas dans nombre de pays africains[14]. Il souligne, grâce au détour par l'histoire de mai 1968 en Europe[15], que la violence dans les mouvements sociaux peut être contre-productive et prendre des formes anti-démocratiques, voire tyranniques, lorsque le mouvement s'enferme dans une complaisance

(à partir de *Peau noire, masques blancs*) ; un troisième âge de Fanon, émergent, et que Mbembe nomme celui de la « contre-insurrection » (A. Mbembe, « Préface. L'universalité de Frantz Fanon », *in* F. Fanon, *Œuvres*, Paris, La Découverte, 2011).

9. N. Ajari, « De la montée en humanité. Violence et responsabilité chez Achille Mbembe », *Revue Ubuntou*, n° 1, 2013, p. 20-31.

10. A. Mbembe, « Is Radicalism the Same as Nihilism? » [en ligne], *Facebook*, 3 septembre 2015, <www.facebook.com/achille.mbembe/posts/10153075545266451>, consulté le 28 septembre 2016 ; repris dans A. Mbembe, « The State of South African Political Life » [en ligne], *Africa Is a Country*, 19 septembre 2015, <africasacountry.com/2015/09/achille-mbembe-on-the-state-of-south-african-politics/>, consulté le 28 septembre 2016.

11. *Ibid.*

12. Voir par exemple la campagne « F*** White People » sur le campus de Wits, début 2016, qui a fait l'objet d'une plainte devant la commission sud-africaine des droits de l'homme. Pour une justification de cette campagne par certains leaders étudiants, voir T. Nhlapo, « F*** White People Is an Appropriate Expression of Black Pain » [en ligne], *Daily Maverick*, 9 février 2016, <www.dailymaverick.co.za/opinionista/2016-02-09-f-white-people-is-an-appropriate-expression-of-black-pain/#.V_E-7fmLTIU>, consulté le 28 septembre 2016.

13. K. Von Holdt, M. Langa, S. Motlapo, N. Mogapi, K. Ngubeni, D. Dlamini et A. Kirsten, *The Smoke that Calls. Insurgent Citizenship, Collective Violence and the Struggle for a Place in the New South Africa*, Research report, Johannesbourg, CSVR/Swop, 2011.

14. A. Mbembe, « Mantashe and Militant Student Protesters Agree on University Shutdowns, but this Is the Last Thing Africa Needs » [en ligne], *Mail and Guardian*, 22 septembre 2016, <mg.co.za/article/2016-09-22-mantashe-and-student-protesters-agree-on-university-shutdowns-but-this-is-the-last-thing-africa-needs-1>, consulté le 28 septembre 2016.

15. A. Mbembe, « Theodor Adorno vs Herbert Marcuse on Student Protests, Violence and Democracy » [en ligne], *Daily Maverick*, 19 janvier 2016, <www.dailymaverick.co.za/article/2016-01-19-theodor-adorno-vs-herbert-marcuse-on-student-protests-violence-and-democracy/#.V-6Fsoh97s0>, consulté le 28 septembre 2016.

dangereuse envers sa propre violence interne : un point aveugle de l'histoire sud-africaine, un élément tabou des débats académiques sud-africains, qu'il faut savoir analyser sans pour autant remettre en cause l'importance et la légitimité des révoltes collectives. L'entretien revient sur ces éléments.

Claire Bénit-Gbaffou : ***Vous avez contribué de manière significative à penser la « transformation » de l'institution universitaire sud-africaine en mobilisant la pensée de Frantz Fanon de multiples façons***

Achille Mbembe : La question de la transformation des universités et d'autres institutions publiques sud-africaines ne date pas d'aujourd'hui. Cela fait plus de vingt ans qu'elle est à l'ordre du jour.

Le projet de transformation aura connu une phase bureaucratico-technocratique impulsée par le haut. À mon avis, cette phase s'est achevée avec les mobilisations étudiantes des vingt derniers mois. Nous sommes désormais en plein dans la phase politique et tout à fait radicale, inaugurée par ces mobilisations. La transformation n'est plus perçue comme un simple problème de justice sociale que l'on pourrait résoudre par des moyens techniques et bureaucratiques, mais comme un droit sans condition, tout à fait non négociable et qui doit être honoré, s'il le faut, par la violence.

Les mouvements à l'origine de cet important déplacement de perspective sont, à la vérité, disparates et fragmentés. Ils ont des sources intellectuelles multiples : Franz Fanon bien entendu, Steve Biko et le mouvement de la « Conscience noire » *(Black Counsciousness)* mais aussi les féminismes noirs, des idées puisées dans les « études *queer* » les théories de l'intersectionalité, la pensée afro-pessimiste de Frank Wilderson en particulier, des bribes et variantes diverses du christianisme millénariste. À un moment donné, ces mouvements ont fait corps sous la bannière d'un concept, celui de la « décolonisation » et d'un « ennemi », la prétendue suprématie blanche.

Le concept de décolonisation, on le retrouve dans les textes du romancier kenyan Ngugi wa Thiong'o pour qui celle-ci est une affaire de « désaliénation mentale ». Mais il est également au cœur de la pensée de Fanon chez qui il joue un rôle tellurique, quasi-démiurgique, presque historial. Pour Fanon, la décolonisation est un vaste projet de destruction radicale d'un ordre du monde corrompu par le racisme, une sorte de recommencement absolu porté par un sujet neuf, la sortie de la tutelle de l'Occident et l'inauguration sans condition d'un temps véritablement planétaire.

Dans le contexte sud-africain, les étudiants mobilisent cette notion pour articuler une triple critique politique, institutionnelle et épistémique. Ils s'insurgent contre les institutions héritées du passé colonial et raciste contre leurs règles et leurs normes. Ils remettent également en question les disciplines académiques qu'ils accusent, en gros, de jouer avant tout des fonctions d'aliénation, de marginaliser les savoirs proprement « africains » et de consolider la suprématie blanche. L'institution universitaire, en particulier, est accusée de reproduire des normes dites blanches, une raison dominatrice et une idée de l'universel qui ne laisse aucune place à ce qui n'est pas occidental. Le savoir qu'elle véhicule et inculque reposerait, fait-on savoir, sur une violence épistémique dirigée contre les Noirs.

La demande porte donc sur la déracialisation des institutions universitaires et sur l'endogénéisation des savoirs, sur fond de rejet parfois indifférencié de l'ordre post-apartheid, dont on pense qu'il n'a fait que consacrer la spoliation historique des Noirs. Ces revendications sont portées par une nouvelle génération qui, pour l'essentiel, n'a guère connu l'apartheid. Les femmes – peut-être tant à cause la violence qu'elles subissent au quotidien qu'en raison des penchants patriarcaux de la société sud-africaine – y jouent un rôle majeur. Une énorme fracture oppose cette classe de « cadets » sociaux à leurs aînés, auxquels ils reprochent de n'avoir point liquidé, comme il le fallait, le legs colonial et sa vaste réserve de racisme. Qu'ils le soutiennent ou pas, beaucoup de jeunes estiment que l'ANC se serait profondément compromis lors des négociations qui mirent fin au régime de ségrégation raciale ; que les Blancs auraient été les principaux bénéficiaires de la transition démocratique et n'auraient rien sacrifié en échange de leur acceptation au sein de la nouvelle communauté politique ; que les Noirs se seraient fait flouer, dans la mesure où la Constitution elle-même n'aurait fait que ratifier la continuation d'un ordre social inégalitaire fondé sur l'hégémonie culturelle blanche et l'appauvrissement structurel des couches opprimées ; que la majorité noire devrait se faire justice, voire se faire restituer, au besoin par la violence, ce que la négociation n'a pas permis de recouvrer en droit.

Le contentieux est donc relativement lourd et ce retour de la violence comme horizon de possibilité dans la lutte pour l'émancipation raciale est une donnée culturelle de poids dans la reconstitution en cours de l'espace politique sud-africain. Dans ce contexte marqué par la colère, la rage, un certain raidissement culturel et une demande profonde de radicalisation, l'on comprend que des voix aussi inconditionnelles que celle de Fanon se fassent entendre de nouveau. La demande de radicalisation coïncide avec le fait que les générations ayant conduit la lutte contre l'apartheid aient fini par être phagocytées et assimilées par les forces de l'État et du capital. L'émasculation de l'ANC ouvre un espace pour de nouveaux protagonistes sociaux déçus par l'absence de changement radical et désireux d'en découdre, y compris violemment, avec l'ordre établi. D'où l'envie d'éradication, l'envie de tout brûler, qui sature la culture et qu'inspirent en partie les théories afro-pessimistes venues des États-Unis, ou qu'attisent les idéologies millénaristes véhiculées par un certain christianisme.

Une lecture réductrice de Fanon dans ces conditions court cependant le risque de « racialiser » entièrement un conflit qui ne l'est que partiellement. Il y a, dans ce recours incandescent à la théorie du feu et de l'incendie, quelque chose de profondément nihiliste que l'on ne retrouve pas chez Fanon lui-même. Les universités risquent de payer le prix d'un différend qui, au fond, est sociétal et dont les enjeux ne sont pas qu'académiques.

Pourriez-vous retracer brièvement ici ce qui, dans la pensée de Fanon, vous a paru pertinent pour comprendre, mais aussi guider, la transformation des universités sud-africaines aujourd'hui, et pourquoi ?

Lorsque je suis intervenu dans ce débat, au tout début de la contestation étudiante, c'était pour contribuer à en affiner les bases intellectuelles, pour aider à poser le meilleur diagnostic possible sur la situation présente et enrichir la palette d'actions potentielles, car il n'est pas vrai que dans le contexte sud-africain contemporain, seule la violence et l'action directe, de préférence hors-système, paient. Il y a encore, en Afrique du Sud, d'énormes marges de manœuvre pour ceux et celles qui voudraient approfondir la démocratie de l'intérieur.

Pour que Fanon soit utile dans ces circonstances nouvelles qui ne sont pas exactement les siennes, il me semblait qu'il fallait lui poser d'autres types de questions, le faire parler autrement. Il fallait ferrailler avec et contre ses concepts, le rejoindre en esprit et surtout, éviter de le prendre au pied de la lettre. La question n'était pas de l'utiliser comme une boîte noire, mais d'apprendre de lui et avec lui comment identifier les nœuds de tensions, mettre le doigt sur celles qui, à première vue, semblaient les plus insolubles.

Du coup, tout en soutenant l'objectif de fond, celui de la déracialisation et de la démocratisation des institutions et du savoir, il fallait, par exemple, être conscient des limites du paradigme même de la décolonisation.

La décolonisation n'a jamais, dans notre histoire, automatiquement conduit vers la démocratie. À peu près partout et quelles qu'en aient été les modalités (par la guerre ou pacifiquement), elle a généralement débouché sur des situations autoritaires, lorsqu'elle n'a pas tout simplement ouvert la voie aux régimes de partis uniques ou à une succession de régimes militaires, comme ce fut le cas dans l'Afrique des années 1960-1990. Décolonisation ne rime donc pas nécessairement avec l'idée de liberté et de pluralisme. Celle-ci ne peut pas être une fin en soi. Elle n'est qu'un moyen vers un but plus vaste, plus universel, qui est la montée en liberté, et donc en humanité.

Il fallait, d'autre part, aller au-delà du simple désir de démolition des statues coloniales. La critique des statues devait être accompagnée d'une réflexion de fond sur la question de l'archive et du nom propre si, véritablement, l'espace colonial reçu en héritage devait être imbu de nouvelles significations ou faire l'objet d'une symbolisation neuve. Par fidélité à l'esprit de Fanon lui-même, il fallait insister sur le fait que la lutte contre le racisme n'a pas pour finalité l'institution d'un contre-racisme. L'on ne gagne rien à remplacer le racisme colonial par son pendant mimétique, le nativisme ou la défense des identités primordiales. Contre le retour à l'indigénisme, il fallait donc s'efforcer d'articuler une conception de l'africanité non point exclusiviste, mais ouverte sur le large et sur le monde – ou, comme je l'ai souvent répété, « afropolitaine ».

Il aurait fallu finalement engager, dès le départ, une critique un peu moins simpliste des rapports entre le pouvoir, le savoir et la connaissance à l'ère néolibérale. On ne peut pas décoloniser le savoir sans avoir développé, au préalable, une théorie du savoir. On ne peut pas se contenter d'une « africanisation » des savoirs qui se limite à la réhabilitation des « ethno-savoirs ».

D'autre part, je crois qu'il y a une nette différence entre « réformer » une institution afin de l'ouvrir à tous et la « détruire » ou la « paralyser. » L'Afrique est un vaste cimetière d'institutions. Là où elles sont mises à sac, ce sont toujours les plus démunis qui finissent par payer. Nous avons besoin de bâtir des institutions fortes alors même que l'âge est à la désinstitutionalisation.

Pour le reste, je suis conscient du fait que l'expérience de l'université, au cours des deux dernières décennies, aura été très traumatisante pour beaucoup d'étudiants noirs sud-africains. La plupart sont les tout premiers de leurs familles à fréquenter cette institution supposée faciliter la mobilité sociale. En définitive, ils auront été profondément déçus. Ayant parfois suivi un cursus secondaire des plus médiocres, beaucoup étaient, de toutes les façons, mal préparés pour l'exercice. À l'université, ils auront été plongés, sans préparation psychologique suffisante, dans un milieu extrêmement stratifié et compétitif. Sans moyens matériels adéquats, beaucoup auront, en fin de compte, connu échec sur échec et s'en seront sortis lourdement endettés et, de surcroît, sans qualification et donc sans travail.

Des franges extrémistes des organisations étudiantes cherchent, par conséquent, à prendre leur revanche en détruisant l'université telle qu'elle est. Mais elles ne savent pas par quoi la remplacer. Ou peut-être ne veulent-elles pas la remplacer par quoi que ce soit d'autre. D'autres sont honnêtement convaincus que l'Afrique du Sud du début du XXIe siècle est exactement dans la même situation que l'Algérie française au moment de la guerre d'indépendance ; qu'à leurs justes revendications, l'État ne sait qu'opposer une violence structurelle, elle-même typique du racisme d'antan qui n'a pas arrêté de se transformer et de se reproduire sous des formes nouvelles ; que le seul moyen de démanteler ce système est la violence par le feu. Ou encore que le pays serait à la veille d'une révolution dont ils seraient les anges annonciateurs. Ces effluves millénaristes octroient à ces mouvements une partie de leur dynamisme. Mais elles expliquent également, du moins en partie, leurs dérives parfois sectaires.

Dans ce contexte, l'utilisation de Fanon est très souvent polémique et conjuratoire. Le Fanon de maints étudiants militants est un auteur désincarné et a-historique. Sa fonction est avant tout mythologique. Il est une figure totémique dont le nom est chargé de dire la colère, d'exprimer la rage et le désir de vengeance, et d'agiter le spectre d'une violence éradicatrice et compensatoire, purement purgative, aux abords d'un certain nihilisme. Ce Fanon est un affect. Il n'est pas un concept.

Vous venez d'évoquer les tensions inhérentes à la pensée de Fanon. Que nous apprend-il sur les manières de tenir ensemble ces dimensions contradictoires, surtout lorsqu'elles se manifestent dans un mouvement en train de se construire ?

Il ne parle que de ça – de tensions irrésolues, voire irrésolvables – qu'il faut néanmoins affronter les yeux ouverts, avec lucidité, avec une volonté d'acier, avec la dernière énergie et de manière décisive. Toute son œuvre est une tentative parfois désespérée de dénouer des nœuds de tensions dont aussi bien la genèse que les conséquences sont toujours historiques, même lorsqu'elles se réfèrent à l'individu.

Franz Fanon prend très au sérieux la division structurante qui définit d'emblée le sujet humain en situation de domination raciale. Il ne cesse de montrer que devenir sujet, c'est tenter de renouer quelque chose, un lien qui a été brisé. Telle est d'ailleurs la définition qu'il donne de la maladie – le lien brisé avec sa communauté. Devenir sujet, c'est s'efforcer de remonter la pente, de retrouver une certaine unité de soi à partir d'une expérience originaire de déchirement, de fêlure et d'écartèlement. L'aliénation, ce n'est pas seulement le résultat du travail négatif d'Autrui sur notre corps, notre voix, la défiguration de notre nom et de notre visage. C'est aussi la trace de l'Autre en nous ; nous comme un Autre *à* nous-mêmes ; nous comme notre propre part maudite ; notre propre « part-cochon », la confrontation avec notre propre statue. En d'autres termes, l'Autre n'est pas l'unique salaud. Il y a, d'après Fanon, une part du salaud que nous sommes qui consiste à s'aveugler à « l'Autre à nous-mêmes » que nous sommes devenus.

Vous avez utilisé de multiples plateformes pour analyser et débattre de ces apports de Fanon (presse, blog, conférences, ateliers…) notamment à l'université du Witwatersrand. Quels publics avez-vous atteint, et à quels types de débats ces plateformes ont-elles pu ouvrir (ou non)?

J'ai surtout essayé de mettre en garde contre les lectures passablement anachroniques de Fanon qui sont colportées ici et là. En effet, beaucoup ne retiennent de lui que les développements concernant la violence. Ils s'intéressent non pas à l'ensemble de sa pensée, y compris ses écrits psychiatriques, mais à quelques formules-chocs qui sont utilisées comme autant de slogans que l'on psalmodie allègrement, peu importe le contexte.

En réalité, une grande partie du vocabulaire des mouvements étudiants ne trouve pas véritablement son origine dans Fanon. Beaucoup d'énoncés, de phrases, de mots et autres désignations sont tirés du lexique de *Black Lives Matter* (La vie des Noirs compte) ou encore du courant de pensée afro-pessimiste aux États-Unis (Frank Wilderson, Fred Motten, Jared Sexton et ainsi de suite). Or, si on se contente de faire une lecture afro-pessimiste de Fanon, on privilégiera le crieur qui préconise le meurtre du colon raciste. On ne verra pas que cette figure est la même qui prend soin du policier tortionnaire, dont l'une des tâches quotidiennes est d'écraser à l'électrode les organes génitaux du nationaliste algérien.

Quant à la critique de l'université dans les conditions contemporaines, elle ne peut pas se faire sur des bases uniquement nationales. Publique ou privée, l'université aujourd'hui est, par définition, une formation mondiale soumise à la fois à la loi des États nationaux et à celle des grandes firmes et réseaux transnationaux. Il existe un marché mondial de l'éducation qui, lui-même, est de plus en plus privé. À l'âge néolibéral, le savoir est un produit marchand qui s'achète et se vend comme tous les autres. Le modèle de l'université publique qui correspondait à l'État-providence est à peu près partout en recul. Un apartheid de fait sépare désormais les grandes universités globales, dont la fonction est la reproduction des classes transnationales et les autres, à court de financements et de plus en plus confrontées à des contraintes de tous ordres. La critique de l'institution universitaire est incomplète si elle ne s'attaque pas à ces dimensions qui relèvent de l'économie politique de la globalisation.

Par ailleurs, pour décoloniser le savoir et les connaissances, encore faut-il, comme je l'ai suggéré, avoir développé au préalable une théorie de la connaissance et du savoir. Or tel n'est pas le cas. L'on est témoin de situations absurdes ou des étudiants noirs déclarent ne pas vouloir lire tel ou tel texte sous prétexte que son auteur est blanc, ou encore qu'il n'y a guère place dans ce texte pour l'expérience vécue des Noirs. Des notions telles que la raison ou l'universel font l'objet de dénonciations intempestives. Elles ne feraient que reproduire une violence de type coloniale et épistémique. Les rapports complexes entre le savoir et le pouvoir font l'objet de grossières caricatures. Aucune critique de l'État ou de la finance n'est esquissée.

Dans un pays connu pour ses penchants xénophobes, et où l'Afrique est perçue comme un monde étrange et étranger, le sort suffisamment préoccupant des étudiants venus d'autres parties du continent n'est jamais évoqué. Cette sorte de myopie égocentrique et nationalo-centrée est à l'opposé des injonctions de Fanon. Au fond, tout se passe comme si tout se ramenait à une affaire d'identités blessées et souffrantes. L'ontologie prime sur tout le reste, l'histoire y compris. Or, le risque de toute politique identitaire est d'ouvrir la porte soit au narcissisme (dont s'accommode parfaitement l'idéologie néolibérale), soit au ressentiment et à son corollaire, le désir de vengeance.

Comme je l'ai suggéré, ma lecture de Fanon va passablement à l'encontre des théories afro-pessimistes qui servent de réservoir idéologique à une bonne partie de la contestation étudiante. En conséquence, elle a rencontré peu d'échos, finalement. Par contre, elle a provoqué un certain agacement chez la plupart des gens, et pour cause. Comme je l'ai affirmé, l'usage de Fanon dans les mouvements protestataires aura été de type plutôt mythologique. Or, mon argument est qu'on ne peut pas se prévaloir de Fanon pour justifier je ne sais quel projet de transformation de l'université. On ne peut pas se prévaloir de ses considérations sur la violence sans, en même temps, prendre en compte sa philosophie du soin.

De toutes les façons, il n'existe, à ma connaissance, aucun Évangile selon Fanon, aucune Église, aucun catéchisme. Fonder une cléricature sur la base de ce qu'il a écrit est absurde. La seule chose que dit Fanon, c'est que nous sommes, chacun, notre propre fondement. À la limite, on n'a pas besoin de Fanon pour transformer l'université. Les raisons de transformer l'université et la manière de le faire, c'est à nous, aujourd'hui, de les produire ici et maintenant. Fanon a accompli, en son temps, la tâche qui fut la sienne. À nous d'accomplir la nôtre, en forgeant nous-mêmes des concepts, des outils théoriques et politiques adaptés à notre temps. Cette tâche d'invention intellectuelle est bien plus exigeante que la répétition stérile de formules toutes faites.

Dans l'ensemble, les organisations étudiantes ont donc suivi des directions tout à fait opposées à ce qui eut été, du moins de mon point de vue, logique, pratique et raisonnable. Et d'abord, la cible principale aurait dû être l'État. L'histoire des universités publiques en Afrique du Sud comme dans le reste du continent renvoie, de bout en bout, à l'histoire de l'État. C'est à ce niveau, c'est-à-dire celui d'une structure de pouvoir qu'il aurait fallu porter le fer. Tel n'a pas été le cas.

Par ailleurs, le problème du financement des universités ne touche pas seulement les étudiants, mais une très large portion de la société. Pour les étudiants, la bonne démarche aurait consisté à bâtir patiemment des coalitions, à élargir les assises sociales du mouvement, à s'allier à d'autres forces. Il en a été tout autrement. Les logiques de la fragmentation ont rapidement pris le pas sur les logiques de coalition. Le sectarisme aidant, le mouvement a perdu le soutien de secteurs importants de l'université et de la société qui lui étaient favorables dès le départ. En prenant pour cible principale la bureaucratie académique, les étudiants ont réduit la portée sociale de leur mouvement et l'ont limité à une affaire interne aux universités.

La stratégie consistant à multiplier les escarmouches, la rhétorique démesurée de la violence, les boycotts intempestifs et les interruptions sans lendemain, la zizanie et quelques actes franchement irréfléchis tels que l'incendie des objets d'art ou des bibliothèques, l'intimidation idéologique, la destruction de la propriété et des infrastructures – tout cela a fini par brouiller passablement les repères moraux et par disqualifier le mouvement aux yeux de ceux, nombreux, qui auraient pu en devenir les alliés objectifs.

Entre-temps, le couteau à la gorge, la plupart des universités auront accepté l'une des revendications principales du mouvement, à savoir la fin de la sous-traitance des personnels précaires. Or, au même moment, l'État aura décidé de bloquer les taux des frais d'inscription qui servaient à compenser la diminution croissante des subsides gouvernementaux. Les universités se trouvent prises entre l'enclume et le marteau. Leur situation financière n'a jamais été aussi précaire qu'aujourd'hui. Si l'on n'y prend garde, la « décolonisation » débouchera sur la ruine pure et simple du dernier grand système universitaire sur le continent africain, le seul qui, à force d'appui et de créativité, aurait pu rentrer de plain-pied dans la compétition mondiale et infléchir durablement les tendances à la fuite des cerveaux.

Quelles réflexions vous inspire la réception, parfois très politisée – et même venimeuse à l'occasion – de votre lecture argumentée de Fanon ?

Dans ce genre de choses, il y en a toujours qui vous bénissent et d'autres qui vous maudissent. Intervenir dans le champ public, de nos jours, c'est chaque fois prendre des risques de toutes sortes et parfois, s'exposer aux invectives et aux abus. À l'ère des technologies digitales et de la communication de masse, beaucoup ne veulent pas réfléchir pour leur propre compte. Ils veulent simplement se défouler. Ils sont en quête de spectacle ou, mieux, ils cherchent à se mettre en spectacle.

Dans cette civilisation de la distraction, du cirque et des jeux permanents, la réflexion critique perd du terrain, parfois victime de sa propre obscurité, de son caractère abscons et de ses complexes élitistes. Les nouvelles technologies ont, certes, permis de démocratiser la prise de parole. En même temps, elles ont profondément transformé la nature même de la sphère publique. Celle-ci ne se caractérise plus par sa civilité, mais bien davantage par le chahut. La démocratisation de la parole publique n'a donc pas nécessairement entraîné un relèvement de la qualité des débats.

L'expertise compte de moins en moins, même lorsqu'elle s'auto-légitime par l'emploi de raisonnements techno-statistiques eux-mêmes toujours plus abstraits. La légitimité de ce que l'on affirme dépend de manière croissante de l'identité de qui parle, plus que du contenu de ce qui est dit. L'opinion, le point de vue, les convictions l'emportent presque toujours sur l'argumentation. Il en résulte une extraordinaire difficulté à traduire le savoir et la connaissance en information capable de peser sur les débats. À la place de la délibération, l'on a désormais recours à l'anathème, tandis que la prime va à qui sera le plus indigné ou se sentira le plus outragé. Les gens ne sont pas équipés pour construire un argument et en défendre la pertinence. Du coup, ils vous parlent de « l'expérience vécue » qu'ils se font fort de sanctifier, précisément afin de clore tout débat. Ils ne veulent entendre que ce à quoi ils croient dès le départ. Toute affirmation qui ne vient pas confirmer les préjugés et croyances de départ est d'emblée rejetée. Il est devenu plus facile de dire ce qui sépare que de dire ce qui unit ou fait lien. Le temps est à la recherche du bon bouc émissaire. Les mouvements étudiants n'échappent pas à ces tares.

Les organisations d'étudiants mobilisées pour la transformation des universités sud-africaines semblent aujourd'hui fragmentées (à l'université du Witwatersrand en tout cas), leurs revendications perdent en lisibilité pour une partie du public, et même du corps universitaire. Quelle lecture faites-vous de ce mouvement et de son évolution ?

Le champ était morcelé dès le départ. En posant à l'origine la question de la transformation des universités sous l'angle de la décolonisation du champ symbolique post-apartheid (le démantèlement de la statue de Cecil Rhodes), le mouvement RhodesMustFall a fait de la question raciale et de la liquidation du legs colonial l'antagonisme principal. Faute d'une réflexion neuve sur le non-racialisme et en l'absence d'un travail systématique pour bâtir une coalition multiraciale, il n'a pas créé un espace qui aurait pu accueillir les étudiants dissidents blancs disposés à faire une critique sans concession de leur statut et privilèges et à rejoindre les rangs d'une nouvelle génération militante largement inclusive, mais dirigée par des étudiants noirs. Pour une multitude de raisons liées à l'histoire sud-africaine, on a même entendu des leaders étudiants noirs exiger que leurs compatriotes blancs soient privés de parole lors des assemblées.

Alors que les conditions objectives s'y prêtaient, le mouvement n'a pas, non plus, été capable de proposer une critique de classe suffisamment convaincante pour rallier à lui les forces opposées à l'ordre établi. Tout ceci a laissé la porte grandement ouverte à toutes sortes de dérives identitaristes propres à des luttes fragmentaires et des mobilisations de type sectaire. Il n'aura pas suffi de convoquer la *blackness*. Car il y a « noir » et « noir. » Il y a une fraction de la « négritude » qui s'accommode volontiers du patriarcat et de l'homophobie. De même n'aura-t-il point suffi de convoquer le féminisme noir. Il y a une fraction du féminisme noir tout à fait hétérodoxe, qui ne fait aucune place à d'autres identités sexuées qui dépassent le binôme homme-femme. Il s'ensuivra une logique politique que j'appelle « la politique des fractions » fondée sur l'illusion de la pureté. Le discours sur l'intersectionalité n'empêche guère l'idée qu'il y aurait des identités pures, tout comme il y en aurait qui seraient plus « radicaux » que d'autres. D'où une concurrence à la fois victimaire et une inflation du radicalisme qui, pour être gérée, aura imposé des purges incessantes.

Le mouvement étudiant des deux dernières années a aussi opéré sur le mode de l'anti-organisation et de l'antisystème, avec des pratiques dont le but affiché est, soi-disant, d'approfondir la démocratie participative. Il a puisé à cet effet aussi bien dans la culture de la protestation de groupes tels qu'Occupy Wall Street et dans certaines franges de la culture anarchiste. Il en a résulté une forte suspicion à l'égard de tout mécanisme de représentation formelle. À titre d'exemple, des leaders sont élus et destitués au gré des événements. La suspicion de trahison est systémique. La nature des revendications change sans cesse. On cherche à isoler les délégués élus auxquels l'on n'accorde guère une totale confiance et l'on réclame des négociations publiques avec la foule. Le mouvement est également miné par une forte propension au putschisme. Le vide et l'absence de structure favorisent la montée d'hommes forts et la constitution de cabales et factions diverses.

L'on y retrouve par ailleurs des groupuscules pseudo-radicaux aux yeux desquels l'histoire est un processus ininterrompu de trahisons, de purges et d'éradication – ce qui a conduit à d'interminables épurations. La pulsion identitariste et micro-segmentaire n'a pas beaucoup aidé. Des tensions sont apparues entre les groupuscules féministes, les trans- et autres identités sexuées, et les groupes hétéronormativistes, voire de tendance patriarcale.

Le mouvement a payé le prix de ces incohérences. Au départ, surpris par la soudaineté et l'ampleur des événements, les établissements universitaires ont vite appris à jouer de la division et de la répression là où cela s'est avéré efficace. Certains étudiants ont été exclus des universités. Des sociétés de gardiennage ont été recrutées pour protéger les bâtiments et autres installations. La fatigue aidant, le mouvement s'est essoufflé. L'unique point de ralliement, pour l'heure, est la revendication d'accès libre, sans frais, à l'université ■

Septembre 2016

Entretien mené par Claire Bénit-Gbaffou,
Centre for Urbanism and the Built Environment Studies (Cubes)
University of the Witwatersrand

Abstract

Fanon, Students Movements and Contemporary South Africa: a Conversation with Achille Mbembe

The figure of Franz Fanon is often invoked by South African students movements, rebelling against what they claim is untransformed academic institutions and unresponsive government. In this interview, Achille Mbembe, who has (based on his own work on Fanon's thought) actively engaged and debated with the students on the decolonisation of knowledge in South African universities, analyses how Fanon (as a totem or as a symbol, rather than through his specific concepts) has been mobilised in students' discourses and struggles. Achille Mbembe warns against a simplistic reading of Fanon, which reduces The Wretched of the Earth *to a straightforward justification of the use of violence, without considering Fanon's simultaneous ethics of care. He calls for a decolonisation of knowledge that engages the world, rather than leading to a narrow parochialism. He proposes an informed and lucid analysis of contemporary social change in South Africa.*

RAPHAËL BOTIVEAU

La jeune Afrique du Sud en ballottage : mouvements étudiants et amorces d'une alternance politique

Partant des mouvements étudiants de 2015 contre les frais universitaires et pour la décolonisation de l'université sud-africaine, cet article analyse le glissement progressif du pays vers l'alternance politique. L'ANC, soumis à une forte pression interne et externe, ne semble pas à ce jour avoir pris la mesure de la contestation sociale et politique auquel il fait face. Après plusieurs mobilisations de travailleurs sans précédent et la poussée d'une opposition politique toujours plus aguerrie au fil des scrutins, les récentes mobilisations étudiantes ont apporté une nouvelle forme de contestation radicale. Orchestrée par une jeune génération de militants, elle articule critique acérée de l'ordre socio-économique injuste hérité de l'apartheid, et rejet intégral et parfois violent, de la discrimination raciale et du colonialisme résilient en Afrique du Sud.

L'Afrique du Sud du président Jacob Zuma est, depuis 2015, le théâtre d'importantes mobilisations étudiantes. Quatrième président démocratiquement élu par le Parlement sud-africain – où son parti, l'African National Congress (ANC, Congrès national africain), dispose de la majorité absolue depuis 1994 – Zuma doit s'attendre à une fin de second mandat tumultueuse. Son premier mandat avait déjà été marqué par les plus grandes grèves de l'histoire du secteur minier et, le 16 août 2012, par la répression de Marikana, durant laquelle des unités de police antiterroriste avaient froidement assassiné 34 manifestants[1]. Les grandes exploitations agricoles de la Province du Western Cape avaient également été frappées par d'importantes mobilisations de travailleurs. Les mines et l'agriculture, secteurs-clés de l'économie, demeurent fortement marquées par l'héritage ségrégationniste, et elles sont un stigmate de la (trop) lente « transformation » de l'Afrique du Sud après l'apartheid. Le secteur minier incarne aussi la perméabilité entre une élite politico-économique noire récemment structurée, alliée à l'ANC, et l'ancienne élite capitaliste blanche.

1. Voir notamment J. Hayem, « Marikana : répression étatique d'une mobilisation ouvrière indépendante », *Politique africaine*, n° 133, 2014, p. 111-130.

Cette dernière a, depuis 1994, considérablement restructuré ses intérêts, au fil de la néolibéralisation du pays orchestrée par Thabo Mbeki et son successeur. La persistance de la question foncière, largement irrésolue, agit quant à elle comme le spectre d'une évolution de l'Afrique du Sud vers un scénario zimbabwéen ; un scénario qui allierait le maintien au pouvoir d'un régime réprimant ses opposants et s'appuyant sur un populisme opportunément anti-Blancs.

Il semble loin le temps où, au milieu des années 2000, un Zuma populaire, « persécuté » par le froid et distant autocrate Mbeki, était porté en héraut du changement par la gauche de l'Alliance tripartite au pouvoir dirigée par l'ANC et composée d'une aile syndicale, le Congress of South African Trade Unions (Cosatu, Congrès des syndicats sud-africains), et communiste, le South African Communist Party (SACP, Parti communiste sud-africain). La ligue des jeunes de l'ANC (ANC Youth League, Ancyl), le Cosatu et le SACP, qui avaient à l'époque vu en Zuma le seul homme à même de reconquérir le parti, et de remettre son programme de Révolution démocratique nationale sur les rails, ont depuis déchanté – et le pays avec eux. Mais, plutôt que de désavouer son ancien champion, l'aile gauche s'est installée dans les positions conquises, arc-boutée dans une posture légitimiste, et contraignant les opposants internes de Zuma au silence ou à la sortie[2].

C'est dans ce contexte politique marqué, on y reviendra, par le renforcement de l'opposition et par un éclatement de l'Alliance tripartite, qui voit peu à peu se reconfigurer l'espace politique et syndical, que se sont développés les mouvements étudiants de 2015 et 2016. Ces derniers sont portés par une génération de jeunes militants nés à la fin de l'apartheid ou après la chute du régime. Aux mobilisations des damnés de la terre, qui avaient rouvert la question sociale et esquissé une critique de la « transformation » du pays, ont succédé des mobilisations étudiantes plus structurées idéologiquement, qui ont aussi replacé la question raciale au cœur du débat. Ce sont ces dernières mobilisations, pour la décolonisation de l'enseignement supérieur et pour la démocratisation de l'université, que cet article prend comme point de départ. On reviendra d'abord sur les mouvements « Rhodes Must Fall » (Rhodes doit tomber) et « Fees Must Fall » (Les frais doivent baisser) et, notamment, sur la convergence entre revendications raciales et sociales qu'ils incarnent. On verra ensuite en quoi ces mouvements, qui s'inscrivent dans la filiation

2. À titre d'exemple, en septembre 2016, le SACP comptait cinq ministres et quatre vice-ministres au gouvernement. Sur le poids politique de l'aile gauche de l'ANC, voir R. Botiveau, « Longevity of the Tripartite Alliance : the Post-Mangaung Sequence », *Review of African Political Economy*, vol. 40, n° 138, 2013, p. 620-627.

des mobilisations de la jeunesse sud-africaine des années 1970 et 1980, revêtent un caractère révolutionnaire ou, tout au moins, radical. On replacera enfin ces dynamiques dans la trajectoire politique récente de l'Afrique du Sud, laquelle invite à penser que ce sont les amorces d'une alternance politique institutionnelle plutôt que les prémisses d'un renversement du régime dirigé par l'ANC qui, pas à pas, sont en train d'être posées.

Les étudiants du Cap font chuter Rhodes

Les mouvements étudiants de 2015 ont débuté au Cap, devenu le bastion de la Democratic Alliance (DA, Alliance démocratique), principal parti d'opposition au régime ANC. La DA a été fondée en 2000, suite à la fusion de plusieurs formations politiques, héritières d'anciens partis blancs de l'apartheid[3]. À partir de sa victoire municipale de 2006, la DA a ravi à l'ANC la Province du Western Cape (2009), d'où le parti poursuit son extension nationale et son entreprise de déracialisation. Au Cap et dans sa province, la DA s'appuie sur une importante population blanche (17 %, contre moins de 9 % nationalement), et métis ou *coloured* (49 %, contre moins de 9 % nationalement)[4]. C'est sur le campus de la prestigieuse université du Cap (University of Cape Town, UCT), vielle institution de l'élite anglophone nichée sous le Pic du Diable, un sommet culminant à 1 000 mètres, que les choses ont commencé. Pour accéder au cœur du campus, un bâtiment néoclassique en forme de temple grec baptisé Jameson Hall, comme on en trouve sur les campus du nouveau monde, il faut d'abord monter la colline, traverser les terrains de rugby et gravir les imposants *Jammie steps*. Aux pieds de ces escaliers, se trouve (ou plutôt se trouvait) une statue en bronze de Cecil John Rhodes, érigée en 1934 en remerciement de son legs foncier à l'université. Le magnat des mines, Premier ministre de la colonie du Cap et conquérant impérialiste victorien, il y est sculpté, juché dans un fauteuil, le coude posé sur son genou légèrement avancé, sa main soutenant son visage et les yeux dans l'horizon. Rhodes, dos à la mer, contemple le continent et la plaine du Cap, vaste étendue

3. V. Magnani, « Franchir la barrière raciale ». Le volontarisme de l'*Alliance démocratique sous le poids des contraintes de l'espace politique sud-africain*, mémoire de master 2, Université Paris 1 Panthéon-Sorbonne, 2010.

4. Ces chiffres sont tirés du *South African National Census* de 2011. La Province du Western Cape comptait alors 33 % d'« Africains noirs », contre près de 80 % à l'échelle du pays. Pour mémoire, le régime d'apartheid divisa, à partir de 1950, la population sud-africaine en quatre catégories : Blancs, *Native* (« indigènes » ou Noirs), Indiens et *Coloured*. Dans la suite de cet article, le nom ou l'adjectif « noir » incluent souvent les *Coloured* et les Indiens, soit les trois catégories de populations historiquement discriminées.

où sont logés, depuis les années 1950, les *townships coloured* et noirs du Cap: Mitchell's Plain, Langa, Guguletu, Khayelitsha – autant de noms évocateurs de l'apartheid et de l'oppression des populations «non blanches». Sous la statue, un extrait d'un vers de Rudyard Kipling, intitulé «Cape Town», est gravé dans la pierre:

«Je rêve mon rêve,
De roc, de lande et de pin,
D'un Empire au Nord.
Oui, une seule terre,
De Lion's Head à l'horizon[5]!»

Le 9 mars 2015, des étudiants se rassemblent autour de l'effigie de Rhodes pour demander le démantèlement de la statue, perchée sur son trône et contemplant, depuis sa tour d'ivoire, une mer d'inégalités sociales et raciales[6]. Parti du *township* de Khayelitsha, un étudiant noir d'une trentaine d'années y ramasse un seau d'excréments sur le trottoir – de ces *bucket toilets* (pots de chambre) que la DA s'était enorgueillie d'éradiquer –, prend la route de l'UCT en minibus et, arrivé sur le campus, y déverse le contenu du seau sur la statue de Rhodes[7]. Ce n'était pas la première fois que l'on s'en prenait à ce symbole de l'impérialisme britannique, qui s'attrista jadis qu'on ne puisse conquérir l'univers et «annexer les planètes», mais le mobile était cette fois différent[8]. Outre le démantèlement de la statue, les étudiants mobilisés, soutenus par certains employés et enseignants de l'université, avaient d'autres revendications: dénonçant les insuffisances de la transformation raciale de l'UCT, ils réclamaient un plus grand accès à l'enseignement supérieur et au logement

5. «*I dream my dream, / By rock and heath and pine, / Of Empire to the northward. / Ay, one land, / From Lion's Head to Line!*».

6. Le récit de la mobilisation qui suit se base pour partie sur celui de Brian Kamanzi, poète et étudiant à l'UCT: B. Kamanzi, «"Rhodes Must Fall" – Decolonisation Symbolism – What is Happening at UCT, South Africa?» [en ligne], *The Postcolonialist*, 29 mars 2015, <postcolonialist.com/civil-discourse/rhodes-must-fall-decolonisation-symbolism-happening-uct-south-africa/>, consulté le 30 septembre 2016.

7. E. Fairbanks, «Why South African Students Have Turned on their Parents' Generation» [en ligne], *The Guardian*, 18 novembre 2015, <www.theguardian.com/news/2015/nov/18/why-south-african-students-have-turned-on-their-parents-generation>, consulté le 30 septembre 2016.

8. La statue de Rhodes et le Rhodes Memorial, niché plus haut sous le pic montagneux, avaient, à partir des années 1930, généré l'animosité des étudiants afrikaner de l'UCT. Pour eux, il commémorait l'impérialisme britannique oppresseur des Boers. En 2001, Rhodes Memorial avait été aspergé de peinture rouge et la petite chapelle qui s'y trouve brûlée, dans deux épisodes distincts impliquant visiblement un jeune blanc schizophrène. L. Johns, «Sour Grapes Led Man to Paint Rhodes Red» [en ligne], *IOL*, 17 août 2001, <www.iol.co.za/news/south-africa/sour-grapes-led-man-to-paint-rhodes-red-73158>, consulté le 30 septembre 2016.

étudiant pour les Noirs, la décolonisation du contenu des cours, mais aussi, plus de droits pour les travailleurs employés sur le campus (*coloured* et noirs pour la plupart)[9]. Le geste profanateur de l'UCT catalysa l'attention et, fortement médiatisé (notamment par le biais d'Internet, sur les réseaux en ligne Facebook et Twitter, où le *hashtag* « #RhodesMustFall » se répandit comme une traînée de poudre), il s'attira de nombreuses réactions et soutiens.

Le mouvement prit vite de l'ampleur et, le 20 mars, une manifestation derrière la bannière « Rhodes Must Fall », déboucha sur l'occupation du bâtiment Bremner, siège de l'administration centrale de l'UCT. Là, les étudiants élurent domicile dans une salle historique, qui porte le nom d'Archie Mafeje, en souvenir des « occasions manquées dans le passé », selon les mots du vice-recteur Max Price, qui dirige l'UCT depuis 2008. Mafeje avait été nommé professeur d'anthropologie sociale en 1968, avant que, sous la pression du gouvernement d'apartheid, le conseil de l'université, qui avait pourtant pris sa décision à l'unanimité, ne se déjuge. Le conseil indiqua en outre « son incapacité future à nommer une personne non blanche à un poste d'enseignant, sauf autorisation contraire dans des circonstances particulières ». Près de six cents étudiants avaient ensuite occupé le bâtiment pour réclamer l'annulation de cette décision. Il n'en fut rien. Mafeje prit le chemin de l'exil et enseigna notamment aux universités de Dar es Salaam et du Caire[10]. Ses occupants de 2015 rebaptisèrent rapidement l'édifice « Azania House », un signe qu'ils se revendiquaient de l'héritage du Mouvement de la conscience noire et de son leader emblématique dans les années 1970, Steve Biko, plus que du mouvement non racialiste incarné par l'ANC[11].

Azania House devint l'épicentre de la mobilisation et de débats nourris, impliquant étudiants, enseignants et humbles travailleurs de l'université. Le lieu ne désemplit pas et se transforma en un espace ouvert, où chacun – issu d'un milieu défavorisé ou aisé – y alla du récit de son expérience de la discrimination raciale sur le campus et de ses propositions pour transformer l'université. Manifestations et initiatives collectives se multiplièrent, à l'instar, par exemple, d'une performance artistique intitulée « Saartjie Baartman ». Cette dernière vit un groupe d'artistes, nus et recouverts de

9. Pour plus de détails sur les revendications de Rhodes Must Fall, voir « Johannesburg Workshop in Theory and Criticism » [en ligne], *The Salon*, vol. 9, 2015, <www.jwtc.org.za/the_salon/volume_9/rmf_statements.htm>, consulté le 30 septembre 2016.

10. « Lessons of the Mafeje Affair - 40 Years on » [en ligne], *UCT*, <www.uct.ac.za/about/management/vc/installation/mafeje/>, consulté le 22 août 2016.

11. Les manifestants se revendiquaient aussi de l'aile panafricaniste du mouvement de libération sud-africain. Certains reprirent ainsi un célèbre slogan de l'Azanian People's Liberation Army, branche armée du Pan Africanist Congress : *One Settler, One Bullet* (« un colon, une balle »), une parodie du *One man, One vote* (« un homme, une voix ») de l'ANC.

peinture noire, leurs parties intimes simplement masquées par un morceau d'étoffe blanche, parcourir le campus en convergeant vers une statue moderniste de la « Vénus hottentote », située dans la bibliothèque de l'UCT[12]. Professeur de sociologie à l'UCT, Xolela Mangcu accusa le vice-recteur d'obstruction délibérée à la transformation. Il expliqua notamment que, parmi les deux cents plus importants professeurs de l'université, seuls, cinq étaient noirs. Des syndicalistes dénoncèrent à leur tour l'insuffisance criante des promotions d'employés noirs à des postes de responsabilité[13]. Le conseil de l'UCT réagit vite et vota, le 27 mars, en faveur du démantèlement de la statue de Rhodes. Le 9 avril, le symbole honni était retiré du campus. La mobilisation, qui s'était entre-temps étendue à d'autres universités, ne faiblit pas pour autant.

Les étudiants de l'université de Rhodes, dans la Province de l'Eastern Cape, lancèrent le Black Students Movement (BSM, Mouvement des étudiants noirs). Les mobilisés partaient là aussi de l'énoncé des expériences concrètes des étudiants noirs, encore souvent victimes de racisme et d'exclusion dans les meilleures universités du pays qui, avant les années 1990, leur étaient interdites pour la plupart. Souvent moins dotés que leurs homologues blancs en capitaux économiques, sociaux et culturels, les étudiants noirs disaient aussi à Rhodes leur mal-être, sur des campus qui ne furent pas conçus pour eux et, au-delà, dans un pays dont ils vivent toujours les contradictions sociales et raciales[14]. Si, contrairement à l'UCT, qui comptait, en 2014, environ 31 % d'étudiants blancs pour 44 % d'étudiants noirs, *coloured* ou indiens[15], l'université de Rhodes est majoritairement noire (y étaient inscrits, en 2014, 64 % d'étudiants noirs, *coloured* ou indiens, contre 36 % d'étudiants blancs), l'héritage de l'apartheid s'y fait bien sentir[16]. Université anglophone, Rhodes avait en effet, sous l'apartheid, suivi ses consœurs de langue afrikaans en

12. La destinée de Saartjie Baartman a fait l'objet d'un film d'Abdellatif Kechiche (*Vénus noire*, 2010). Propriété du Musée de l'Homme de Paris, ses restes – dont son cerveau, son anus et ses organes génitaux conservés dans des bocaux remplis de formols – furent officiellement restitués par la France à l'Afrique du Sud en 2002. Elle y fut ensuite inhumée au terme d'une cérémonie d'État lors de la Journée de la femme (9 août).

13. C. Petersen, « UCT Refusing to Hire Black Professors » [en ligne], *Cape Times*, 23 mars 2015, <www.iol.co.za/news/south-africa/western-cape/uct-refusing-to-hire-black-professors-1835691#.VSETMag0WSo>, consulté le 11 octobre 2016.

14. N. Valela, « The Rhodes to Perdition: Why Rhodes Was Never Ready for the BSM » [en ligne], *Daily Maverick*, 26 mars 2015, <dailymaverick.co.za/opinionista/2015-03-26-the-rhodes-to-perdition-why-rhodes-was-never-ready-for-the-bsm/#.V7wYvoWcL-k>, consulté le 30 septembre 2016.

15. En 2014, 26 357 étudiants – dont plus de la moitié de femmes – étaient inscrits à l'UCT. « Statistics » [en ligne], *UCT*, <www.uct.ac.za/about/intro/statistics/>, consulté le 23 août 2016.

16. En 2014, 7 519 étudiants – dont près de deux tiers de femmes – étaient inscrits à Rhodes. « Digest of Statistics. Version 19: 2015 » [en ligne], *Rhodes University*, <www.ru.ac.za/media/rhodesuniversity/content/dmu/documents/digest15.pdf>, consulté le 30 septembre 2016.

refusant son accès aux étudiants non blancs. D'autres universités, comme l'UCT ou l'université du Witwatersrand (Wits), qui n'accueillaient qu'une infime minorité de non-Blancs, autorisaient néanmoins les cours mixtes[17]. La situation, dénoncée par les étudiants du BSM et leurs camarades en lutte ailleurs, avait donc pour toile de fond un système d'enseignement historiquement inégalitaire. Architecture ségrégationniste complexe, l'« Éducation bantoue » avait ainsi été conçue par l'apartheid pour réserver les meilleurs établissements aux Blancs, depuis le primaire jusqu'à l'université. Cantonnant généralement les Noirs à l'apprentissage de savoirs techniques, ce système visait avant tout à couvrir les besoins en main-d'œuvre des entreprises du pays. Outre ce lourd héritage universitaire, l'accès aux meilleurs établissements primaires et secondaires, anciennement blancs, est encore largement réservé aux riches. Ces derniers optent aussi souvent pour le privé et la division Blancs-Noirs s'est donc vue redoublée, après l'apartheid, d'une division de classe. Parmi les étudiants noirs mobilisés depuis 2015, certains sont issus de familles de l'ancienne ou de la nouvelle bourgeoisie noire, quand d'autres, nombreux sinon majoritaires, bataillent pour faire leur place à l'université. Contraints par l'acquittement d'importants frais de scolarité[18], ils doivent soit travailler durant leurs études, soit se presser de trouver un emploi au sortir de leur cursus pour rembourser les dettes contractées[19]. À Rhodes, les étudiants ont également obtenu de la direction de l'université qu'un processus visant à rebaptiser l'institution soit lancé.

Le mouvement a aussi atteint l'université de Stellenbosch, bastion de l'élite afrikaner, qui comptait encore plus de deux tiers d'étudiants blancs en 2015. Il s'y est doublé d'une dimension linguistique. En effet, si l'anglais y était officiellement utilisable par tous (cours bilingues, possibilité de communiquer avec l'administration et de composer dans cette langue), l'Afrikaans, langue des Blancs afrikaners et des métis qui leur sont culturellement assimilés, demeurait un facteur d'exclusion pour des jeunes Noirs qui, le plus souvent, ne l'apprennent plus. À Stellenbosch peut-être encore plus qu'ailleurs, ces derniers étaient aussi la cible d'un racisme rappelant le *petty apartheid* (apartheid « petit », « mesquin » ou « tracassier »), cette ségrégation des espaces

17. C. Perrot, *L'Enseignement supérieur sud-africain post-apartheid (1994-2004) : une transformation réussie ?*, thèse de doctorat, Université Aix-Marseille 1-Université de Provence, 2010.
18. L'Afrique du Sud compte 25 universités dans lesquelles les frais d'inscriptions (hors enseignement par correspondance) oscillaient, pour 2015, entre 25 000 et 65 000 rands (entre 1600 et 4200 euros au taux de change du 30 septembre 2016), selon les institutions et les cursus. L. Grant, « How Much Will it Cost to Go to a South African University in 2016 ? » [en ligne], *Africa Check*, 26 octobre 2015, <africacheck.org/reports/how-much-will-it-cost-to-go-to-a-south-african-university-in-2016/>, consulté le 30 septembre 2016.
19. N. Valela, « The Rhodes to Perdition… », art. cité.

privés et publics de la vie quotidienne, en vigueur en Afrique du Sud jusqu'à 1994. Les témoignages poignants de 32 étudiants «de couleur», racontant leurs déboires dans cette petite ville rurale, furent notamment rendus publics dans une vidéo documentaire intitulée «Luister» («Écoute»). La vidéo commence par ces mots d'un jeune Noir qui rappellent, comme un écho en creux à Steve Biko invitant les Noirs à retrouver leur fierté, combien les jeunes vivent encore l'apartheid dans leur chair: «J'ai le sentiment que c'est mal d'être Noir. Je me demande parfois, quand je suis seul, pourquoi dieu m'a fait noir alors que les choses peuvent aller si bien quand on est autrement[20]».

Le rejet de l'afrikaans comme médium d'instruction renvoyait également à la mobilisation des jeunes qui, rejetant l'obligation d'apprendre dans cette langue, s'étaient soulevés à Soweto en 1976. En novembre 2015, l'équipe du recteur de Stellenbosch recommanda le recours à l'anglais comme *lingua franca* de l'université. Alors que l'afrikaans était, jusque-là, la «langue académique» de Stellenbosch, une nouvelle politique linguistique, adoptée en juin 2016, fait conjointement de cette langue et de l'anglais les médiums d'apprentissage et d'enseignement de l'université[21]. La question linguistique a également été soulevée ailleurs avec succès, comme à l'université de Pretoria.

Extension et convergence des luttes raciales et sociales : de Rhodes à Fees Must Fall

Outre son extension sud-africaine qu'il est impossible de rendre ici dans son entier, le mouvement initié par Rhodes Must Fall a eu un écho international. Des groupes de soutien et des mobilisations se sont formés à Oxford, Cambridge ou Berkeley. À Oxford, des étudiants ont appelé au démantèlement d'une statue de Rhodes située à Oriel College. Reprenant le nom de Rhodes Must Fall, le groupe, composé notamment d'étudiants internationaux africains, a appelé à lutter contre les discriminations et à une meilleure prise en compte des cultures «non blanches» dans les cursus. L'administration

20. «I feel like it's wrong to be black. I sometimes ask myself, when I'm alone, why did God make me black when a lot can happen in a good way when you're otherwise?». Le film a été réalisé par un groupe d'étudiants de l'UCT venus soutenir leurs camarades du collectif Open Stellenbosch: D. Corder, M. Hegewisch, D. Manca et E. Mulder, *Luister*, Contraband, Le Cap, 2015. G. Nicolson, «Stellenbosch: "Luister" Could Lead to Change», *Daily Maverick*, 1er septembre 2015, <www.dailymaverick.co.za/article/2015-09-01-stellenbosch-luister-could-lead-to-change/#.V7wx2IWcL-k>, consulté le 30 septembre 2016.

21. «Language Policy of Stellenbosch University» [en ligne], *Stellenbosch University*, 22 juin 2016, <www.sun.ac.za/english/Documents/Language/Final%20Language%20Policy%20June%202016.pdf>, consulté le 30 septembre 2016.

d'Oxford a rapidement donné une fin de non-recevoir aux manifestants. Lord Patten, dernier gouverneur de Hong-Kong et recteur d'Oxford, les appela à embrasser les valeurs prônées par Karl Popper dans *Open Society*. Il suggéra également aux mécontents d'aller étudier ailleurs et, pourquoi pas, « en Chine où l'on n'est pas autorisé à parler des valeurs occidentales », que le recteur considérait comme « des valeurs globales[22] ».

En Afrique du Sud, le mouvement s'est poursuivi et d'autres statues de personnalités historiques symbolisant le colonialisme ou l'apartheid ont été vandalisées : la reine Victoria, Cecil John Rhodes, le roi George V, Paul Kruger, Louis Botha, Jan Smuts, ainsi que des monuments commémorant la guerre Anglo-Boer. Si le mouvement Rhodes Must Fall, parti du Cap et centré sur le thème de la décolonisation de l'enseignement supérieur a, dans un premier temps, retenu l'attention médiatique, il semble avoir moins pris, tel quel du moins, à Johannesburg, la capitale économique du pays.

Des étudiants des deux grandes universités de la ville, Wits et l'université de Johannesburg (UJ), se sont montrés solidaires de leurs camarades en lutte, mais ont préféré recentrer leurs mobilisations sur la question sociale. Deux raisons au moins peuvent expliquer ce fait. D'abord, peut-être, une plus grande fluidité des rapports raciaux dans cette ville et en particulier à l'université. Ensuite, le fait que les mouvements étudiants de 2015 s'y sont greffés sur des luttes plus anciennes centrées sur des enjeux socio-économiques. L'UJ, d'abord, est née de l'agrégation de plusieurs institutions d'enseignement supérieur : l'université Afrikaans du Rand (Rand Afrikaans University, RAU), le Technikon Witwatersrand et l'université Vista. La RAU, institution issue de l'apartheid, fut bien, historiquement, mue par la volonté de promouvoir une élite afrikaner. Sa fusion avec un établissement d'enseignement technologique avancé et une université historiquement réservée aux Noirs, situées dans les *townships* de Daveyton et Soweto, a cependant achevé de faire de l'UJ une université en avance sur ses homologues en matière de « transformation ». Elle compte aujourd'hui plus de 90 % d'étudiants noirs, *coloured* ou indiens, ainsi qu'un peu moins de 40 % d'enseignants noirs[23] (ce chiffre est, nationalement, de l'ordre de 14 %)[24]. Plusieurs explications peuvent être esquissées

22. D. Gayle et N. Khomami, « Cecil Rhodes Statue Row : Chris Patten Tells Students to Embrace Freedom of Thought » [en ligne], *The Guardian*, 13 janvier 2016, <www.theguardian.com/education/2016/jan/13/cecil-rhodes-statue-row-chris-patten-tells-students-to-embrace-freedom-of-thought>, consulté le 30 septembre 2016.
23. « 2015 Annual Report » [en ligne], *University of Johannesburg*, <www.uj.ac.za/about/Documents/reports/UJ_AnnualReport2015ONLINE.pdf>, consulté le 30 septembre 2016.
24. « Why Are There so Few Black Professors in South Africa ? » [en ligne], *The Guardian*, 6 octobre 2014, <www.theguardian.com/world/2014/oct/06/south-africa-race-black-professors>, consulté le 30 septembre 2016.

pour expliquer la lenteur du recrutement d'un corps enseignant noir. D'abord, du fait de l'exclusion universitaire des Noirs, sous l'apartheid, produire des docteurs et des professeurs prend du temps. Ensuite, malgré les politiques de recrutement et de promotion dédiées aux populations « historiquement désavantagées » (le *Black economic empowerment*), les nouveaux aspirants se heurtent aussi parfois à des carences de capitaux sociaux, économiques ou culturels. De tels capitaux offrent souvent endurance et ressources nécessaires pour affronter les longs processus de recrutement qui ouvrent le chemin d'un emploi universitaire. De manière plus générale enfin, les universités sud-africaines étant élitistes, elles sont promptes à engager les meilleurs éléments et, loin de se restreindre à des recrutements locaux, s'inscrivent dans la compétition académique internationale.

Bien que sa réputation d'établissement libéral fasse trop souvent fi de sa soumission aux lois ségrégationnistes de l'apartheid, Wits fut aussi un lieu de résistance important au régime minoritaire blanc. En 2015, l'université comptait près de 80 % d'étudiants noirs, indiens et *coloured*[25]. De plus, les mouvements de 2015 s'y sont greffés sur une mobilisation en cours, centrée sur la défense du personnel non universitaire de l'université. En 2011, suite à la décision de l'administration de licencier six cents employés de Wits pour sous-traiter l'ensemble des services logistiques de l'université, des étudiants, enseignants et travailleurs forment le Wits Workers Solidarity Committee (WWSC, Comité de solidarité avec les travailleurs de Wits)[26]. Celui-ci s'inscrivait dans la veine d'autres mouvements pour l'accès aux services de première nécessité ou contre la néolibéralisation de l'économie, qui avaient vu le jour depuis 2000, notamment autour du Centre for Civil Society (CCS, Centre pour la société civile) de l'université du KwaZulu-Natal (UKZN). Il s'attelle depuis à défendre les travailleurs victimes du dumping social consécutif à la décision de Wits.

En février 2015, soit peu avant le début de la campagne Rhodes Must Fall, le conseil représentatif étudiant (Student Representative Council, SRC) de Wits, présidé par Shaeera Kalla, lance une levée de fonds intitulée *One Million One Month* (un million, un mois), à destination des étudiants dans l'incapacité de régler leurs frais d'inscription[27]. Cette initiative rencontre un franc

25. « Annual Report 2015 » [en ligne], *University of the Witwatersrand*, <www.wits.ac.za/media/wits-university/students/academic-matters/documents/2015%20Ann%20Report%20Online%20Version.pdf>, consulté le 30 septembre 2016.
26. L. van der Walt, D. Mokoena et S. Shange, « Cleaned out. Outsourcing at Wits University », *South African Labour Bulletin*, vol. 25, n° 4, 2001, p. 54-58.
27. Les Students' Representative Councils (SRC) sont les organes de représentation étudiante, prévus par la loi et élus au sein des universités.

succès et met en lumière la précarité financière de nombreux inscrits à Wits. Shaeera Kalla est une étudiante engagée, qui a fait ses classes au sein du Comité de solidarité avec la Palestine de Wits, du WWSC et du South African Students Congress (Sasco, Congrès des étudiants sud-africains), organisation étudiante affiliée à l'ANC[28]. Alors que des discussions opposent depuis plusieurs mois le conseil étudiant à l'administration de Wits, qui a décidé d'une hausse de 10,5 % des frais d'inscription, une manifestation organisée par le WWSC est également prévue le 6 octobre 2015, en soutien à un employé licencié. C'est lors de cet événement que se concrétise l'idée de la campagne *Wits Fees Must Fall*, lancée une semaine plus tard. Le SRC décide alors du blocage de l'université pour protester contre l'augmentation des frais d'inscription. À Wits comme ailleurs, le mouvement prend de l'ampleur. Il s'y affranchit graduellement de la tutelle du SRC et des organisations étudiantes et politiques présentes sur le campus pour évoluer vers un collectif autogéré. Outre les frais d'inscription, les étudiants dénoncent le déclin du financement public de l'université et, plus généralement, l'insuffisance de la transformation socio-économique et raciale de l'enseignement supérieur. Les étudiants occupent Senate House, le bâtiment de l'administration centrale, où ils tiennent leurs grands rassemblements. Ils le rebaptisent du nom de Solomon Mahlangu, jeune combattant de la liberté exécuté par le régime d'apartheid en 1979. Suite à une rencontre avec Adam Habib, vice-recteur de Wits, ils obtiennent la suspension de l'augmentation des frais d'inscription pour 2016. L'université, qui avait porté plainte et sollicité le concours de la police pour déloger les manifestants, s'engage à interrompre ses poursuites.

Tandis que le mouvement Rhodes Must Fall se poursuit, la campagne de Wits s'étend dans le pays, y compris à l'UCT, en suivant désormais le mot d'ordre #FeesMustFall, mais aussi #EndOutsourcing. Le 21 octobre 2015, alors que Jacob Zuma et son ministre de l'Éducation, le secrétaire général du SACP Blade Nzimande, y participent à un débat sur le budget, des milliers de manifestants se rassemblent au Cap devant le Parlement. Plusieurs manifestants parviennent à pénétrer dans l'enceinte de l'Assemblée nationale qui est évacuée. Le ministre, hué, tentera en vain de s'adresser à la foule qui réclame l'annulation pure et simple des augmentations de frais. Le 22 octobre une marche est organisée à Johannesburg en direction de Luthuli House, le siège de l'ANC. Les manifestants remettent à Gwede Mantashe, secrétaire

28. K. Mc Nulty, « Interview with Shaeera Kalla, Former SRC President at Wits University » [en ligne], *South African History Online*, 2016, <www.sahistory.org.za/archive/interview-shaeera-kalla-former-src-president-wits-university-interviewed-kyla-mc-nulty>, consulté le 30 septembre 2016.

générale du parti, une liste de revendications contre les frais d'inscription, la sous-traitance et pour un enseignement gratuit et de qualité. Le jour suivant, une marche est organisée vers les bâtiments de l'Union, siège de la présidence sud-africaine à Pretoria. Une section minoritaire des manifestants met le feu à des équipements et le rassemblement est réprimé par la police à coup de balles en caoutchouc et de gaz lacrymogènes. Dans la journée, le Président, réuni avec des dirigeants d'universités et certains représentants du SRC (à l'exclusion d'autres, comme celui de Wits, qui ont boycotté la réunion), annonce que les frais d'inscription n'augmenteront pas en 2016[29].

La décolonisation contre la transformation : une mobilisation radicale

Il serait (trop) aisé d'apposer le label de la nouveauté aux mouvements étudiants sud-africains de 2015-2016 qui, comme d'autres ailleurs ces dernières années, ont recouru à des moyens d'action contemporains. Dans le sillon d'un journalisme paresseux ou d'analyses qui, relayant le premier, se concentrent sur les moyens – notamment technologiques – plutôt que sur les fins de ces mobilisations, on pourrait ainsi les décrire comme le produit d'une génération post-apartheid 2.0. Il est ensuite facile, pour d'anciens jeunes militants comme ceux de la génération des années 1980, qui secouèrent jadis les fondements structurels de l'apartheid, de questionner la profondeur de l'engagement de leurs cadets, ses moyens et ses chances de succès. C'est ce scepticisme ambiant parmi les anciens que constate la chercheuse Leigh-Anna Naidoo, de la faculté des sciences de l'éducation de Wits. Dans une récente conférence, elle offre une analyse stimulante des mouvements étudiants. Remarquant la récurrence de la référence à la « révolution » dans le discours des jeunes mobilisés, elle le contraste avec la réaction de la génération militante précédente – celle de leurs parents – prompte à rappeler que les temps ne sont plus à la révolution dans l'Afrique du Sud démocratique. Et pourtant, argue-t-elle, les temps actuels sont bien « ouverts à interprétation », dans un pays en partie, mais pas totalement « post-apartheid », et dans une démocratie bien réelle mais « en même temps violemment et pathologiquement inégalitaire ». Et de poursuivre :

> « La mobilisation contre le gouvernement – pour une large part et qui, dans d'autres situations, signalerait le début d'un changement radical – alterne souvent avec l'appel

---

29. « University of Witwatersrand Student Protests 2015 Timeline » [en ligne], *South African History Online*, 2016, <www.sahistory.org.za/article/university-witwatersrand-student-protests-2015-timeline>, consulté le 30 septembre 2016.

bruyant à des faveurs de la part de ce même gouvernement. Nos vacillations, contradictions et anachronismes sont une indication de ce que la définition des temps actuels est bien ouverte à interprétation[30] ».

Il est évident, car visible, que les mobilisations de la jeunesse sud-africaine née au tournant des années 1990, peinent à s'émanciper de l'héritage militant des générations précédentes. Inscrivant souvent leurs référents idéologiques et leurs répertoires d'action dans un « joyeux mélange » anachronique, elles sont en retour marquées par un positionnement délicat et mouvant par rapport au symbole – bien vivant puisqu'au pouvoir – qu'incarne toujours l'ANC. Les organisations de jeunesse dominantes en Afrique du Sud sont soit alliées à ce dernier, soit, à l'instar des Economic Freedom Fighters (EFF, Combattant pour la liberté économique) de Julius Malema, se prennent pour une réplique post-apartheid de la branche armée du Congrès – dont les EFF sont pourtant aujourd'hui l'un des principaux opposants[31]. Quant aux collectifs nés sur les campus et moins structurés d'un point de vue organisationnel, les marches qu'ils organisent vers les bâtiments de l'Union, les chants et les danses qui ponctuent leurs rassemblements[32], et surtout on va le voir, les mots qu'ils utilisent et les revendications qu'ils formulent, les placent aussi sans aucun doute dans le sillage des années 1980 sud-africaines. Ici encore, le positionnement par rapport aux aînés est ambigu : on peut se revendiquer des organisations africanistes anti-apartheid rivales du Congrès, tout en adoptant une posture mitigée, tantôt en rupture avec l'ANC, tantôt en attente d'un réveil du géant. En d'autres termes, chaque génération vit avec son temps tout en construisant sur et contre les jalons posés par les précédentes. Rien que de bien normal en somme.

Ce qui, en revanche, est peut-être nouveau dans les mobilisations récentes, c'est qu'elles ont au moins ponctuellement et partiellement réussi là où leurs aînées avaient échoué dans l'immédiat après apartheid. Déboussolés par le revirement néolibéral de l'ANC au milieu des années 1990, les mouvements sociaux en lutte pour l'accès aux services de première nécessité étaient, certes,

30. L.-A. Naidoo, « Hallucinations », *13th Annual Ruth First Memorial Lecture*, Wits University, 17 août 2016.
31. On pourrait en dire beaucoup ici mais il suffit de se rendre sur le site des EFF pour constater que le symbole de la lance qui orne leur logo, les bérets militaires qu'ils portent fièrement, ou la structuration de leur leadership en une « Central Command Team », les place clairement dans le sillage revendiqué d'Umkhonto we Sizwe. Le poing et la carte du continent africain, également visibles sur le logo des EFF, renvoient respectivement aux rivaux africanistes de l'ANC : l'Azanian People's Organisation et le Pan Africanist Congress.
32. R. Pather, « Student Protests Forge Links with Past » [en ligne], *Mail & Guardian*, 19 février 2016, <mg.co.za/article/2016-02-18-student-protests-forge-links-with-past>, consulté le 30 septembre 2016.

en partie parvenus à encadrer de nombreuses mobilisations dans le pays. Leur action était cependant restée cantonnée aux *townships* et à une frange restreinte et idéologisée de jeunes et d'universitaires, éclatés dans de petites organisations d'extrême gauche opposées à l'ANC. Jamais la ferveur et la démocratie populaire perdues du United Democratic Front (UDF, Front démocratique uni) qui, dans les années 1980, fédéra la société civile anti-apartheid, avant d'être avalé par l'ANC, n'avaient été approchées. Quant aux groupes comme l'Anti-Privatisation Forum (APF, Forum anti-privatisation), s'ils avaient tissé plus de liens avec les syndicats notamment, ces derniers demeuraient liés par leur engagement dans l'Alliance tripartite. Les jeunes mobilisés depuis 2015 sont quant à eux parvenus à faire le lien entre une critique radicale de la « transformation » post-apartheid telle qu'entendue et conduite par l'ANC depuis 1994, et une injonction au changement avec tout ce que cela comporte de radical dans une société aussi stratifiée socialement et racialement que l'Afrique du Sud. Les jeunes mobilisés ne se reconnaissent pas dans le pays légué par leurs aînés. La puissance de leur critique, fondée sur une réactivation d'un discours anticolonialiste africaniste et arrimé à des revendications socio-économiques radicales, fait peur. Cette peur explique sans doute les concessions rapides des universités et du gouvernement à leur mouvement, comme si ceux-ci, menacés dans leur légitimité même, cherchaient à arrêter le feu avant qu'il ne prenne pour de bon.

Sans pour autant présager du succès ou de la pérennité des mobilisations de 2015, Leigh-Ann Naidoo en propose une interprétation en trois temps. Dans leurs assemblées et leurs revendications, les étudiants ont d'abord rejeté les fausses promesses de l'Afrique du Sud en transformation : « le fantasme de l'arc-en-ciel, du non racial, des commissions (de la [commission] Vérité et Réconciliation à [celle] de Marikana [...]) » et même, l'idée de « libération » comme réalité vécue. Arrêtant ce présent dans un deuxième temps, les étudiants ont ensuite ouvert la voie vers un autre temps, une autre Afrique du Sud[33]. Les occupations ont ainsi débouché sur des débats ouverts et autogérés, qui ne sont pas sans rappeler les années 1980, et la participation de masse dont elles avaient été le théâtre partout dans le pays rendu « ingouvernable ». L'occupation d'Azania House, à UCT, a ainsi rassemblé étudiants, travailleurs de l'université et académiques. Les débats visant à décoloniser et à africaniser l'institution mêlaient des interrogations sur la race, le genre, l'apprentissage et le rejet d'un savoir blanc, professés par et pour des Blancs. Les philosophies panafricaniste et de la conscience noire étaient croisées avec une pratique de l'« intersectionnalité » permettant de recouper les expériences discriminatoires

33. L.-A. Naidoo, « Hallucinations », art. cité.

(genre, classe, race, orientation sexuelle, religion, âge…) et les luttes[34]. Les débats se saisirent de questionnement sur l'afrocentrisme et la nécessité d'enseigner différemment et en contexte. Les conditions du départ de Mahmood Mamdani de l'UCT, en 1999, furent ainsi évoquées, et son texte « Teaching Africa in a Post-Apartheid Academy » (« Enseigner l'Afrique dans une université post-apartheid ») discuté[35]. Nommé directeur du centre des études africaines de l'université en 1997, Mamdani y élabore un nouveau cours d'introduction aux études africaines. Prévoyant la lecture d'intellectuels africains (entre autres Cheikh Anta Diop, Mamadou Diouf, Ife Amadiume, Samir Amin et Wamba-dia-Wamba), son syllabus est récusé par ses pairs majoritairement blancs, et dont le cours commun sur l'Afrique reposait principalement sur les travaux d'universitaires américains[36]. L'UCT comptait, certes, dans ses rangs de très bons africanistes issus de plusieurs disciplines, et le jugement de Mamdani mériterait ainsi quelques nuances. Il attaquait cependant aussi plus généralement, tel un prélude aux mouvements de 2015, le postulat intellectuel d'un « exceptionnalisme sud-africain », caution permettant, selon lui, de masquer l'européocentrisme et le biais racial des programmes, accentué par le long isolement international du pays et de ses universités. En réponse, il prônait une réforme du contenu des cours :

> « L'enseignement dispensé aux étudiants postule que l'Afrique commence au Limpopo et que cette Afrique n'a pas d'intelligentsia digne d'être lue. Cette version de l'éducation bantoue, d'études bantoues renommées études africaines, est déjà enseignée à chaque nouvel étudiant en sciences sociales, et continuera à figurer comme enseignement obligatoire, tel un gavage forcé, pour chaque étudiant de première année, à moins que nous, le corps enseignant, ne disions non[37] ».

On retrouvait ainsi dans les débats des étudiants l'élan d'éducation populaire des années 1970 et 1980, inspiré par des théories comme celles de Paulo Freire et reprenant l'idée, centrale chez Biko, selon laquelle « l'arme la plus puissante dans les mains de l'oppresseur est l'esprit de l'oppressé. » L'éducation était ici réinvestie dans sa dimension politique et socialement renversée par la génération de situations nouvelles : cours destinés aux seuls travailleurs

34. *Ibid.*
35. B. Kamanzi, « "Rhodes Must Fall"… », art. cité.
36. Voir C. Perrot, « L'africanisation des savoirs : entre recherche identitaire et instrument politique ? », *in* M.-C. Barbier et G. Teulié (dir.), *L'Afrique du Sud, de nouvelles identités ?*, Aix-en-Provence, Publications de l'université de Provence, 2010.
37. M. Mamdani, « Is African Studies to Be Turned into a New Home for Bantu Education at UCT ? » [en ligne], *UKZN*, 22 avril 1998, <ccs.ukzn.ac.za/files/mamdani.pdf>, consulté le 30 septembre 2016.

noirs ou dispensés par des élèves noirs à leurs professeurs blancs, production de nouvelles bibliographies allant au-delà des seuls Fanon et Biko, ou encore proposition de nouvelles règles d'admission à l'université. Pour le professeur Xolela Mangcu, les revendications pour le recrutement de plus d'étudiants et d'enseignants noirs étaient très proches de celles formulées à Harvard, Yale ou Columbia dans les années 1960 et 1970, et qui avaient débouché sur l'introduction des « études noires » *(black studies)*[38]. S'ils entendaient s'affranchir de leurs maîtres blancs, les étudiants ne montraient pas plus de déférence envers leurs maîtres noirs. Lors d'une discussion organisée le 26 mai 2016 à l'université du Western Cape (UWC), Xolela Mangcu est ainsi pris à partie par des étudiants « panafricanistes », qui l'empêchent d'accéder au micro dans la salle et, pour l'un d'entre eux, le traitent de « vendu » aux panélistes blancs du jour. Ces derniers ne sont autres que Judith Butler, Wendy Brown et David Theo Goldberg de l'université de Berkeley et ils sont réunis autour d'Achille Mbembe – pas franchement des néocolonialistes[39]. Dans un échange de presse ultérieur[40], les étudiants de l'UWC reprochèrent à Mangcu son côté « donneur de leçons » et son recours à ce qu'ils jugeaient être une « autorité professorale et parentale » déplacée. Les intervenants eux-mêmes furent la cible de réponses virulentes de la part des étudiants. Il n'est pas impossible que cet épisode ait aussi été le fruit de malentendus : c'est en tout cas l'avis de Mangcu[41], et ce n'est pas chose exclue, compte tenu des formules alambiquées qu'utilisent parfois certains des orateurs présents sur scène. Ce que montre cet épisode, c'est que les étudiants en lutte entendaient s'émanciper de toutes les tutelles assimilées par eux à un ordre ancien illégitime, voire à un ordre illégitime des anciens. Malentendu ou pas, le surinvestissement d'idéologies souvent mal maîtrisées, comme celles de la conscience noire ou de l'africanisme, a parfois conduit le mouvement étudiant à flirter avec la xénophobie envers d'autres Noirs – étrangers – ou à faire montre d'un exclusivisme racial face à des étudiants sud-africains non noirs. Cette remarque est à mettre en relation

38. T. Farber, « "Black Studies for UCT" » [en ligne], *TimesLive*, 22 avril 2015, <www.timeslive.co.za/thetimes/2015/04/22/black-studies-for-uct>, consulté le 30 septembre 2016.
39. Le Wits Institute for Social and Economic Research (WISER), auquel est affilié Achille Mbembe, a tenu une série de « conversations » publiques avec Rhodes Must Fall en 2015. Voir notamment A. Mbembe, « Decolonizing Knowledge and the Question of the Archive » [en ligne], <wiser.wits.ac.za/system/files/Achille%20Mbembe%20-%20Decolonizing%20Knowledge%20and%20the%20Question%20of%20the%20Archive.pdf>, consulté le 30 septembre 2016.
40. X. Mangcu, « Students Shouted me Down » [en ligne], *Sunday Independent*, 29 mai 2016, <www.iol.co.za/sundayindependent/students-shouted-me-down-2027581> ; « UWC Students Respond to Prof Xolela Mangcu » [en ligne], *The Daily Vox*, 30 mai 2016, <www.thedailyvox.co.za/uwc-students-response-xolela-mangcu/>, consulté le 30 septembre 2016.
41. X. Mangcu, « Students Shouted me Down », art. cité.

avec le constat que certains font, à l'instar de Mbembe, d'une institutionnalisation croissante de la xénophobie en Afrique du Sud[42].

Le pour et le contre : des mouvements à la politisation inédite

Conformément à la tradition congressiste, il est commun, pour les militants appartenant à l'ANC ou à une autre organisation de l'Alliance tripartite, de multiplier les adhésions ou « casquettes ». On peut ainsi être syndicaliste et/ou communiste, adhérer à la fois à un syndicat affilié au Cosatu et/ou au SACP, tout en étant encarté à l'ANC. On peut aussi être membre des organisations de jeunesse du SACP (la Young Communist League – YCL, Ligue des jeunes communistes) et/ou de l'ANC (Ancyl), ainsi que de l'« organisation mère ». On peut également appartenir à Sasco, principale organisation étudiante du pays, et appartenir à l'ANC. Normale, compte tenu de l'alliance politique qui lie ces formations depuis la fin des années 1980, cette multiplication des appartenances repose aussi sur le sacro-saint principe d'une internalisation du débat et du conflit : l'ANC étant une « grande Église », il n'y a pas lieu d'appartenir à des organisations qui ne s'inscrivent pas dans son sillon.

Relativement évidente durant les années 1990 et 2000, en raison du prestige d'un ANC libérateur et de l'absence d'opposition politique noire crédible, cette configuration a, ces dernières années, perdu de sa pertinence. L'éclatement de l'Alliance tripartite, commencé en 2008 par la scission du Congress of the People (Cope, Congrès du peuple), s'est poursuivi en 2013, avec l'émergence d'une nouvelle force d'opposition noire, les EFF, dirigés par Julius Malema, ancien président de l'Ancyl exclu de l'ANC pour indiscipline. L'éclatement s'est poursuivi depuis dans l'aile syndicale de l'Alliance, avec l'exclusion, par le Cosatu, en 2014, de son principal affilié, le syndicat national des métallos (National Union of Metalworkers of South Africa). Le syndicat national des mineurs (National Union of Mineworkers), ancien chef de file du Cosatu, est quant à lui fortement concurrencé depuis 2012 par un syndicat entrant, l'Association of Mineworkers and Construction Union (AMCU, Association du syndicat des mineurs et des ouvriers du bâtiment). On assiste, autrement dit, à un agrandissement et à une externalisation croissante de l'opposition politique et syndicale à l'ANC. Dans un tel contexte, la particularité des mouvements étudiants a été non seulement de s'inscrire dans une critique

42. A. Mbembe, « Achille Mbembe Writes about Xenophobic South Africa » [en ligne], *Africaisacountry*, 16 avril 2015, <africasacountry.com/2015/04/achille-mbembe-writes-about-xenophobic-south-africa/>, consulté le 30 septembre 2016.

du régime ANC, mais aussi de concrétiser, parmi la jeunesse étudiante, un espace pluraliste que l'on peut aussi approcher comme une forme de « politisation stratège ». Piochant dans l'héritage de leurs aïeux, les étudiants s'inscrivent, on l'a dit, dans une filiation avec les années 1980. Ce faisant, ils se réfèrent alternativement à l'héritage du mouvement congressiste – auquel certains appartiennent aujourd'hui encore – et à celui de ses rivaux africanistes : le Pan Africanist Congress (PAC, Congrès panafricain) et l'Azanian People's Organisation (Azapo, Organisation du peuple azanien). Au présent, celles et ceux qui, parmi les mobilisés, appartiennent à des organisations, reproduisent ce schéma dynamique d'alliance et d'opposition à l'ANC. D'autres, non affiliés, se concentrent sur leur engagement au sein des collectifs universitaires et tous, de façon ponctuelle ou continue, s'en prennent aux formes classiques de la représentation.

Les collectifs autogérés mis en place par les étudiants ont généralement été le lieu d'une critique de la représentation étudiante au sein des SRC, de la représentation syndicale quand il s'agissait de se montrer solidaire des travailleurs de l'université, de l'administration de cette dernière bien sûr, et aussi, au-delà, de la politique partisane[43]. Les SRC font d'abord partie de l'architecture institutionnelle de l'université que les étudiants critiquaient. Élus annuellement dans des scrutins souvent marqués par une faible participation, ils tendent ensuite à donner la majorité à des organisations de jeunesse alliées à l'ANC (comme c'est le cas à Wits). À l'UCT en revanche, le SRC était dominé par l'organisation estudiantine de la DA, la Democratic Alliance Student Organisation (Daso, Organisation étudiante de l'alliance démocratique), dont le programme ne prévoyait pas *a priori* de décoloniser l'université. Politisés, les SRC connaissent ensuite des destinées variées, allant d'une forte activité militante – comme à Wits – à des formes d'apathie. Première étape possible d'une carrière politique, ils ont enfin souvent eu tendance à être mis au service d'agendas personnels[44]. La peur de la récupération politique fut, en tout cas, une constante des mouvements étudiants. Deux égéries de la mobilisation de Fees Must Fall, également dirigeantes du SRC de Wits, Shaeera Kalla et Nompendulo Mkatshwa, se sont ainsi retrouvées au cœur d'une polémique, suite à leur rencontre sur le campus, le 25 octobre 2015, avec des représentants de la Progressive Youth Alliance (PYA, Alliance de la jeunesse progressiste) – dont Thuthu Zuma, fille du président[45].

43. L.-A. Naidoo, « Hallucinations », art. cité.

44. B. Shulman, « Rhodes Must Fall and the Gaps in our Student Politics » [en ligne], *politicsweb*, 14 avril 2015, <www.politicsweb.co.za/opinion/rhodes-must-fall-and-the-gaps-in-our-student-polit>, consulté le 30 septembre 2016.

45. La PYA est l'équivalent de l'Alliance tripartite pour les organisations de jeunesse affiliées ou alliées à l'ANC.

Un communiqué de Fees Must Fall indiqua par la suite que les deux jeunes femmes n'avaient fait que recevoir, au nom du collectif, une donation en nature de la PYA (nourriture, boissons, transport)[46]. Le message des détracteurs de la rencontre était tout aussi clair : chacun était libre de ses affiliations mais les grands rassemblements, réunis à Solomon House et ailleurs sur les campus, devaient rester l'instance décisionnaire de la mobilisation.

On perçoit bien ici la richesse et la complexité des profils des étudiants mobilisés : autonomistes et anarchistes convaincus pour certains, minoritaires, plus sobrement autogérés et non affiliés pour beaucoup, adhérents enfin d'organisations alliées à l'ANC ou rivales de celui-ci pour d'autres. C'est donc un espace pluraliste inédit qui a germé parmi la jeunesse des campus, unie – mais aussi parfois divisée – derrière les bannières de Rhodes Must Fall et Fees Must Fall. Fils d'un mineur né dans l'Eastern Cape, Chumani Maxwele, le profanateur de la statue de Rhodes à l'UCT, n'est pas connu pour son affiliation politique. Arrivé au Cap en 2006, il a d'abord travaillé et fait l'expérience de l'injustice socio-raciale, avant d'être admis à l'université pour y étudier la science politique[47]. Les étudiants encartés ont bien, quant à eux, joué un rôle important et souvent leader dans les mouvements étudiants. On l'a dit, Shaeera Kalla et Nompendulo Mkatshwa, respectivement ancienne et nouvelle présidente du SRC de Wits, appartiennent à des structures affiliées à l'ANC. D'autres, à l'instar de Sizwe Mpofu-Walsh, membre fondateur du collectif d'Oxford, partisan des EFF et fils d'un dirigeant national de ce parti, sont dans l'opposition à l'ANC[48]. Les EFF furent sans conteste l'organisation la plus virulente dans son soutien aux étudiants. Ils firent d'emblée le lien entre la situation de ces derniers et celle des grévistes de Marikana, rendant l'alliance entre l'ANC et le « capital monopolistique blanc » responsable de la situation des uns comme des autres[49]. Devenus coutumiers du fait depuis leur élection en 2014, les 25 députés EFF à l'Assemblée nationale se sont levés en séance, le 21 octobre 2015 et, vêtus de leur uniforme rouge de combattants pour la liberté économique, ils ont scandé *Fees Must Fall*, jusqu'à être expulsés de la Chambre par la force.

Ces affiliations à des organisations concurrentes sur la scène nationale n'ont pourtant pas empêché les étudiants de se mobiliser ensemble, derrière des mots d'ordre larges et inclusifs. Leurs organisations respectives n'ont pas

46. K. Mc Nulty, « Interview with Shaeera Kalla… », art. cité.
47. E. Fairbanks, « Why South African Students… », art. cité.
48. Sizwe Mpofu-Walsh est notamment l'auteur d'une chanson rappée, intitulée « Mr Zuma, your Time Is Up » (M. Zuma, votre temps est écoulé), et postée en ligne en 2014. Celle-ci, qui rappelle dans sa forme « Le déserteur », de Boris Vian (1954) et, dans son contenu, le titre « Ma lettre au président », du rappeur lillois Axiom (2006), s'adresse directement à Jacob Zuma.
49. EFF, « EFF Statement on the Fees Must Fall Movement », *Media release*, 19 octobre 2015.

pris le contrôle d'une mobilisation qui dépassait largement les clivages politiques habituels. De plus, celles et ceux qui étaient liés à l'Alliance au pouvoir se sont aussi largement affranchis de leurs organisations nationales – lesquelles se montraient soit incapables d'emboîter pleinement le pas à la mobilisation, soit franchement hostiles à elle. Sasco, la principale organisation étudiante du pays, était en première ligne. Elle a d'abord souvent été désavouée, dans le même temps que les collectifs de plusieurs universités rejetaient l'intermédiation des SRC dans lesquels Sasco est, nationalement, majoritaire. Elle s'est ensuite concentrée sur le soutien à la campagne Fees Must Fall et, attaquant les administrations universitaires, elle critiqua l'ANC et le ministère de l'Éducation avec respect, pour la lenteur de la mise en place de réformes visant à la transformation et à la gratuité de l'enseignement supérieur (une résolution prise par l'ANC à Polokwane en 2007)[50]. L'Ancyl, reprise en main depuis l'éviction de Malema et de son équipe s'est, quant à elle montrée farouchement légitimiste. Sa section du Western Cape s'est rapidement dissociée de Rhodes Must Fall, une campagne qu'elle jugeait racialement exclusive, mais aussi mensongère dans ses accusations contre les dirigeants du pays, responsables selon elle du massacre de Marikana[51]. Le leadership national de l'Ancyl, pour sa part, a initialement critiqué le ministre de l'Éducation et encouragé ses adhérents et les jeunes à se mobiliser, fin 2015, avant de les appeler à retourner en cours début 2016. Au nom de la PYA, l'Ancyl estimait les objectifs de la campagne atteints. Elle dénonçait aussi des « forces obscures », qui cherchent à « prendre en otage » le mouvement, « en particulier, les éléments qui veulent utiliser cette mobilisation pour promouvoir un changement de régime[52] ». Fidèle à l'un des registres usuels de ses aînés politiques, Collen Maine, président de l'Ancyl, a ainsi jugé Fees Must Fall « contre-révolutionnaire » et appelé les services de sécurité de l'État à enquêter sur le financement, important et d'origine d'après lui douteuse, de la campagne[53].

50. Sasco, « Education Is not a Privilege, it's a Right #FeesMustFall », *Press release*, 16 octobre 2015. Un appel à manifester le 21 octobre 2015 se concluait par les mots suivants : « Nous appelons nos camarades à interpréter ceci comme un appel à une mobilisation de masse offensive plutôt qu'au vandalisme de nos institutions ». Sasco, « Sasco Calls for a National Shutdown against Fee Increments and for Free Education », *Press release*, 19 octobre 2015.

51. C. Bernardo, « Rhodes Must Fall Falls Foul of Ancyl » [en ligne], *IOL*, 31 août 2015, <www.iol.co.za/news/politics/rhodes-must-fall-falls-foul-of-ancyl-1908441>, consulté le 11 octobre 2016.

52. Ancyl, « PYA Calls for Back to School », *Press statement*, 14 janvier 2016.

53. S'Thembile Cele, « Ancyl leader : "#FeesMustFall is Treason" » [en ligne], *City Press*, 31 janvier 2016, <city-press.news24.com/News/ancyl-leader-feesmustfall-is-treason-20160131>, consulté le 30 septembre 2016.

Les amorces d'une alternance politique sont posées

La mobilisation se poursuivait à l'heure où l'on écrivait, début octobre 2016, marquée notamment par des confrontations musclées entre police et manifestants à Wits. La question de sa pérennité, comme toujours dans des mobilisations qui ont aussi un coût pour les étudiants, pressés par la validation de leurs cours et diplômes, restait ouverte. En novembre 2015, ce fut au tour du campus de l'UJ d'être occupé et, après la trêve universitaire, durant l'été austral, les mobilisations avaient repris début 2016. Il semblerait néanmoins que le mouvement implique aujourd'hui une frange plus restreinte, militante et idéologisée des mobilisés (la majorité des étudiants de Wits souhaiteraient par exemple mettre un terme aux manifestations)[54]. Des divisions internes commencent aussi à se faire sentir, qui illustrent la dimension identitaire plus clivante des récentes mobilisations. Celles-ci semblent aussi aujourd'hui moins inclusives des travailleurs précaires de l'université. À Wits, des militants LGBTQ (Lesbiennes, gays, bisexuels, transgenre, *queer*) ont aussi accusé le mouvement d'être devenu sexiste et patriarcal. En février 2016, des membres de Rhodes Must Fall installèrent en bas des *Jammie steps*, à l'UCT, une cabane *(shack)* semblable à celles qui peuplent camps de squatters et *townships* sud-africains. Ils entendaient ainsi dénoncer l'insuffisance et l'allocation inéquitable des logements étudiants. L'administration se montra plus ferme cette fois et fit évacuer le campement. En réponse, certains incendièrent un bus de l'UCT. Des peintures furent également retirées des murs de plusieurs bâtiments de l'université et brûlées. Ces œuvres d'art représentaient principalement des personnalités blanches, mais elles incluaient aussi des tableaux du premier artiste noir diplômé d'un master en arts plastiques à l'UCT[55].

Il reste que, dans le contexte politique décrit plus haut, les étudiants ont apporté leur contribution – avec les éléments inédits qu'elle comportait – à l'opposition toujours plus multisectorielle qui se structure contre le pouvoir de l'ANC. C'est un fait historique et politique majeur, on l'a dit, l'Alliance tripartite est bel et bien en train d'exploser. Elle vit toujours mais, à défaut d'être morte, elle est sans nul doute moribonde, au regard de la vocation d'internalisation de la critique qui était la sienne. Rongés par des divisions

54. K. Mc Nulty, « Interview with Shaeera Kalla… », art. cité.
55. GroundUp, « GroundUp Report : Rhodes Must Fall Protesters Burn UCT Art » [en ligne], 17 février 2016, <www.dailymaverick.co.za/article/2016-02-17-groundup-rhodes-must-fall-protesters-burn-uct-art/#.V7xYf4WcL-k>, consulté le 30 septembre 2016 ; F. Langerman, « RMF Protesters Incinerated Five Richard Baholo Paintings – UCT » [en ligne], *politicsweb*, 18 février 2016, <politicsweb.co.za/politics/rmf-protesters-incinerated-five-richard-baholo-pai>, consulté le 30 septembre 2016.

internes qui ne semblent avoir pour objet que le contrôle de son appareil partisan, l'ANC et ses alliés syndicaux et communistes, n'ont à ce jour montré aucun leadership. Capable au mieux de suivre certaines revendications étudiantes, le parti n'a proposé aucune réponse sur le fond, aucune réforme structurelle à même de remettre sur pied le projet de transformation socio-économique et non racialiste de l'Afrique du Sud, dont il était le garant et l'incarnation.

Les mobilisations et manifestation d'opposition à sa politique s'accumulent donc : résidents des *townships*, travailleurs, étudiants... Des ponts sont jetés à la marge entre ces segments sociaux en lutte qui, cependant, ne fournissent pas les signes d'une convergence vers une mobilisation conjointe de masse à l'échelle du pays. Les étudiants, par exemple, réussiront-ils à sortir des campus pour se joindre à la jeunesse atomisée et déshéritée qui forme le gros des moins de 35 ans – soit près de 67 % de la population sud-africaine en 2011 ? Seuls les EFF de Julius Malema, incarnation d'un « *lumpen* radicalisme[56] », semblent aujourd'hui à même de relier ces mondes parallèles et pluriels, entremêlés mais distincts. Pourtant, réunissant 8,24 % des voix lors des dernières élections locales d'août 2016, les EFF n'ont que légèrement augmenté leur score national lors des élections générales de 2014 (6,35 %) – soit quelque 60 000 voix supplémentaires[57].

Le récent scrutin a d'abord été marqué par un fort recul national de l'ANC qui, obtenant 54,49 % des voix au niveau national, perd près de 8 % par rapport à 2014 et, surtout, plus de trois millions de suffrages. Cette différence correspond néanmoins à peu près aux écarts de participation enregistrés entre les deux élections (moins de 58 % en 2016, contre 73,5 % en 2014). Certes, les dynamiques du vote divergent entre élections locale et nationale mais la DA, qui a bien profité du dernier scrutin, double quant à elle le nombre de ses voix (passant de quatre à huit millions). Elle s'affirme ainsi un peu plus encore comme deuxième force politique du pays. Arrivée en tête dans les principales municipalités métropolitaines, la DA a formé des coalitions et, en plus du Cap, elle dirigera Johannesburg, Tshwane et Nelson Mandela Bay. À Ekurhuleni, l'ANC, qui a obtenu moins de 50 %, a, lui aussi, été contraint de former une coalition (les EFF, arrivés en troisième position, ont refusé

56. C'est l'expression qu'utilise Achille Mbembe dans sa préface à la biographie de Malema, *in* F. Forde, *An Inconvenient Youth. Julius Malema and the « New » ANC*, Johannesburg, Picador Africa, 2011. Les EFF présentent un programme radical, qui inclut notamment la nationalisation des mines et des banques, ou encore la confiscation de terres sans compensation.

57. Les résultats électoraux ici mentionnés sont tirés du site de *News24* qui reprend les chiffres de la commission électorale sud-africaine : « Election Results » [en ligne], *News24*, <www.news24.com/Elections/Results/LGE>, consulté le 11 octobre 2016.

de participer aux coalitions locales). C'est donc la Province du Gauteng, poumon économique du pays, qui est aujourd'hui en train de lui échapper. La question qui est maintenant plus que jamais sur toutes les lèvres est la suivante : l'ANC perdra-t-il sa majorité absolue au Parlement lors des élections générales de 2019 ? Rien n'est joué et l'ancien mouvement de libération a souvent montré sa capacité à se remobiliser en vue des grands scrutins. Ceci dit, l'éclatement de son aile syndicale et le noyautage de ses structures, qui exacerbent les luttes intestines, ne présagent pas d'une campagne enthousiaste sur le terrain et dans les arcanes du parti. La fin de l'ère Zuma abrite aussi une sinistre lutte de prédation des ressources de l'État par le président et ses proches, qui se heurtent à d'autres comme le ministre des Finances Pravin Gordhan. Récemment, des membres de l'ANC appelant le parti à mettre un terme à la présidence Zuma se sont rassemblés devant son siège sous la bannière *Occupy Luthuli House*.

Le point de rencontre entre les différentes mobilisations dont on a parlé dans cet article est précisément celui de la formation, à des échelles multiples, d'un espace politique pluraliste, inédit en Afrique du Sud depuis 1994. À l'éclatement de l'Alliance qui grignote l'ANC, s'ajoute la structuration toujours plus poussée d'une opposition parlementaire qui engrange les succès. Les étudiants mobilisés depuis 2015, eux, apportent une forme de « politisation stratège », qui pourrait être le sceau d'une nouvelle génération de citoyens et militants, capables – individuellement et collectivement – de se forger une conscience politique multiple, de participer et de se mobiliser entre et au-delà des lignes partisanes et idéologiques habituelles. En l'absence de convergence entre les différents secteurs sociaux en lutte, c'est une alternance politique qui se profile, dont les jeunes étudiants sont aussi les artisans. Reste à savoir, puisqu'ils ont lié deux registres critiques importants – l'anticolonialisme et l'africanisme d'une part, l'opposition aux politiques socio-économiques de l'ANC d'autre part – dans un rejet radical de la société post-apartheid, s'ils se satisferont de la perspective d'un grand chambardement institutionnel ■

Raphaël Botiveau
Institut des mondes africains, CNRS-IRD, Paris
Le Fresnoy - Studio national des arts contemporains, Tourcoing

Abstract

Students' Mobilisations in South Africa on the Verge of a Shift in Power

Taking the 2015 students' mobilisations against university fees and for the decolonisation of South Africa's academia as a starting point, this article reflects on the gradual build up, in the country, towards a shift in power. The ANC is indeed under great internal and external pressure and, so far, has not given any sign that it is taking social protest seriously. After several massive workers' mobilisations and the rise of an always-stronger political opposition in recent years, the students' movement has brought another radical form of contestation. Orchestrated by a new generation of social and political activists, it combines a sharp critique of the unjust post-apartheid socioeconomic order with a complete and sometimes violent rejection of racial discrimination and, beyond, of resilient colonialism in South Africa.

Hommage

Maëline Le Lay
Sophie Moulard

Alain Ricard, africaniste in-discipliné

Alain Ricard, disparu le 27 août 2016, est l'une des figures majeures de la recherche mondiale sur les littératures de l'Afrique, un champ qu'il a participé à façonner et à reconfigurer, en fonction d'orientations qu'il a longtemps été le seul à porter en France : l'anthropologie des textes et la centralité des langues africaines. Le caractère novateur de sa recherche, comme sa capacité à susciter l'émulation autour de ses objets et de son approche singulière de la littérature et des arts d'Afrique, lui ont valu une reconnaissance internationale.

Chercheur infatigable quelques mois encore avant son décès, il était extrêmement prolixe et sur des sujets aussi variés que les langues et les politiques linguistiques (*Le kiswahili, une langue moderne*, 2009 ; *Le sable de Babel. Traduction et apartheid*, 2011), les récits de voyages et écrits missionnaires (édition d'*Excursion missionnaire dans les Montagnes bleues* de Thomas Arbousset incluant *Notice sur les Zulus*, 2000 ; *Voyages de découvertes en Afrique*, 2000), ou encore le théâtre (*Théâtre et nationalisme. Wole Soyinka et LeRoi Jones*, 1972 ; *Mister Tameklor, suivi de Francis-le-Parisien, par le Happy Star Concert Band de Lomé*, avec N. Akam, 1981 ; *L'invention du théâtre. Le théâtre et les comédiens en Afrique noire*, 1986 ; *West African Popular Theater* avec Karin Barber et John Collins, 1997 ; *Ebrahim Hussein, théâtre swahili et nationalisme tanzanien*, 1998 ; *Wole Soyinka et Nestor Zinsou : de la scène à l'espace public*, 2015).

Rédacteur en chef de *Politique africaine* puis directeur de la publication (1992-1995), il militait âprement pour le décloisonnement disciplinaire au nom de la centralité d'un terrain commun et de questionnements partagés par les politistes et les spécialistes des littératures et des arts, par-delà leurs objets respectifs. Arrimer fermement sa réflexion à un socle méthodologique élaboré par les anthropologues, porter une attention soutenue aux dynamiques linguistiques en œuvre dans les textes et les discours des sociétés africaines, s'intéresser aux enjeux de la « monstration[1] » sur la scène artistique ; autant d'angles d'approche du politique qu'il n'a eu de cesse d'explorer et de mettre en lumière au fil de ses nombreuses publications.

Dans notre dernière correspondance, quelques semaines avant son décès, Alain Ricard revenait sur certains points du très beau texte qu'il avait écrit pour la quatrième édition des Rencontre des études africaines en France (REAF), « Vertus de

1. Alain Badiou (dont les écrits sur le théâtre inspiraient beaucoup Alain Ricard) définit le théâtre comme le lieu de « monstration de la confusion » : A. Badiou (avec N. Truong), Éloge du théâtre, Paris, Flammarion, « coll. Café Voltaire », 2013, p. 70.

l'in-discipline: langues, textes, traductions[2]». Dans ce texte qui résonne aujourd'hui comme une sorte de testament intellectuel, il est question, au fond, de l'africanisme qu'il définit comme une «in-discipline[3]».

Cet africanisme qui ne va pas de soi aujourd'hui, Alain Ricard, non seulement l'assumait, mais le théorisait, d'un texte à l'autre, avec l'exigence intellectuelle qui était la sienne. Il s'attelait, dans ces deux textes à identifier les personnes et les lieux qui avaient à ses yeux porté cet africanisme dont il se revendiquait, comme à cartographier les lieux de déploiement d'une telle «méthode».

Politique africaine en faisait partie. Citant le parti-pris méthodologique du linguiste Larry Hyman dans son article «Fieldwork as a State of Mind[4]», il en soulignait la parenté avec l'orientation de la recherche portant sur l'Afrique telle que portée par la revue: «Rappelez-vous que j'ai longtemps été directeur de *Polaf* et que j'ai beaucoup travaillé avec des gens qui pensaient eux que l'Afrique était l'objet de leur intérêt scientifique, qui ne voyaient pas ça comme un faute de mieux[5]».

Le fil directeur entre toutes ces approches est donc invariablement le terrain. C'est notamment par le théâtre qu'Alain Ricard s'est frotté à l'anthropologie, et donc au terrain; autant une anthropologie du politique, à laquelle des «effrontés» comme Georges Balandier ou Jean Rouch ont redonné une vigueur nouvelle, qu'une anthropologie de la performance, et même une anthropologie des textes, dans la lignée de sa collègue et amie Karin Barber.

C'est l'anthropologie et l'expérience du terrain qui lui ont permis de recentrer les pratiques performatives et langagières au cœur de la vie sociale qui les a vues émerger. Car Alain Ricard ne s'y est pas trompé: réfutant la vision essentialiste du théâtre en Afrique telle qu'elle dominait à l'époque, il s'est rapidement arrimé aux régimes d'historicité des sociétés africaines dont il observait les créations performatives, il s'est attaché à définir leur ancrage dans les dynamiques sociales en œuvre mais aussi dans le jeu du politique, des rapports de domination.

Quotidienneté de la performance, et théâtralité de la vie quotidienne, liminarité[6], immédiation[7] et distanciation, autant de questionnements qui n'ont cessé d'habiter Alain Ricard, nous livrant des éclairages toujours renouvelés. Toute son œuvre confirme d'ailleurs cette mise en relation de la littérature avec les sciences humaines,

2. A. Ricard, «Vertus de l'in-discipline: langues, textes, traductions», ouverture des 4e REAF, *LAM*, 5 juillet 2016, <www.lam.sciencespobordeaux.fr/sites/lam/files/ricard_vertus_reaf_juillet_2016_0.pdf>, consulté le 10 octobre 2016.

3. Cette réflexion peut se lire comme le prolongement d'un texte publié antérieurement et dans lequel il plaidait déjà pour la revendication assumée d'un positionnement africaniste. Voir A. Ricard, «Nécessaire retour de l'africanisme?», Études *littéraires africaines*, n° 40, 2015, p. 159-175. Voir aussi A. Ricard, «De l'africanisme aux études africaines. Textes et "humanités"», *Afrique & histoire*, vol. 2, 2004, p. 171-192.

4. L. M. Hyman, «Fieldwork as a State of Mind», *in* P. Newman et M. Ratliff (dir.), *Linguistic Fieldwork*, Cambridge, Cambridge University Press, 2001, p. 15-31.

5. Correspondance avec Maëline Le Lay, juillet 2016.

6. V. Turner, *Le phénomène rituel. Structure et contre-structure*, Paris, PUF, 1990 (Traduit de *The Ritual Process: Structure and Anti-Structure*, Chicago, Aldine Pub. Co, 1969).

7. N. Argenti, *The Intestines of State*, Chicago, University of Chicago Press, 2007.

de l'espace de la scène avec l'espace public[8]: Wole Soyinka, « le poète citoyen[9] » se fait le porte-voix de ce que Nestor Zinsou subissait au Togo à l'époque d'Eyadema père[10], d'une façon comparable à ce que les rappeurs entreprendront de faire plus tard dans le contexte des alternances démocratiques[11]. Du *concert party* au rap, Alain Ricard a toujours su saisir l'enjeu qu'il y avait à s'intéresser aux formes de ruse et d'insoumission que chaque époque successive a vu naître[12]. « Cette anthropologie du théâtre cherche à retracer un parcours de parole et du texte dans une région de l'Afrique » dit-il, avant d'ajouter : « Dans mon cas précis, elle sert de soubassement à une lecture des œuvres dramatiques et veut tout simplement apporter une réponse simple à une question récurrente : [...] Pourquoi ai-je l'impression de mieux comprendre une partie de la condition africaine après les avoir lus ?[13] ».

Le théâtre et les textes l'ont conduit vers l'anthropologie, comme l'anthropologie l'a conduit à s'intéresser au politique en Afrique, toujours par le truchement de l'in-discipline. Formant une boucle de sens, le politique en Afrique, éclairé par les sciences humaines, est ce qui le ramène finalement vers les textes, et vers leur lecture incarnée, contextualisée[14]. Ses livres plus généralistes, mais toujours novateurs, sont caractérisés par la volonté de briser la dichotomie oral/écrit et de montrer qu'en fait, les deux dimensions se nourrissent l'une l'autre. Ils sont aujourd'hui des ouvrages de référence pour tous les étudiant(e)s, chercheur(e)s et curieux des littératures de l'Afrique : *Littératures d'Afrique noire : des langues aux livres* (1995 et 2004 pour la traduction anglaise) et *Histoire des littératures de l'Afrique subsaharienne* (2006)[15].

C'est dans ce même esprit que l'on peut aussi lire son travail de cinéaste. Son premier film, tourné dans les années 1980 et numérisé en 2011, *Le principe d'Asihu*, porte sur le concert-party au Togo. Il est l'auteur de deux autres films tournés au Togo et a également participé, en tant que conseiller littéraire, au film de Bankolé Bello, *Wole Soyinka, poète citoyen*, où il apparaît en conversation avec l'écrivain, Prix Nobel

8. À propos de Soyinka et Zinsou : « Actes et écrits fonctionnent ensemble ; c'est ainsi qu'ils conçoivent le théâtre, [...] que le discours théâtral puisse soudain éclater sur la place publique. Leurs écrits sont pénétrés de cet écho imaginé. La scène théâtrale est une scène publique pour eux » : A. Ricard, *Wole Soyinka et Nestor Zinsou : De la scène à l'espace public. Politique et religion*, Paris, Karthala, coll. « Lettres du Sud », 2015, p. 15. Au sujet de cet ouvrage, voir la recension de M. Le Lay dans *Politique africaine*, n° 39, 2015, p. 204-205.

9. Voir le film de Bankole Bello, *Wole Soyinka, poète citoyen*, ARTE/FR3/La Sept, Nigeria, 1993, 52 min.

10. « Ce que Zinsou vivait, Soyinka le dénonçait dans ses pièces satiriques ». Voir A. Ricard, *Wole Soyinka et Nestor Zinsou..., op. cit.*, p. 12.

11. Au Sénégal et au Burkina Faso notamment.

12. Voir A. Ricard, « Les Parisiens du concert. Discours métissé ou discours dominé ? », *Politique africaine*, n° 5, 1982, p. 35-46. Et, en hommage à l'œuvre d'Alain Ricard, S. Moulard, « Quand se représenter veut dire exister : du *concert party* au rap, quarante ans de pratiques performatives en Afrique subsaharienne », *in* V. Coulon et X. Garnier (dir.), *Les littératures africaines ; Textes et terrains*, Paris, Karthala, coll. « Lettres du Sud », 2011, p. 15-30.

13. A. Ricard, *Wole Soyinka, et Nestor Zinsou, op. cit.*, p. 18.

14. William Labov, dont Alain Ricard était un lecteur assidu, avait mis en lumière les rapports de force qui s'exercent à travers le choix de langues des locuteurs.

15. Pour consulter la liste exhaustive des ouvrages d'Alain Ricard, voir sa page sur le site du LAM (Les Afriques dans le monde), <lam.sciencespobordeaux.fr/users/alain-ricard>, consulté le 10 octobre 2016.

de littérature en 1986. Ses deux films les plus récents ont été tournés à Bayreuth en Allemagne où il avait noué de fortes et durables relations dans le milieu africaniste: *Aquitaine, Afriques: Contact, Zones: une visite de l'exposition d'Iwalewahaus* (2012) et *Nestor Zinsou à Bayreuth* (2013).

L'expérience du terrain est encore celle qui a conduit Alain Ricard à s'intéresser aux langues des textes qu'il étudiait, textes poétiques, dramatiques ou narratifs. Ou, plus exactement, c'est en circulant dans les villes africaines, au gré de sa collecte de livres et de ses rencontres avec les artistes, que les langues se sont adressées à lui. En dressant de lui-même un portrait de «chiffonnier» et de «linguiste de terrain», il écrivait: «le monde nous saute à la figure, à nous de nous en débrouiller[16]». Acceptant dès lors la confrontation du chercheur avec «le mur de perplexité» qu'impliquent non seulement l'exposition intensive à une langue inconnue, mais surtout, l'économie linguistique complexe de pays plurilingues, Alain Ricard a toujours porté une attention soutenue à la place des langues et aux fonctions sociales de leurs usages dans les sociétés où il se trouvait.

C'est cette même volonté politique qu'il saluait dans son essai, *Le sable de Babel. Traduction et apartheid*[17]. Il y montrait combien la politique linguistique de l'Afrique du Sud post-apartheid qui choisit d'adopter 11 langues officielles, en faisant de la traduction un fonctionnement élémentaire et indispensable de la communication, dessinait symboliquement le socle d'une nouvelle communauté humaine dont l'avènement ne pouvait qu'être accueilli avec soulagement après le paradigme de l'exclusion et de négation de l'altérité qui avait caractérisé la période de l'apartheid.

L'attention qu'il n'a cessé de porter à la gestion des langues en présence dans une société donnée – et plus précisément, son analyse de ce processus dans un discours ou un texte – remonte aux premiers pas de son parcours en Afrique, au Togo. Le *concert party* lui offrit un observatoire de choix pour observer la gestion, par les comédiens, des langues ewe et française selon les différentes situations d'interaction et selon les publics. Comme il le montre dans son film, *Le principe d'Asihu*[18] et dans son petit essai, *L'invention du théâtre* – ouvrage majeur sur le théâtre en Afrique[19] – sur le plateau de jeu, s'incarnait la dimension éminemment politique de l'usage des langues.

Ce parcours de recherche extrêmement riche témoigne bien de ce que représentaient le travail et la personnalité d'Alain Ricard dans le domaine des humanités: il était avant tout un passeur de frontières qui, inlassablement, s'employait, non sans provocation d'ailleurs, à briser les enclos disciplinaires en vue de fédérer l'ensemble des sciences humaines autour d'un objet: l'Afrique.

Maëline Le Lay et Sophie Moulard
Les Afriques dans le monde (LAM), Sciences Po Bordeaux

16. A. Ricard, «Vertus de l'in-discipline…», art. cité.

17. A. Ricard, *Le sable de Babel. Traduction et apartheid*, Paris, CNRS éditions, 2011.

18. *Le Principe d'Asihu*, tourné dans années 1980 à Lomé et récemment réédité, est un film documentaire présentant le travail des Happy Star, un des groupes mythiques de *concert-party* du Togo (A. Ricard, *Le Principe d'Asihu*, CNRS Images, 2011).

19. A. Ricard, *L'Invention du théâtre: le théâtre et les comédiens en Afrique noire*, Lausanne, L'Âge d'Homme, 1986.

Revue des livres

HAGMANN (Tobias) et REYNTJENS (Filip) (dir.) *Aid and Authoritarianism in Africa. Development without Democracy*

Londres, Zed Books, coll. « Africa Now », 2016, 192 pages

Tout porte à croire que c'est initialement l'évidence des points communs entre le Rwanda et l'Éthiopie contemporains qui ont poussé Filip Reyntjens (spécialiste du Rwanda et de l'Afrique des Grands Lacs) et Tobias Hagmann (spécialiste de l'espace somali et de l'Éthiopie) à creuser la question du rôle de l'aide internationale dans la perpétuation de régimes autoritaires en Afrique. Éthiopie et Rwanda sont deux exemples de régimes où, de fait, un parti unique parvient à sécuriser un montant continu et important d'aide internationale, tout en donnant en pratique peu de considération aux normes démocratiques officiellement prônées par les bailleurs. Ce questionnement commun s'est concrétisé par un panel à l'European conference on African studies (Ecas, Conférence européenne des études africaines) de 2013 et s'est poursuivi jusqu'à la publication de ce livre collectif.

L'ouvrage montre comment les multiples acteurs de l'aide alignent leurs attentes et politiques sur les pratiques et politiques publiques des États récipiendaires, et comment ces derniers parviennent à utiliser cette ressource. Rédigés par des chercheur(se)s engagé(e)s de longue date sur les terrains concernés, les chapitres successifs étendent l'analyse à l'Ouganda, au Cameroun, à l'Angola et au Mozambique, et dépassent le paradoxe qui veut que « bien que relativement peu d'africanistes s'intéressent à l'aide, qu'ils considèrent comme « non africaine », beaucoup d'universitaires qui mènent des recherches sur l'aide sont dépourvus de la connaissance approfondie des *États* étudiés qui *résulte de l'*immersion de long terme » (p. 13).

Rita Abrahamsen revient sur les acceptions plurielles du terme de démocratie adoptées par les bailleurs occidentaux (p. 21-43) et sur les conséquences politiques des interventions de développement qui en découlent. Longtemps absente des discours entourant et légitimant l'aide au développement, la démocratie est entrée dans la novlangue des bailleurs à la fin de la guerre froide. Arrimée à la libéralisation économique et aux plans d'ajustement structurel, une définition minimaliste et procédurale de la démocratie était privilégiée (p. 26), laissant les dirigeants africains devant des injonctions contradictoires, déjà mises en lumière par Abrahamsen dans ses travaux : il fallait à la fois satisfaire aux demandes sociales des populations et aux demandes libérales des bailleurs. Après 2001, la « guerre mondiale contre le terrorisme » a entraîné une reformulation sécuritaire de l'acception de la démocratie, désormais comprise comme un rempart contre le terrorisme. Les pays bailleurs revendiquent maintenant ouvertement l'idée que l'aide au développement sert leurs intérêts sécuritaires (p. 32), et certains États sont passés maîtres dans l'art de reformuler leurs politiques publiques et l'étiquetage de leurs adversaires politiques en termes de lutte contre le terrorisme. Ainsi, l'Éthiopie se pose en gendarme de la Corne de l'Afrique, le Rwanda « pacifie » la République démocratique du Congo (RDC) voisine, l'Algérie surveille le Sahel (p. 36). De ce point de vue, la détérioration des conditions de sécurité dans le bassin du lac Tchad depuis 2013 sert le régime camerounais (p. 127). David M. Anderson et Jonathan Fisher montrent comment cette maîtrise du discours de la sécurité internationale par les élites du National Resistance Movement (NRM, Mouvement de résistance nationale), a participé à la militarisation du champ politique ougandais (p. 68), et ce d'autant plus que les institutions internationales ont tenté de faire du pays un « modèle » de réussite des réformes économiques néolibérales (p. 72).

La redirection d'une part croissante de l'aide vers les appareils militaires est facilitée par certaines modalités de versement de l'aide, comme l'appui budgétaire direct (*General budget support*, GBS). Zoë Marriage en fait la démonstration pour le Rwanda, où le passage au GBS fut une récompense versée à un régime perçu comme ayant accompli d'énormes efforts et améliorations depuis le génocide, et disposant des moyens effectifs pour mettre en place des programmes de développement très ambitieux et alignés sur les attentes des bailleurs (p. 59). Malgré quelques tensions, les acteurs de l'aide passent par pertes et profits le rôle de Paul Kagame dans la déstabilisation continue de l'Est de la RDC.

Cet éclairage du cas rwandais laisse entrevoir la puissance que conserve la croyance en une idéologie du développement, pour les bailleurs comme pour les États récipiendaires. Sur ce point, le chapitre d'Emanuele Fantini et Luca Puddu montre la perpétuation de certains modes d'utilisation de l'aide et de ses effets politiques en Éthiopie. Sous trois régimes successifs et sur plus de cinquante ans, certains fondamentaux sont inchangés : les projets modernistes entraînent des mesures d'exception pour leur mise en œuvre (expropriations, réinstallations forcées, p. 99-100), justifiées par un discours moral sur la nécessité du développement (p. 97-98), et où des firmes privées d'agro-industrie, de consultance en développement ou de construction jouent le rôle d'intermédiaire entre les élites modernistes éthiopiennes et les gouvernements des pays bailleurs.

On retrouve cette attention portée à la multiplicité des acteurs de l'aide dans l'analyse du régime camerounais menée par Marie-Emmanuelle Pommerolle. S'il n'a jamais fait figure de *donor darling*, le régime de Biya est tout de même parvenu à sécuriser un niveau d'aide constant, et même à « choisir ses bailleurs » (p. 119). En rappelant qu'acteurs de l'aide, régime et organisations d'opposition agissent au sein d'un même champ politique internationalisé, Pommerolle montre que chacun a intérêt à ce que le crédit des élections ne soit pas entamé, quel que soit leur niveau d'ouverture ou de « compétitivité », et quand bien même le soutien maintenu des bailleurs aux processus électoraux camerounais a encouragé la méfiance et la concurrence entre les organisations d'opposition (p. 130).

L'analyse des trajectoires contrastées de l'Angola et du Mozambique par Helena Pérez Niño et Philippe Le Billon souligne aussi la nécessité de prendre en compte les intérêts divergents et parfois contradictoires des bailleurs comme des pays récipiendaires (p. 155). Compensant un faible afflux d'aide par un contrôle resserré de la rente pétrolière (p. 141), le régime angolais du Movimento Popular de Libertação de Angola (MPLA, Mouvement populaire de libération de l'Angola) a échappé aux plans d'ajustement structurel, et le pays n'a pas connu la libéralisation économique poussée que le Mozambique a expérimentée au tournant des années 1990 (p. 142). Dans ce pays, l'aide a pris en charge une part importante des dépenses sociales, permettant au Frente de Libertação de Moçambique (Frelimo, Front de libération du Mozambique) de mener des politiques macroéconomiques néolibérales et centrées sur des mégaprojets profitant à court terme à une clientèle aisée (p. 154). La comparaison de ces deux trajectoires réfute le lien mécanique, dans quelque sens qu'il soit, entre afflux d'aide et démocratisation.

En conclusion, Nicolas van de Walle fait écho à Rita Abrahamsen en revenant sur la trajectoire historique de la (non-)promotion démocratique par les bailleurs. Aujourd'hui, la démocratie semble être davantage critiquée que promue. Au-delà d'accusations classiques sur les effets des élections (p. 168-169), de nombreux universitaires et bailleurs occidentaux maintiennent que l'ouverture politique empêcherait l'accumulation économique permise dans le cadre de régimes plus fermés (p. 172-173), ou promeuvent l'importation du *developmental state* asiatique en Afrique – appuyant en cela les politiques économiques mozambicaine et éthiopienne. Comme Hagmann et Reyntjens dans l'introduction (p. 3), Van de Walle appelle à une analyse des « nouveaux » bailleurs en Afrique, dont la Chine, trop souvent présentée comme exemplaire d'un pragmatisme dénué de conditionnalité. Ce présupposé comporte le sous-entendu erroné que les bailleurs occidentaux ont toujours conditionné leur aide au respect de normes de démocratie ou de bonne gouvernance, quand bien même le versement plus important d'aide aux régimes plus fermés et plus corrompus devrait nous convaincre du contraire (p. 171-172). Au total, cet ouvrage au ton juste et critique gagnerait à sortir du monde académique pour être mis entre les mains des praticiens et des diplomates.

Mehdi Labzaé
Université Paris 1 Panthéon-Sorbonne
Centre européen de sociologie et de science politique (CESSP)

TONDA (Joseph)
L'impérialisme postcolonial. Critique de la société des éblouissements
Paris, Karthala, coll. « Les Afriques », 2015, 272 pages

Le dernier ouvrage de Joseph Tonda est un essai d'anthropologie de la valeur : valeur de la Chose, de l'*objet noir*, des corps et esprits noirs, de l'expérience du Noir (comme monde des ténèbres, opposé à la lumière du monde et aux Lumières de l'esprit). Cette « réalité du colonialisme impérialiste de la valeur » (p. 20) prend aujourd'hui la forme de complicités perverses entre des modes d'exister qui ne sont pas plus africains que, déjà, américano-européens.

Dans une écriture tout à la fois anguleuse et aiguë, Tonda retrace l'évolution occidentale de l'impérialisme noir, « qui rend bête aussi bien le Blanc que le Noir » (p. 127). Ce qui l'intéresse avant tout est de mettre au jour, dans le sillage de Gilles Deleuze et Félix Guattari, une catégorie bien particulière de colonie intérieure à chacun, laquelle s'étend désormais au-delà de régions bourgeoises tempérées du capitalisme. Or ces colonies intimes et privées offrent une image inversée de ce sur quoi les sciences sociales concentrent leur attention depuis plusieurs décennies : elles donnent à voir une puissance noire, colonisatrice de l'inconscient blanc, que Tonda retrouve dans l'intimité psychique blanche. À cet égard, il prend ses distances avec les positions de Frantz Fanon sur l'excès de mélanine, les processus de *lactification* pour « blanchir la race » en choisissant toujours le « moins noir », pour assurer, dans les flirts comme dans des liaisons plus stables, de ne pas « sombrer de nouveau dans la négraille » et les taxinomies en termes de couleur dont est tributaire le colonisé noir. Tonda se distancie également de ce qu'il appelle le « concept mou de l'*hybridité* » (p. 31), dont il rappelle à plusieurs reprises qu'il a été largement utilisé par les *postcolonial studies*, obnubilées par la question du Blanc comme instance colonisatrice du territoire vital du Noir (son corps, sa langue, son imaginaire au sens large). Ici au contraire, ce sont les fantasmes du Noir qui fascinent, émerveillent, hantent et possèdent individus et groupes, et ce pas uniquement en Afrique.

Là où l'*Anti-Oedipe* de Deleuze et Guattari recourait essentiellement au vocabulaire des flux et reflux, ce qui caractérise l'impérialisme noir, ce sont les « images et écrans, images-écrans » (p. 9), imaginaires « chargés », c'est-à-dire dotés d'agentivité (p. 123). Dans cette réflexion sur la valeur psychique et sociale de tout ce qui peut prendre vie de manière autonome, Tonda nous invite à revenir sur une scène indépassable de la rencontre, celle de l'écran-fétiche et de ses simulacres (ou de ses lieutenants : l'Argent, le Sexe, les Excréments, le Progrès, la Modernité, avec à sa tête Dieu et le Diable). Une rencontre qui, si l'on tente de la situer au-delà de l'axe chronologique, se manifeste dans l'Histoire comme une force agissante, comme un champ de courants historiques tendu entre l'archi-passé et le présent, pour parler comme Agamben à propos de la méthode de l'archéologie philosophique. Ainsi, de même que le Big Bang continue à nous envoyer son rayonnement fossile, de même le fétiche noir – quelle que soit sa forme – deviendrait le point de surgissement d'un monde cauchemardesque en devenir, signe d'un destin commun et véritable éblouissement psychique tant des Français (comme Gabrielle, « devenue folle d'avoir dans la peau un Gabonais », ou François, envoûté par sa petite amie et la tante de celle-ci) que des Africains (comme le petit Modogo, dont les « ombres de phrases anglaises » étaient pour ses parents de véritables « manifestations physiques de la possession du petit par le cinéma du Diable »). De ce point de vue, le fétiche n'a donc plus rien d'archaïque, même s'il risque de nous plonger dans un présent perpétuel (et non dans un présent en perpétuel devenir).

L'ouvrage est également une réflexion approfondie sur l'atmosphère de mort qui règne actuellement en Afrique et ailleurs, et dont l'impérialisme postcolonial est l'expression la plus vive. Car ce que montre l'expérience d'intensification de la réalité, vécue par Tonda le 24 août 1997 au « Camp Nord » – notamment lorsqu'il traversa avec certains de ses compatriotes son pays en guerre, un épisode qu'il partage généreusement avec le lecteur – c'est qu'on continue en Afrique, pour reprendre l'expression quelque peu irrévérencieuse d'Hegel, à mourir à la légère. Un corps-à-corps avec la mort est mis en place dans ces passages paraboliques du livre, découvrant que le pouvoir est au bout du fusil et le désir de mort sociale, pour pouvoir survivre, déchire sans arrêt. Face à Johnny Chien Méchant – à la fois protagoniste célèbre du roman de Dongala Boundzeki Emmanuel, personnage du cinéma hollywoodien de Jean-Stéphane Sauvaire ou bien criminel-moyen-enfant-soldat-quelconque –, Tonda avoue son désir de « retourner à l'invisibilité », « à l'insignifiance des Noirs », des « pauvres gens » privés de la puissance spectrale de Mundele, le Blanc, « que nous avons tant cherché à être ou à paraître » (p. 37).

Entre les lignes de ces pages consacrées à l'éblouissement de la violence, se fait jour une possible explication de l'expansion du monde magique, entendu comme un certain rapport au temps (donc à la mort) du subalterne, de l'opprimé, du mort-vivant refusant de renoncer à sa présence au monde et à un avenir qu'il a pourtant du mal à atteindre. Aussi la « magification » du monde (à ne pas confondre avec ce qu'on appelle génériquement « renaissance du religieux » et avec sa pentecôtisation) peut-elle, à mon sens, receler un refus obstiné de mourir. S'il est vrai que la « magie » est, au sens large, un champ de communication rapprochée – c'est-à-dire privée de toute transcendance – entre les hommes et les divinités, alors le monde « désenchanté » des monothéismes est en conflit ouvert avec le monde magique, qui permet quelque chose que la toute-puissance du Dieu blanc n'offre plus : la possibilité de négocier avec la divinité. Le désenchantement correspond donc non pas à un surplus de pouvoir, mais à une perte de marge de négociation. Peut-être est-ce aussi pour cela que les « pauvres gens », où qu'ils soient, sont toujours à la recherche de ce monde magique dénué de « clôture identitaire » (p. 180) de l'invisible, le seul qui leur permette de s'en sortir en négociant avec ses instances (soit des modes ontologiques d'exister aussi bien dans les rêves et rêveries que dans les pires cauchemars) des « hypothèses de vie qui élargissent la vie » (p. 21).

Joseph Tonda me reprocherait probablement ici de tomber dans le panneau de l'éblouissement noir. Colonisée par l'intangible primitif de mon imaginaire de chercheuse, je finirais par n'être qu'un « agent de fonction » parmi d'autres de l'impérialisme postcolonial, adoptant cette posture des sciences sociales en général et de l'anthropologie en particulier, qui fait l'objet de ses attaques et provocations les plus virulentes. L'une d'entre elles vaut la peine d'être citée, de sorte qu'aucun d'entre « nous » ne puisse après cela dormir tranquille. Car si « le nous de l'anthropologue occidental reproduit le schème colonial de l'anthropologue qui témoigne auprès des siens de l'humanité des autres » (p. 214), le savoir ainsi produit risque de se réduire à un énième dispositif de racialisation. Et l'humanité des autres, toujours largement méconnue du grand nombre, de rester l'apanage d'une minorité de gens, Européens ou Africains, seuls aptes à la définir. Tant que les anthropologues ne renonceront pas à *avoir leur Noir à eux*, comment est-ce que les jeunes femmes de Libreville, pour ne mentionner qu'elles, pourraient renoncer à désirer leur Blanc à elles ?

Or, si l'impérialisme postcolonial n'est, de toute évidence, nullement synonyme de l'arrogance des élites au pouvoir en Afrique, en ce moment même, ni de l'impérialisme de la postcolonie – celui dont la violence et la corruption sont bien décrites par Stephen Ellis dans son dernier livre, *This Present Darkness*, œuvre qui me semble dialoguer tacitement avec Tonda – aucune frontière nette n'existe cependant entre ces deux formes de manipulation du monde, tant il est vrai, et Joseph Tonda le montre parfaitement dans son ouvrage, que la violence qui en résulte se nourrit du pouvoir étatique aussi bien que du pouvoir subalterne, capitaliste et magique à la fois. Force est alors de reconnaître avec Tonda que le postcolonialisme noir alimente et régénère la décadence quotidienne du monde postcolonial.

Du discours de Dakar, prononcé à l'école des Blancs où l'on apprend à vaincre sans raison, aux stars des écrans du Congo, de Centrafrique ou des États-Unis (Johnny Chien Méchant, Oussama Ben Laden), en passant par la rencontre entre deux représentants extrêmes de la hiérarchie humaine (Nafissatou Diallo et Dominique Strauss-Kahn), Tonda nous livre un capital d'images sur le fond desquelles se détache la figure d'un chercheur vivant en quelque sorte sur le seuil, et bien décidé à y rester, pour que personne ne puisse oublier les existences crépusculaires de l'époque contemporaine, d'une génération entière et d'un champ disciplinaire qui ne sauraient rester prisonniers de leurs accès de mélancolie (autoréférentielle et) postcoloniale.

Simona Taliani
Université de Turin

GLASMAN (Joël)
Les corps habillés au Togo. Genèse coloniale des métiers de police
Paris, Karthala, coll. « Les Afriques », 2014, 328 pages

Cet ouvrage, issu d'une thèse de doctorat, pourrait être une histoire des forces de police au Togo. Il est bien plus que cela. Joël Glasman contribue à historiciser un secteur professionnel et par ricochet, l'État en

Afrique. Au niveau de l'analyse, ce secteur a malheureusement trop souvent été pensé de manière trop segmentée, sans prendre en compte les similarités et circulations entre ses différentes composantes (police, armée, gendarmerie, etc.), ou bien, au contraire envisagé comme un tout unitaire et indiscriminé (les « forces de sécurité »), décrit en termes de déficit et donc opposé à une police occidentale idéalisée, traité sous une forme essentialiste et culturaliste – comme « l'Autre police », la police « africaine » etc. Glasman ne fait rien de tout cela, et, ajouté à la solidité de son approche méthodologique, ces éléments font de cet ouvrage une lecture essentielle pour toute personne intéressée par une analyse historique méthodique d'un secteur pour le moins décousu dans une période de rencontre coloniale.

À rebours d'une approche euro-centrique, donc, Glasman remet en cause la vision prédominante qui a fait de l'histoire de la police en Afrique (et au-delà) une histoire de professionnalisation et de modernisation, ou, au contraire, une affaire de non-modernité et d'absence de professionnalisme – une vision particulièrement présente dans les débats contemporains sur la réforme des secteurs de sécurité sur le continent. Il interroge l'utilité de ce concept de professionnalisme, non seulement pour décrire les réalités empiriques de ce secteur au Togo et ailleurs, mais aussi comme slogan de la coopération internationale qui vise à « professionnaliser » les forces de sécurité.

Dans l'introduction, Joël Glasman livre au lecteur une approche historiographique qui favorise, plutôt que les mises en récits univoques, la prise en compte de la diversité, de l'ambiguïté, des incohérences, et qui prend au sérieux les concepts locaux (comme « corps habillés », ou *sodja*, un terme local désignant le personnel d'État en uniforme). Les neuf chapitres qui suivent sont organisés chronologiquement mais peuvent être lus indépendamment. L'auteur commence par analyser l'émergence de discours locaux autour de l'uniforme, de « l'habillé », du vêtement, à travers lesquels les soldats et les officiers de police togolais ont délimité (et délimitent toujours), leur espace professionnel et se sont distingués de la population ordinaire. Il s'intéresse ensuite à la première unité de police dans le Togo allemand, la *Polizeitruppe*, et décrit son institutionnalisation et le recrutement des tous premiers officiers de police togolais au sein de la machinerie du maintien de l'ordre. Le troisième chapitre décrit la tentative de les discipliner Il est suivi d'un autre consacré à la construction de l'ethnicité au sein des forces de police, puis d'une description du camp militaire comme lieu de naissance d'une identité professionnelle des « corps habillés ». L'auteur s'intéresse ensuite aux réformes de la police et des forces de sécurité togolaises depuis 1933, qui ont vu la création des commissariats comme contrepoids civil, urbain et de proximité, face à l'enclave contrôlée que représente le camp militaire. Glasman décrit également les complexités de la bureaucratisation du travail de police après la Deuxième Guerre mondiale, un aspect qui, selon moi, a souvent été négligé, atténué ou mal interprété par les chercheurs travaillant sur le maintien de l'ordre. Les deux derniers chapitres sont consacrés aux conflits et aux divisions entre bureaucrates en uniforme et « soldats » marginalisés. L'étude ne dépasse pas le coup d'État de 1963 cependant l'ouvrage s'achève sur un bref aperçu des traces (ou des effets ?) contemporains de l'histoire qui nous a été livrée.

Il s'agit d'un livre remarquable sur plusieurs plans. À ma connaissance, très peu d'études ont tenté et réussi, de manière similaire, à débrouiller les complexités historiques d'un champ professionnel, en particulier celui du maintien de l'ordre, en Afrique. Le récit rigoureux au niveau méthodologique, mais cependant très vivant, de Joël Glasman, sera d'un intérêt premier pour les chercheurs s'intéressant aux formes présentes et passées du maintien de l'ordre (au sens large), et pour ceux qui cherchent à historiciser l'État (et l'étaticité) en Afrique et au-delà.

Mirco Göpfert
Université de Konstanz

TURPIN (Frédéric)
Jacques Foccart. Dans l'ombre du pouvoir
Paris, CNRS Éditions, 2015, 488 pages

Peu de figures ont suscité autant de fantasmes que Jacques Foccart (1913-1997). Le « Monsieur Afrique » du général de Gaulle, de Georges Pompidou et, dans une moindre mesure, de Jacques Chirac a très tôt senti le soufre. Il incarna longtemps la politique menée par la France dans ses colonies africaines, et ses dérives : réseaux occultes, barbouzeries en tous genres, financement occulte des partis politiques… La figure emblématique de Foccart est devenue un symbole honni pour tous les contempteurs de la Françafrique. Le mythe avait la vie d'autant plus dure que l'homme cultivait le mystère, s'exprimant rarement en public, préférant l'ombre à la lumière.

Sans doute Pierre Péan avait-il consacré à « l'homme le plus mystérieux et le plus puissant de la Ve République » une biographie en 1990. Mais le goût pour la polémique y prenait le pas sur la recherche de la vérité. Sans doute aussi, au crépuscule de sa vie, Jacques Foccart a-t-il souhaité sortir du silence, en publiant successivement les deux tomes de ses mémoires (*Foccart parle*) et les cinq tomes de son *Journal de l'Élysée*. Mais toute autobiographie appelle sa contre-expertise. Aussi le travail de Frédéric Turpin, en chantier depuis de longues années, était-il particulièrement attendu. L'historien, spécialiste du gaullisme et de la décolonisation, n'était pas le moins bien placé pour se faire. Sans doute Jean-Pierre Bat avait-il livré en 2012 un travail admirable sur le syndrome Foccart et ses répliques toujours vivaces dans la France d'aujourd'hui, mais l'approche de Frédéric Turpin, plus chronologique n'est-elle pas la même.

Si le souvenir de « Foccart l'Africain » reste vivace – et si c'est cet aspect du personnage qui légitimement intéresse au premier chef les lecteurs de *Politique africaine* – la biographie de Frédéric Turpin souligne que l'homme ne se réduisait pas à cette seule dimension. D'ailleurs il n'avait pas mis les pieds en Afrique avant les années 1950. Ce catholique convaincu, vibrant patriote, était devenu gaulliste pendant la Résistance en prenant la tête d'un maquis dans l'Orne. Il avait rapidement rejoint le Rassemblement du peuple français (RPF), le parti politique créé par de Gaulle en 1947. En raison de sa connaissance des Antilles – il avait passé une partie de son enfance en Guadeloupe et venait de créer une société spécialisée dans l'importation de produits tropicaux – il se vit confier la charge des questions ultramarines dans le nouveau parti gaulliste et, en mars 1950, un siège de conseiller de l'Union française. C'est à cette occasion qu'il se fit un « réseau » parmi les parlementaires africains – qui exercèrent ensuite les plus hautes fonctions dans l'Afrique des indépendances – et parmi les Français de l'Empire.

C'est à la même époque, auprès du Général, que Jacques Foccart développa un « réseau » d'un tout autre genre. Constitué d'anciens résistants rompus à la pratique de la clandestinité, revenus pour certains à la vie civile, enrôlés pour d'autres dans l'armée ou au service Action du Service de documentation extérieure et de contre-espionnage, ce réseau voue au Général une fidélité sans faille. Devenu secrétaire général du Rassemblement du peuple français (RPF) en 1954, Foccart peut utiliser ses compagnons pour accompagner de Gaulle dans la prise du pouvoir en mai 1958. Auprès de lui à Matignon puis à l'Élysée en janvier 1959, il est certes nommé secrétaire général pour la Communauté et les Affaires africaines et malgaches, mais il tire l'essentiel de son pouvoir et doit sa réputation déjà sulfureuse au contrôle qu'il exerce sur les services secrets et sur le SAC, le service d'ordre gaulliste.

Les développements consacrés aux questions africaines ne contiennent aucune révélation tonitruante. On n'y lira rien qu'on ne sache déjà sur l'amitié qui unissait Jacques Foccart à Félix Houphouët-Boigny, sur sa proximité avec Léon Mba, qu'il a sauvé en 1964, et avec Albert Bongo, qu'il a aidé à prendre le pouvoir à la mort de ce dernier, sur son rôle durant la guerre du Biafra. Baron du gaullisme, Foccart survit au départ de son « patron » et conserve les mêmes fonctions avec Georges Pompidou. Mais Valéry Giscard d'Estaing s'en sépare – même si une cellule africaine subsiste à l'Élysée, dirigée par René Journiac, qui fut l'un de ses plus proches collaborateurs. Jacques Foccart se rapproche de Jacques Chirac qu'il conseillera à la mairie de Paris, à Matignon en 1986 et à l'Élysée en 1995.

L'honnête travail de Frédéric Turpin réussit à dépasser la légende noire qui impute à Foccart tous les maux de la Françafrique sans constituer pour autant un procès en réhabilitation du « Monsieur Afrique » des débuts de la Ve République. S'appuyant sur une exploitation méthodique des archives publiques et privées et une impressionnante quantité d'entretiens oraux avec tous les survivants du foccartisme, Frédéric Turpin n'exonère pas Jacques Foccart de ses responsabilités mais il les remet en contexte. Pratique de la clandestinité, dévotion au général de Gaulle, absence de scrupules dans l'exécution des ordres, primat donné à la légitimité sur la légalité : autant de traits de caractère acquis pendant la Résistance dont Jacques Foccart ne s'est jamais départi une fois arrivé au pouvoir.

Biographie d'un « homme de l'ombre » dont les responsabilités doivent être réévaluées, le Foccart de Frédéric Turpin nous montre qu'une politique ne se résume pas à un seul homme. Elle est autant, sinon plus, la marque de son temps. Son livre nous invite paradoxalement à étudier la Françafrique au-delà de Jacques Foccart lui-même.

Yves Gounin
Conseil d'État

GRABOYES (Melissa)
The Experiment must continue. Medical Research and Ethics in East Africa, 1940-2014
Athens, Ohio University Press, 2015, 307 pages

Le récent épisode de fièvre hémorragique à virus Ebola dans les trois pays de la Mano River (Liberia, Guinée, Sierra Leone) a rappelé en quoi le continent africain constitue un terrain de prédilection des entreprises de recherche clinique à partir desquelles se nouent des questions de nature et d'échelles différentes. Elles soulèvent des interrogations éthiques, politiques et anthropologiques propres aux essais cliniques en général mais sont également exemplaires des relations entre pays du Sud et pays du Nord vis-à-vis de la production des évidences scientifiques.

L'intérêt de l'ouvrage de Melissa Graboyes est d'articuler ces questions en développant, à partir d'un terrain uniquement kenyan, une enquête à la fois historique et anthropologique. L'auteur se positionne à rebours d'une approche manichéenne des essais cliniques conçus au Nord et mis en place au Sud et dans lesquels les interactions entre chercheurs et personnes inclues dans les essais ne devraient se lire que par le prisme d'une relation entre un sujet (le chercheur) et un objet (la personne incluse dans l'essai). Au contraire, elle propose de rendre compte de l'essai comme « rencontre médicale », c'est-à-dire comme une réalité complexe traversée par des logiques parfois concurrentes mais nécessitant toujours des opérations de traduction et de négociation et dans lequel tous les acteurs (corps médical ou personnes incluses) doivent être pensés comme des participants.

À partir d'un travail d'archives sur des essais menés contre le paludisme d'une part et d'une synthèse de travaux anthropologiques contemporains portant sur des essais contre le VIH-SIDA d'autre part, l'auteure montre comment, dans le contexte de la recherche biomédicale, les relations entre acteurs sont toujours négociées, parfois inversées et comment des alliances inattendues se mettent en place. Des chercheurs cliniciens de terrain s'opposent par exemple aux concepteurs d'essais n'ayant pas de contact direct avec le test qu'ils préconisent. Et les élites traditionnelles sont souvent complices de ceux qui régissent les essais, et mises en cause par les populations. Plutôt qu'une éthique normative qu'il s'agirait de défendre, l'auteur donne à voir, au sein des essais cliniques, une éthique relationnelle en permanente redéfinition et comportant nécessairement une dimension politique.

Préférant la discussion d'une éthique située plutôt que normative (l'auteure parle d'éthique de terrain et d'éthique formelle), Melissa Graboyes rappelle, en s'inscrivant dans le sillage des *science studies*, en quoi la recherche, tout en fondant sa légitimité sur le registre de l'objectivité scientifique, est soumise également aux contraintes des conditions de production du savoir. La conduite d'essais cliniques obéit par exemple à des logiques pragmatiques conduisant les chercheurs à choisir tel ou tel site plutôt en raison de considérations politiques que d'une recherche de représentativité.

Un des intérêts majeurs de l'ouvrage et de tenter l'articulation entre histoire et anthropologie par l'alternance de chapitres discutant les uns avec les autres d'une même question (début d'une expérience, perception de la recherche, arrivée des chercheurs, consentement, risques et bénéfices dans la recherche, responsabilités de la recherche post-expérience, fin de l'étude) à partir d'expériences situées dans le passé et le présent. On mesure ainsi en quoi les questions posées dès la mise en place des premières expérimentations médicales en Afrique restent aujourd'hui d'actualité. C'est le cas par exemple des erreurs de jugement conduisant les populations à envisager leur participation à une recherche clinique comme une opportunité d'offre de soin.

Le travail de Melissa Graboyes est informé par une très bonne connaissance du terrain est-africain mais également de la littérature sur la question des essais cliniques (l'auteur a pris le soin de proposer en fin d'ouvrage un index, des notes et deux annexes : un glossaire swahili et une note de synthèse sur la littérature concernant les essais cliniques). Cet ouvrage rejoint un ensemble de travaux historico-anthropologiques qui stimulent, depuis l'Afrique, la réflexion globale sur les enjeux de la santé mondiale (Julie Livingstone, Guillaume Lachenal, Wenzel Geissler). Le travail de Melissa Graboyes pourrait se poursuivre par une histoire comparée des logiques de la recherche prenant en compte les histoires coloniales francophones et anglophones. Ainsi, l'auteure pourrait approfondir sa discussion de l'éthique située dans deux directions : d'un point de vue anthropologique, en questionnant l'impensé d'une éthique fondée sur la conception présumée universelle d'un individu autonome, et d'un point de vue politique, en développant une analyse plus critique du contexte international dans lequel les essais cliniques menés en Afrique s'inscrivent : un contexte postcolonial traversé par des enjeux propres à la compétition économique entre compagnies pharmaceutiques. L'importance de ces dernières dans le champ de la santé en Afrique et les conséquences sur la place finalement laissée aux services de santé publique, dans le champ du soin apporté aux populations, mériteraient une discussion plus approfondie. Enfin, si le chapitre 7 traite du rôle de contrôle exercé par les comités internationaux indépendants censés suivre le déroulement des essais (International Review Board), l'auteure accorde à ces institutions un pouvoir qu'ils n'ont pas toujours, ce qui l'amène à sous-estimer l'enjeu du développement d'un contrôle exercé par la société civile sur les entreprises de recherche développée dans les pays du Sud.

Frédéric Le Marcis
École Normale Supérieure de Lyon

Au programme de l'année 2016

n° 141 **Polyphonies du rap** (mars)
n° 142 **L'Éthiopie sans Meles Zenawi** (juin)
n° 143 **Mobiliser Fanon** (octobre)
n° 144 **Matérialité du vote** (décembre)

Politique africaine / nos disponibles

1. *La politique en Afrique*
2. *L'Afrique dans le système intern.*
3. *Tensions et ruptures en Afrique*
6. *Le pouvoir d'être riche*
7. *Le pouvoir de tuer*
8. *Discours populistes, mouvements pop.*
9. *L'Afrique sans frontière*
14. *Les paysans et le pouvoir en Afrique*
15. *Images de la diaspora noire*
17. *Politiques urbaines*
18. *Gaspillages technologiques*
19. *L'Afrique australe face à Pretoria*
21. *Politiques foncières et territoriales*
22. *Le réveil du Cameroun*
23. *Des langues et des États*
24. *Côte-d'Ivoire : la société au quotidien*
25. *Afrique du Sud ambiguë*
26. *Classes, État, marchés*
27. *Togo authentique*
28. *Politiques de santé*
29. *Mozambique : guerre et nationalismes*
30. *Noirs et Arabes*
31. *Le Congo, banlieue de Brazzaville*
32. *Nigeria, le fédéralisme*
33. *Retour au Burkina*
34. *État et sociétés nomades*
35. *L'argent de Dieu*
36. *Guinée : l'après-Sékou Touré*
37. *Économie alimentaire*
38. *Le Niger : chroniques d'un État*
39. *L'Afrique autrement*
40. *Le Droit et ses pratiques*
41. *Zaïre : un pays à reconstruire*
42. *Violence et pouvoir*
43. *Les chemins de la démocratie*
44. *Politiques de population*
45. *Sénégal : la démocratie à l'épreuve*
46. *L'histoire face au politique*
48. *Afrique du Sud : la nouvelle donne*
49. *L'Europe et l'Afrique*
50. *La Corne de l'Afrique*
53. *L'homme et la nature en Afrique*
55. *La Mauritanie*
56. *Entrepreneurs*
57. *L'Angola dans la guerre*
58. *F. Mitterrand et l'Afrique*
59. *Le Bénin*
60. *L'Allemagne et l'Afrique*
61. *Besoin d'État*
62. *Le Cameroun dans l'entre-deux*
63. *Du côté de la rue*
64. *Démocratie : le pouvoir des mots*
65. *L'Afrique des femmes*
66. *Le Soudan*
67. *La France et les migrants africains*
68. *Politiques inter. dans les Grands Lacs*
69. *Des élections « comme les autres »*
70. *Le Kenya*
71. *Coopérations et nouvelle géopolitique*
72. *Les deux Congos dans la guerre*
73. *L'État en voie de privatisation*
74. *Espaces publics municipaux*
75. *L'Ouganda, une puissance régionale ?*
76. *La renaissance afro-asiatique*
77. *Philosophie et politique en Afrique*
78. *Côte d'Ivoire, la tentation ethnonationaliste*
79. *Pouvoirs sorciers*
80. *Enfants, jeunes et politique*
81. *Zimbabwe : l'alternance ou le chaos*
82. *Figures de la réussite*
83. *La corruption au quotidien*
84. *RDC, la guerre vue d'en bas*
85. *Réfugiés, exodes et politique*
86. *Madagascar, les urnes et la rue*
87. *Les sujets de Dieu*
88. *Liberia, Sierra Leone, Guinée*
89. *La Côte d'Ivoire en guerre*
90. *Le Kenya après Moi*
91. *Violences ordinaires*
92. *Justice et réconciliation*
93. *Globalisation et illicite en Afrique*
94. *Autour du lac Tchad*
95. *Premières dames en Afrique*
96. *Sénégal 2000-2004*
97. *Médias, journalistes et espace public*
98. *Le nouvel interventionnisme libéral*
99. *Éthiopie, le fédéralisme en question*
100. *Cosmopolis*
101. *Burkina Faso, l'alternance impossible*
102. *Passés coloniaux recomposés*
103. *Afrique du Sud. Au-delà de l'arc-en-ciel*
104. *Partis politiques d'Afrique*
105. *France-Afrique*
106. *Le Nigeria sous Obasanjo*
107. *Politiques du corps*
108. *L'Égypte sous pression ?*
109. *Migrants ouest-africains*
110. *L'Angola dans la paix*
111. *Gouverner entre guerre et paix*
112. *Enjeux de l'autochtonie*
113. *Afrique, la globalisation par les Suds*
114. *Mauritanie, la démocratie au coup par coup*
115. *Fin de règne au Gabon*
116. *Gouverner la mer*
117. *Mozambique, quelle démocratie après la guerre*
118. *Les terrains politiques du football*
119. *Surveiller et nourrir*
120. *Le Maroc de Mohammed VI*
121. *La Tunisie en révolution ?*
122. *Sud-Soudan*
123. *Pluralité religieuse*
124. *La macroéconomie par le bas*
125. *La Libye révolutionnaire*
126. *La question homosexuelle*
127. *Parlements de la rue*
128. *Les corps habillés*
129. *République démocratique du Congo*
130. *Sahel, crises et chuchotements*
131. *Les mondes de la mine*
132. *Propriété et citoyenneté dans l'Afrique des villes*
133. *Travail et politique*
134. *China, Ltd. Un business africain*
135. *Politiques de la nostalgie*
136. *Blackness*
137. *L'Algérie aux marges de l'État*
138. *Juristes, faiseurs d'État*
139. *Faire l'école*
140. *Post-esclavage et mobilisations*
141. *Polyphonies du rap*
142. *L'Éthiopie sans Meles Zenawi*

(Prix de vente au numéro : 15 € pour les nos 1 à 71
et 19 € à partir du no 72, sauf no 100 qui est à 25 €)

Achevé d'imprimer en octobre 2020 sur les presses de la NIL - 58500 Clamecy
Dépôt légal : décembre 2016 - N° d'impression : N152411 - *Imprimé en France*

www.ingramcontent.com/pod-product-compliance
Lightning Source LLC
LaVergne TN
LVHW082033051026
849532LV00011B/3347